大家学术文库

中国史纲

张荫麟 著

江西教育出版社
JIANGXI EDUCATION PUBLISHING HOUSE

图书在版编目（C I P）数据

中国史纲 / 张荫麟著. -- 南昌 : 江西教育出版社，2017.6
（大家学术文库 / 蔡瑶主编）
ISBN 978-7-5392-9689-0

Ⅰ. ①中… Ⅱ. ①张… Ⅲ. ①中国历史一古代史 Ⅳ. ①K22

中国版本图书馆 CIP 数据核字(2017)第 133771 号

中国史纲

ZHONGGUO SHIGANG

张荫麟 著

江西教育出版社出版
(南昌市抚河北路 291 号 邮编：330008)
各地新华书店经销
三河市三佳印刷装订有限公司印刷
635 毫米×960 毫米 16 开本 15.75 印张 字数 227 千字
2017 年 10 月第 1 版 2017 年 10 月第 1 次印刷
ISBN 978-7-5392-9689-0
定价：28.00 元

“大家学术文库”编者按

中国学术，昉自伏羲画卦，至周公制礼作乐而规模始备。其后，王官失守，孔子删述六经，创为私学，是为诸子百家之始。《庄子》曰：“道术将为天下裂。”孔子殁后，儒分为八；墨子殁后，墨分为三。诸子周游天下，游说诸侯，皆以起衰救弊、发明学术为务，各国亦以奖励学术、招徕人才为务，遂有田齐稷下学宫之设。商鞅变法，诗书燔而法令明；始皇一统，儒士坑而黔首愚，当此之时，学在官府，以吏为师，先王之学，不绝如缕。至汉高以匹夫起自草泽，诛暴秦，解倒悬，中国学术始获一线生机。其后，汉惠废挟书之律，民间藏书重见天日。孝武之世，董子献“罢黜百家，表彰六经”之策，定六经于一尊。其后，虽有今古之分、儒释之争、汉宋之异、道学心学之别、义理考据之殊，而六经独尊之势，未曾移也。

及鸦片战起，国门洞开，欧风美雨，遍于中夏，诚“三千年未有之变局”。当此之时，国人震于列强之船坚炮利，思有以自强；又羡于西人之政教修明，思有以自效。于是有“变法守旧之争”“革命改良之争”“排满保皇之争”，而我国固有之学术传统，亦因之而起变化。清季罢科举而六经独尊之势蹙，蔡孑民废读经而六经独尊之势丧。当此之时，立论有疑古、信古、释古之别，学派有“古史辩”与“学衡”之争，学说有“文学革命”“思想革命”“文字革命”“伦理革命”诸说，师法有“师俄”“师日”“师西”之分，众说纷纭，莫衷一是，百家争鸣，复见于近代。

民国诸家，为阐明道术、解救时弊，著书立说、授课讲学，其学术思想，历久弥新，至今熠熠生辉，予人启迪。然近人著作，汗牛充栋，多如恒河之沙，使人难免望书兴叹，不知从何下手，穷其一生，亦难以卒读。因此之故，我社特精选最具代表性之近人著作62种，分为6辑，依次出版，俾读者略窥学术门墙，得进学之阶。此次选辑出版，虽未能穷尽近人学术之精品，难免有遗珠之憾；然能示人以门径，使人借此以知近人学术规模之宏大、体系之完密，亦不失我社编辑出版“大家学术文库”之初衷。

此次出版，为适应今人阅读习惯，提升丛书品质，我社特对所选书籍做了必要之编辑加工。总体说来，约有如下诸端：

一、改繁体竖排为简体横排；

二、核查各书引文，改讹正误；

三、规范各书之标点符号用法，为一些书加新式标点；

四、校改原稿印刷产生之错字、别字、衍字、脱字；

五、凡遇同一书稿中同一人名有两种及以上不同写法者，一律统改为常用写法；

除以上所举五点之外，其余一仍其旧，力求完整保持各书原貌。

然限于编者之有限学力，书中疏漏之处，在所难免，尚祈广大方家、读者诸君不吝批评斧正。

编者

2017年6月（农历丁酉郁蒸）

目录

附录

自序一①

这部书的开始属草，是在芦沟桥事变之前二年，这部书的开始刊布，是在事变之后将近三年。

现在发表一部新的中国通史，无论就中国史本身的发展上看，或就中国史学的发展上看，都可说是恰当其时。就中国史本身的发展上看，我们正处于中国有史以来最大的转变关头，正处于朱子所谓“一齐打烂，重新造起”的局面；旧的一切瑕垢腐秽，正遭受彻底的涤荡剜割，旧的一切光晶健实，正遭受天捶海淬的锻炼，以臻于极度的精纯；第一次全民族一心一体地在血泊和瓦砾场中奋扎以创造一个赫然在望的新时代。若把读史比于登山，我们正达到分水岭的顶峰，无论四顾与前瞻，都可以得到最广阔的眼界。在这时候，把全部的民族史和它所指向道路作一鸟瞰，最能给人以开拓心胸的历史的壮观。就中国史学的发展上看，过去的十来年可算是一新纪元中的一小段落；在这十年间，严格的考证的崇尚，科学的发掘的开始，湮没的旧文献的新发现，新研究范围的垦辟，比较材料的增加，和种种输入的史观的流播，使得司马迁和司马光的时代顿成过去；同时史界的新风气也结成了不少新的，虽然有一部分还是未成熟的果。不幸这草昧初辟的园林，突遇狂风暴雹，使得我们不得不把一个万果垒垒的时代，期于不

① 原名“自序”，初刊于1940年，上海古籍本和山西古籍本均刊，史地教育丛刊本、正中书局本、三联书店版则未刊。

确定的将来了。文献的沦陷，发掘地址的沦陷，重建的研究设备的简陋，和生活的动荡，使得新的史学研究工作在战时不得不暂告停滞，如其不致停顿。“风雨如晦，鸡鸣不已”的英贤，固尚有之；然而他们生产的效率和发表的机会不得不大受限制了。在抱残守缺的时日，回顾过去十年来新的史学研究的成绩，把他们结集，把他们综合，在种种新史观的提警之下，写出一部分新的中国通史，以供一个民族在空前大转变时期的自知之助，岂不是史家应有之事吗？

着手去写一部通史的人，不免劈头就碰到一个问题，以批评眼光去读一部通史的人，也不免劈头就碰到同一的问题，那就是，拿什么的“笔削”做标准？显然我们不能把全部中国史的事实，细大不捐，应有尽有地写进去。姑勿论一个人，甚至一整个时代的史家都没有能力去如此做。即使能如此做，所成就的只是一部供人检查的“中国史百科全书”，而不是一部供人阅读的中国通史。那么，难道就凭个人涉览所及，记忆所容，和兴趣所之，以为去取吗？这虽然是最便当的办法，我怀疑过去许多写通史的人大体上所采的不是这办法。无怪佛禄德（Froude）把历史比于西方的缀句片，可以任随人意，拼成他所喜欢的字。我们若取任何几种现行的某国或某处通史一比较，能否认这比喻的确切吗？但我们不能以这样的情形为满足。我们无法可以使几个史家各自写成的某国通史去取全同，如自一模铸出，除是他们互相抄袭。但我们似乎应当有一种标准，可以判断两种对象相同而去取不同的通史，孰为合当，熟为高下，这标准是什么？

读者于此也许会想到一个现成的答案：韩昌黎不早就说过“记事者必提其要”吗？最能“提要”的通史，最能按照史事之重要的程度以为详略的通史，就是选材最合当的通史。“笔削”的标准就在史事的重要性。但这答案只把问题藏在习熟的字眼里，并没有真正解决问题。什么是史事的重要性？这问题殊不见得比前一问题更为浅易。须知一事物的重要性或不重要性并不是一种绝对的情实，摆在该物的面上，或蕴在该物的内中，可以仅就该事物的本身检察或分析而知的。一事物的重要性或不重要性乃相对于一特定的标准而言。什么是判别重要程度的标准呢？

“重要”这一概念本来不只应用于史事上，但我们现在只谈史事的重要性，只探究判别史事的重要程度的标准。“重要”一词，无论应用于日常生活上或史事的比较上，都不是“意义单纯”（Univocal）的；有时作一种意义，有时作另一意义；因为无论在日常生活上或史事的比较上，我们判别重要程度的标准都不是唯一无二的；我们有时用这标准，有时用那标准。而标准的转换，我们并不一定自觉。唯其如此，所以“重要”的意义甚为模糊不清。在史事的比较上，我们用以判别重要程度的可以有五种不同的标准。这五种标准并不是作者新创出来的，乃是过去一切通史家部分地、不加批判地、甚至不自觉地，却从没有严格地采用的。现在要把他们尽数列举，并加以彻底的考验。

第一种标准可以叫做“新异性的标准”（Standard of Novelty）。每一件历史的事情都在时间和空间里占一特殊的位置。这可以叫做“时空位置的特殊性”。此外它容有若干品质，或所具若干品质的程度，为其他任何事情所无。这可以叫做“内容的特殊性。”假如一切历史的事情只有“时空位置的特殊性”而无“内容的特殊性”，或其“内容的特殊性”微少到可忽略的程度，那么，社会里根本没有所谓“新闻”，历史只是一种景状的永远持续，我们从任何一历史的“横剖面”可以推知其它任何历史的“横剖面”。一个民族的历史假若是如此，那么，它只能有孔德所谓“社会静力学”，而不能有他所谓“社会动力学”；那么，它根本不需有写的历史，它的“社会静力学”就可以替代写的历史。现存许多原始民族的历史虽不是完全如此，也近于如此；所以它们的历史没有多少可记。我们之所以需要写的历史，正因为我们的历史绝不是如此，正因为我们的史事富于“内容的特殊性”，换言之，即富于“新异性”。众史事所“内容的特殊性”的程度不一，换言之，即所具“新异性”的程度不一。我们判断史事的重要性的标准之一即是史事的“新异性”。按照这标准，史事愈新异则愈重要。这无疑地是我们有时自觉地或不自觉地所采用的标准。关于这标准有五点须注意。第一，有些史事在当时富于“新异性”的，但后来甚相类似的事接叠发生，那么，在后来这类事便减去新异性；但这类事的始例并不因此就减去“新异性”。第二,一类的事情若为例甚稀，他的后例仍不失其“新异性”，虽然后例的新异程度不及始例。第三，“新异性”乃是相对于一特殊的历史范围而定。同一事情，对于一民族或一地域的历史而言，与对于全人类的历史而言，其新异的程度可以不同。例如十四世纪欧洲人之应用罗盘针于航海，此事对于人类史而言的新异程度远不如其对于欧洲史而言的新异程度。第四，“异性”乃是相对于我们的历史知识而言。也许有的史事本来的新异程度很低，但它的先例的存在为我们所不知。因而在我们看来，它的新异程度是很高的。所以我们对于史事的“新异性”的见解随着我们的历史知识的进步而改变。第五，历史不是一盘散沙，众史事不是分立无连的；我们不仅要注意单件的史事，并且要注意众史事所构成的全体；我们写一个民族的历史的时候，不仅要注意社会之局部的新异，并且要注意社会之全部的新异；我们不仅要注意新异程度的高下，并且要注意新异范围的大小。“新异性”不仅有“深浓的度量”(Intensive Magnitude)，并且有“广袤的度量”(Extensive Magnitude)。设如有两项历史的实在，其新异性之“深浓的度量”可相颉颃，而“广袤的度量”相悬殊，则“广袤的度量”大者比小者更为重要。我们的理想是要显出全社会的变化所经诸阶段和每一段之新异的面貌和新异的精神。

假如我们的历史兴趣完全是根于对过去的好奇心，那么，“新异性的标准”也就够了。但事实上我们的历史兴趣不仅发自对过去的好奇心，所以我们还有别的标准。

第二种标准可以叫做“实效的标准”(Standard of Practical Effect)。这个名词不很妥当，姑且用之。史事所直接牵涉和间接影响于人群的苦乐者有大小之不同。按照这标准，史事之直接牵涉，和间接影响于人群的苦乐愈大，则愈重要。我们之所以有这标准，因为我们的天性使得我们不仅关切于现在人群的苦乐，并且关切于过去人群的苦乐。我们不能设想今后史家会放弃这标准。

第三种标准可以叫做“文化价值的标准”(Standard of Cultural Values)。所谓文化价值即是真与美的价值。按照这标准，文化价值愈高的事物愈重要。我们写思想史、文学史或美术史的时候，详于灼见的思想而略于妄诞的思想，详于精粹的作品而略于恶劣的作品（除了用作形式的例示外），至少有一大部分理由依据这标准。假如用“新异性的标准”则灼见的思想和妄诞的思想，精粹的作品和恶劣的作品，可以有同等的新异性，也即可以有同等的重要性，而史家无理由为之轩轾。哲学上真的判断和文学美术上比较的美的判断，现在尚无定论。故在此方面通史家容有见仁见智之殊。又文化价值的观念随时代而改变，故此这标准也每随时代而改变。

第四种标准可以叫做“训诲功用的标准”（Standard of Didacticutility）。所谓训诲功用有两种意义：一是完善的模范；二是成败得失的鉴戒。按照这标准，训诲功用愈大的史事愈重要。旧日史家大抵以此标准为主要的标准。近代史家的趋势是在理论上要把这标准放弃，虽然在事实上未必能彻底做到。依作者的意见，这标准在通史里是要被放弃的。所以要放弃它，不是因为历史不能有训诲的功用，也不是因为历史的训诲功用无注意的价值，而是因为学术分工的需要。例如历史中的战事对于战略与战术的教训，可属于军事学的范围；历史人物之成功与失败的教训，可属于应用社会心理学中“领袖学”的范围。

第五种标准可以叫做“现状渊源的标准”（Standard of Genetic Relation With Present Situations）。我们的历史兴趣之一是要了解现状，是要追溯现状的由来，众史事和现状之“发生学的关系”（Genetic Relation）有深浅之不同，至少就我们所知是如此。按照这标准，史事和现状之“发生学的关系”愈深则愈重要，故近今通史家每以详近略远为旨。然此事亦未可一概而论。历史的线索，有断而复续的，历史的潮流，有隐而复显的。随着社会当前的使命、问题和困难的改变，久被遗忘的史迹每因其与现状的切合而复活于人们的心中。例如吾人今日之于墨翟、韩非、王莽、王安石与钟相是也。

以上的五种标准，除了第四种外，皆是今后写通史的人所当自觉地、严格地，合并采用的。不过它们的应用远不若它们的列举的容易。由于第三种标准，对文化价值无深刻的认识的人不宜写通史。由于第五种标准“知古而不知今”的人不能写通史。再者要轻重的权衡臻于至当，必须熟习整个历史范围里的事实。而就中国历史而论，这一点决不是个人一生的力量所能做得到的。所以无论对于任何时代，没一部中国通史能说最后的话。所以写中国通史永远是一种极大的冒险。这是无可如何的天然限制，但我们不可不知有这种限制。

除了“笔削”的标准外，我们写通史时还有一个同样根本的问题。经过以上的标准选择出来的无数史实，并不是自然成一系统的。它们能否完全被组织成一系统？如是可能？这是什么样的系统？上面说过，众史事不是孤立无连的。到底它们间的关系是什么样的关系？同时的状况，历史的“横切片”的种种色色，容可以“一个有结构的全体之众部分的关系”（Relation between parts of An Organized whole）的观念来统驭。但历史不仅是一时的静的结构的描写，并且是变动的记录。我们能否或如何把各时代各方面重要的变动的事实系统化？我们能否用一个或一些范畴把“动的历史的繁杂”（changing Historical Manifold）统贯？如其能之，那个或那些范畴是什么？

我们用来统贯“动的历史的繁杂”可以有四个范畴。这四个范畴也是过去史家自觉或不自觉地部分使用的。现在要把它们系统地列举，并阐明它们间的关系。

（甲）因果的范畴。历史中所谓因果关系乃是特殊的个体与特殊个体间的一种关系。它并不牵涉一条因果律，并不是一条因果律下的一个例子。因为因果律的例子是可以复现的；而历史的事实，因其内容的特殊性，严格地说，是不能复现的。休谟的因果界说不适用于历史中所谓因果关系。

（乙）发展的范畴。就人类史而言，因果的关系是一个组织体对于另一个组织体的动作，或一个组织体对其自然环境的动作，或自然环境对一个组织体的运用（Action）或一个组织中诸部分或诸方面的交互动作（Inteaction）。而发展则是一个组织体基于内部的推动力而非由外铄的变化。故此二范畴是并行不悖的。发展的范畴又包括三个小范畴。

（1）定向的发展（Teleogical Development）。所谓定向的发展者，是一种变化的历程。其诸阶段互相适应，而循一定的方向，趋一定鹄的者。这鹄的不必是预先存想的目标，也许是被趋赴于不知不觉中的。这鹄的也许不是单纯的而是多元的。

（2）演化的发展（Evolutional Development）。所谓演化的发展者，是一种变化的历程，在其所经众阶段中，任何两个连接的阶段皆相近似，而其“作始”的阶段与其“将毕”的阶段则剧殊。其“作始”简而每下愈繁者谓之进化，其“作始”繁而每下愈简者谓之退化。

（3）矛盾的发展（Dialectical Development）。所谓矛盾的发展者，是一变化的历程，肇于一不稳定组织体，其内部包含矛盾的两个元素，随着组织体的生长，它们间的矛盾日深日显，最后这组织体被内部的冲突绽破而转成一新的组织体，旧时的矛盾的元素经改变而潜纳于新的组织中。

演化的发展与定向的发展，矛盾的发展与定向的发展，各可以是同一事情的两方面。因为无论演化的发展或矛盾的发展，都可以冥冥中趋赴一特定的鹄的。惟演化的发展与矛盾的发展则是两种不同的事情。

这四个范畴各有适用的范围，是应当兼用无遗的。我们固然可以专用一两个范畴，即以之为选择的标准，凡其所不能统贯的认识为不重要而从事舍弃。但这办法只是“削趾适履”的办法。依作者看来，不独任何一个或两三个范畴不能统贯全部重要的史实；便四范畴兼用，也不能统贯全部重要的史实，更不用说全部的史实，即使仅就一个特定的历史范围而论。于此可以给历史中所谓偶然下一个新解说，偶然有广狭二义：凡史事为四范畴中某一个范畴所不能统贯的，对于这范畴为偶然，这偶然是狭义的偶然；凡史事为四范畴中任何范畴所不能统贯的，我们也说它是偶然，这偶然是广义的偶然。历史中不独有狭义的偶然，也有广义的偶然。凡本来是偶然（不管狭义或广义的）的事，谓之本体上的偶然。凡本非偶然，而因我们的知识不足，觉其为偶然者，谓之认识上的偶然。历史家的任务是要把历史中认识上的偶然尽量减少。

到此，作者已把他的通史方法论和历史哲学的纲领表白。更详细的解说不是这里篇幅所容许。到底他的实践和他的理论相距有多远，愿付之读者的判断。

二十九年二月　昆明

自序二[①]

作者写此书时所悬鹄的如下：（1）融汇前人研究结果和作者玩索所得，以故事的方式出之，不参入考证，不引用或采用前人叙述的成文，即原始文件的载录亦力求节省；（2）选择少数的节目为主题，给每一所选的节目以相当透彻的叙述，这些节目以外的大事，只概略地设计及以为背景；（3）社会的变迁，思想的贡献，和若干重大人物的性格，兼顾并详。至于实际成就与所悬鹄的之间有多少距离，只好付之读者的判断了。

这部书原不是作者创意要写的。创意要他写这部书并且给他以写这部书的机会的是傅孟真先生和钱乙藜先生。往在昆明[②]，黄子坚先生、孙毓棠先生曾费心谋刊印此书而未成。比来遵义[③]，张晓峰先生主国立浙江大学[④]史地教育研究室，为石印五百册以广其传。以上诸先生，作者谨于此志谢。

三十年三月于贵州遵义书

张荫麟[⑤]

---

① 史地教育丛刊本为“序”，正中书局本、上海古籍本和山西古籍本均为“初版自序”。

② 现藏于浙江大学历史系资料室的原刊史地教育丛刊本无“往在昆明”四字，但有张荫麟先生补入该四字的手迹。正中书局本、上海古籍本和山西古籍本均误作“住在昆明”。

③ 史地教育丛刊本无“……而未成。比来遵义”数字，但有张荫麟先生补入该数字的手迹。

④ 史地教育丛刊本无“国立浙江大学”六字，但有张荫麟先生补入该六字的手迹。

⑤ 史地教育丛刊本为“三十年三月贵州遵义书，张荫麟”。其他数种均为“三十年三月张荫麟于贵州遵义书”。从张荫麟先生修订过的史地教育丛刊本。

自序三[①]

此书再版和初版不同的地方，除多处笔误和刊误的校正，数处小节的增删外，乃是第九至第十一章的添入。第九章的上半作者自觉尚有缺点，却不及修正，读者谅之。

初版的校正，幸得柳定生女士及叶文培君的助力，合于此志谢。

三十一年九月张荫麟于贵州遵义书

① 正中书局和上海古籍本录此序，史地教育丛刊本和山西古籍本未录此序。

第一章

中国史黎明期的大势

从前讲历史的人每喜欢从“天地剖判”或“混沌初开”说起。近来讲历史的人每喜欢从星云凝结和地球形成说起。这部书却不想拉得这么远。也不想追溯几百万年以前，东亚地方若干次由大陆变成海洋，更由海洋变成大陆的经过。也不想追溯几十万年以前当华北还没有给飞沙扬尘的大风铺上黄土层的时候，介乎猿人与人之间的“北京人”怎样在那里生活着，后来气候又怎样改变，使得他们消灭或远徙，而遗留下粗糙的石器，用火的烬迹和食余的兽骨人骨，在北平附近的周口店的地层中。也不想跟踪此后石器文化在中国境内的分布，传播和进步，直至存在于公元前六七千年间具有初期农业和精致陶器的“仰韶文化”（仰韶在河南渑池附近）所代表的阶段。

这部中国史的着眼点在社会组织的变迁，思想和文物的创辟，以及伟大人物的性格和活动。这些项目要到有文字记录传后的时代才可得确考。

严格地说，照现在所知，我国最初有文字记录的时代是商朝，略当于公元前十八世纪中叶至前十二世纪中叶。本书即以商朝为出发点，然后回顾其前有传说可稽的四五百年，即以所知商朝的实况为鉴别这些传说的标准。

第一节　商代文化

商朝在最后的二百七十多年间，定都于殷，即今河南安阳，故此商朝又名殷朝。我们称这二百七十多年为商朝的后期，我们所以确知商朝已有文字记录乃因为公元一八九九年以来殷都遗址——即所谓殷墟——的发现和发掘。

殷墟出土的遗物，除了大批的铜器、陶器、骨器、石器外，最引史家注意的是无数刻有文字的龟甲和兽骨（至少有十万片以上）。这些甲骨差不多全是占卜所用的，乃王室卜人所保存的档案。原来商人要预测未来的吉凶，或探问鬼神的意旨，便拿一块龟腹甲（间有用背甲的）或牛肩胛骨（间有用肋骨的），在一面加以钻凿，却不令穿透，然后在钻凿处灼火，另一面便现出裂纹，这叫做“兆”。卜人看兆而断定鬼神或一种神妙的势力对于所问的反应。所问的事情，有时连日后的“应验”，就刻在兆的旁边，这可称为卜辞。卜辞的内容以关于祖先的祭祀的为最多，如卜祭祀的日期、用牲的种类、用牲的数目等；有关于气象的，如卜雨、晴、风、雪等；有关于岁收的丰歉的；有关于征伐、渔猎和出行涉川之利否的；有关于疾病、胎孕和梦征的；有所谓卜旬和卜夕的，即于一旬之末卜下一旬有无灾害和于日间卜是夕有无灾害的。还有别的事项这里不能尽举。卜辞以外，甲骨文书中也有少数短短的记事，例如记颁发矛若干，某人取贝若干，某日某人入觐之类；又有田猎获兽的记录，刻在兽头骨上的。甲骨文书全是商朝后期的遗物。根据对甲骨文书、甲骨文字的分析，其他商代的遗物遗迹和后人关于商朝的记载，我们可作一商代的文化的速写如下。

商人是以农业为主要的生产方法。农作物有黍、稷、稻、麦、蚕桑。卜辞中“卜黍年”、“贞（卜问）我受黍年”、“贞其登黍”的记录很多，而此等处的黍字从未见有用别的植物名来替代的，可知黍为商人主要的农作物。帛、巾、幕等字和若干从糸的字的存在，证明丝织工艺的发达。有酒，以黍酿造。耕种全用人力。农具有耒耜。原始的耒耜，盖全以木为之。耒是一根拗曲的木棒，下端歧而为二，歧头上安一横木，以便脚踏。这是起土用的。耜和耒的分别是下端斜锐而不分歧，利于刺地而不利于起土，大约过于坚实的土，耒不能起便先用耜去刺松。耒当是利用树椏做成。商人是否已用铜做耒耜的下部，不得而确知。

渔猎和畜牧也是商人的盛大的生产副业。鱼的种类不见于卜辞。猎品，除野猪、鹿、狼、兕、兔、雉外，还有象。商王田猎的记录中，获鹿有一次三百八十四头的，获猪有一次一百十三头的，获狼有一次四十一头的。可见殷都附近的开辟程度。供食的家畜，除牛、羊、鸡、豕外，还有狗。牧畜业之盛从王室祭祀用牲之多可见，每有一次用牛羊三四百头的。驯役的动物除牛（旱牛和水牛）、马、犬外，还有象。至迟在商朝末年，商人并且曾利用象去作战。

商人已有铸造青铜（铜锡合金）器的工艺，铸造工场的遗物曾在殷墟找得，有可容铜液十二三公斤的陶制炼锅，有铜制的型范，有铜矿石，有炼渣。商人的兵器及工具大部分已用铜制，但也有一部分仍用石或骨角制。殷墟遗物中有铜制的戈头、矛头、瞿、箭镞、锛、小刀、针；石制的矛头、枪头、箭镞、刀、斧、粟凿；牛角或鹿角制的矛头、箭镞和骨锥。骨角制的兵器也许是仅作明器用的。

商人铸铜技术之最高的造就，乃在王宫和宗庙里所陈列的供饮食和盛载用的种种器皿，如尊、卣（盛酒用）、爵（酌酒用）、觚（饮器）、罍、毁（食器）、方彝、巨鼎（盛食物用）等等，都是具有很缛丽的花纹的。可惜写此段时，殷墟的铜器，作者尚无缘寓目。兹根据他人参观（民国二十六年夏教育部第二次全国美术展会所陈列者）的报告，略记二器，以见一斑。一为提梁卣：器分三层，上层为一盖，以练系于梁间，下层为卣的本体，中层搁上是一盖，取下来却是一觚，提梁的两端，各有一生动的兔形的兽头，全器周围是细致的花纹。一为盂形的器：当中有一柱，柱顶成莲花形，其旁四龙拱绕，两龙锐角，两龙钝角，四龙相连，可以环柱为轴而旋转，盂身和柱周围也是细致的花纹。

此外殷墟铜器之可注意的有盘、壶、铲、勺、漏勺、筷子等，还有战士戴的盔。

殷墟的陶器包括种类繁多的饮器、食器、盛器和烹饪器，其质地有灰色、红色的粗陶，黑色、白色的细陶和一种经高度烧加釉的陶；其纹饰多数是刻划的。细陶的纹饰极复杂，其母题有动物形、几何图案和图案化的动物形。

商人牙、骨、玉、石雕刻工艺在殷墟的遗迹也很丰富，举其特别可注意的：有镶嵌绿松石的象牙鸱尊；有一种雕纹的（也有绘纹的）骨制玩器，仿佛后世“如意”一类的东西，长形略曲，其花纹为龙、凤或蝉形，偶或嵌着绿松石；有各种式的佩玉，或作圆圈，或作半圆，或作长筒，或双龙相对成一圆形，或两鱼相对成一半圆，或状人物、人面、兽头、虎、兔、象、鸮、燕、鸽、鱼、蛙、蝉、长尾鸟、蝙蝠等；又有巨大的大理石的立体雕刻品，状人物、虎、龟、鸮、蟾、双兽等，以供陈设之用的。

从状人物的雕刻品和其他遗物，我们知道商人是席地而坐的；知道当时一部分人的服装是交领、右衽、短衣、短裙、束带，其鞋翘尖；知道当时女人脸上涂朱；头饰极复杂，左右两鬓或额间的头巾上缀一绿松石砌成的圆形物；头发中间束一骨圈；发上戴雕纹嵌绿松石的象牙梳；又簪骨制或玉制的笄，小的一两枝，多的几十枝；笄头雕各式各样的（现已发现四五十种）兽头和花纹；她的头饰比头还高。

关于商人的居室，我们也有一些推想的根据。在殷墟曾发现版筑的遗迹，那是房屋的基址。有一处基址作长方形，四围有许多大石卵，其相互间的距离，大略相等。这些石卵大约就是柱础，原来上面是安柱的。有一基址长三十公尺，宽九公尺，石柱础之外，并有铜柱础十个。殷墟绝无砖瓦，房顶想必是用茅草编成的。古人所谓“茅茨土阶”，大约就是商朝宫殿的写照。又发现一座纯黄土筑成的大台基，面向正南，与罗盘所指的完全相合。台基前十几公尺，也有大石卵，排成弓背形。台基的四周，遗下好些整副的野猪骨，可见这建筑必是和祭祀有关的。又掘出若干长方的坎穴，有阶级可上下，中存破陶片、牛骨、狗骨之类。坎穴内周围用硬土筑成，铁一般坚固。有些坎穴之下又套一个坎穴。这些坎穴是否与上说的版筑柱础同时，不能确定。但我们知道，远距商朝亡后三四百年，还有贵族的地下宫室见于记载（《左传》），则商朝后期之有这种穴居是很可能的。殷墟又掘出一些商王的陵墓。从墓室的情形可以推知王宫内部的情形。墓室一律作亚字形，原是木构，木料已腐化无存，却剩下木构上所装的各种立体石雕，作兽头、双面、牛头、鸟、兽等形的。又从墓中的遗迹推之，可知原来墙壁的内面是嵌镶着许多纹饰和涂着红色的。

商人的交通用具，有牛、马、牛马或象驾的车。除普通的车外，又有兵车，其形式大略是舆作半圆形，由后升降，一辕驾四马，两服两骖，与后来周朝的兵车无多差异；这是从殷墟发现的铜质车饰推知的。据卜辞的记载，商人出征有时远行至三四十日。

上面讲的是商人的“物质文明”。其次要讲他们的社会组织，可惜后者的资料远不如前者的详晰。

商人是普遍地聚族而居的，而且每族自成为一社会的单位。每族有一名号，即所谓“氏”。所以后来商朝亡后，新朝把商遗民分派给新封的诸侯都是整族整族地分派的：例如以条氏、徐氏、萧氏、索氏、长勺氏、尾勺氏等六族分给鲁国；以陶氏、施氏、繁氏、锜氏、樊氏、饥氏、终葵氏等七族分给卫国。卜辞记商人用兵，每有派某一族或某些族的人去作战的，例如“令旃族寇周”“令多（众）子族从犬侯寇周”“命五族伐羌”等。姓和氏的分别，商朝当已有之。姓是旧有的族号，氏是比较后起的族号。因为族人的繁衍，一族可以分成许多族，而散居异地。同源异流的众族保留其旧有共同的族号，谓之姓；同时各有其特殊的族号，谓之氏。姓字甲骨文及周金文皆作生，不从女。以生为姓者，溯生之所从来也。（古人名与姓氏不并举，因为在比较原始的社会里，互相接触的人，以同姓氏为常，自无以姓氏冠其名上之必要。此种习惯直至春秋时代犹然。以姓氏冠名乃是有了五方杂处的大都市以后的事。）

商民族以一个王室和它的都邑为核心。这都邑商人自称“天邑商”。在商朝六百年间，这“天邑商”曾经六次迁徙，最初是在亳，即今河南商丘北四十里；中间五迁皆不出今山东的南半和河南的东半；最后的二百七十余年是在殷，即安阳的殷墟。商王统属着许多部族的君长，即他的“诸侯”。原则上他们对商王的主要义务，是当他需要时，派兵去助他或替他征战，此外也许还有定期的贡献。这些诸侯的来源，大抵是本来独立部族的君长，为商王所征服的，或震于商朝的威势而自愿归服的；似乎还有一部分是商王把田邑分给自己的臣下或亲族而建立的。商王对各诸侯的控制能力并不一致，诸侯对商朝也叛服不常，他们彼此间也不永远是和平的友侣。卜辞里每有商王命这个诸侯去伐那个诸侯的记载。诸侯领土与王畿之间，民族和文化的关系疏密不一。有些诸侯所领的部族与王畿的人民是属同一民族，或原来虽不属同一民族，而已经与商人同化的，这些可以概称为商人；但也有些诸侯所领的部族在语言习惯上皆与商人相异，而始终对商人保存着“非我族类”之感的，例如当商朝末年居于泾渭流域的周人。

商朝王位的继承，自第二传以下，以兄终弟及为原则。王子无嫡庶之分，皆有继位的资格。至无弟可传，然后传子。但传末弟之子抑传其先兄之子，似无定制；多数是传末弟之子，但有不少例外。每因堂兄弟争位酿成王室的大乱。最后的四传皆是以子继父，似乎已鉴于旧制的不善而有意把它改革了。诸侯的继承法是否也以兄终弟及为原则，无从知道，但至少有例外，如“周侯”的继承，始终是以子继父的。

在商朝的势力范围以内和以外散布着许多文化远较商人落后的游牧民族，不时寇略商朝或其诸侯的领域。商朝后期的最大外敌是西北的鬼方（其根据地盖在山西北部及陕西的北部和西部）。历史上记载商王武丁曾对他用兵至三年之久。此外卜辞所记商人的外敌还有好些，但其中除羌人外都与后来的历史失了连络。卜辞所记商人对外战争，用兵至多不过四千、五千，俘虏至多不过十五、十六，但这些似乎不能作代表的例，因为卜辞曾记一次杀敌二千六百五十六人。

战争所获的俘虏，当有一部分是用作祭祀的牺牲，卜辞中屡有人祭的记录。但那不是常见的事。大多数俘虏当是用作奴隶。卜辞中有奴、奚、臣、仆等字皆是奴隶之称。奴隶除用执贱役外，当亦用于战争，卜辞中有“呼多臣”伐某方的记录，似是其证。又有所谓“耤臣”和“小耤臣”，似是奴隶之用于耕作的。

商人的商业已发展到使用货币的阶段，他们的货币以一种咸水贝为之，小块的玉器似乎也用为货币。从殷墟的遗物可以推知殷都一带商业之盛。铜器、玉器和绿松石饰品的原料都非近地所有；占卜用的消费量甚大的龟也是异地所产；咸水贝也是如此。特别是玉和贝必定是从远方辗转贩运而来的。

关于商人的社会状况，我们所知仅此。其次要估量他们表现于生产方法以外的智力。

甲骨文书包涵单字约三千，可识的约一半。这些文字虽然形体上与今字大异，但已识的字都可依照一定规则译成今字。其意义及用法大体上与今字不殊，习惯的保守性真是可惊的。除形体外，甲骨文字与今字的差异有两点可注意：（一）带有图象性的字无论物体的写生或动作性态的喻示，每随意描写，但求肖似，没有定构。例如龟字，或画正面，或画侧面，或画尾，或不画尾，或画两足，或画一足。又如渔字，或画一鱼，一网，一手；或只画一鱼，一手；或画四鱼在水中；或画一鱼傍水。（二）在意义的分别上，有好些地方比今字为详细。例如驾驭之驭，或从马，或从象，因所驭不同而异字。又如牧字，或从牛，或从羊，因所牧不同而异字。又如一兽的雌雄，各有异名，牝牡二字原指牛的两性，此外马、羊、豕、犬、鹿等，各于本字的边旁或底下加匕或土，以别雌雄。

现存商人的文书只有契刻的甲骨文书。但商人所有的文书不只此种。甲骨文书是先写而后刻的。这从甲骨上一些写而漏刻的朱墨迹可以推知。殷墟又发现一块白陶上写着字。从这些字迹可以推知毛笔的存在。又甲骨文中有册字，象竹简汇集之形。既有笔又有简册，可知当有写在简册上的文书。现存荟聚上古文件的《尚书》中，传说为商朝遗文的有五篇。其中比较可信为真出商人手笔的是《盘庚》三篇，那是记商王盘庚迁都（自奄，即今山东曲阜，迁殷）前后对臣民三次训话的。

古代记载原有“商人尚鬼”的话，证以卜辞而知其确切。在商人看来，神鬼的世界是和有形的世界同样地实在，而且这两个世界关系极密切。鬼神充斥于他们的四周，预知他们自身及其环境的一切变动，操纵着他们的一切利害吉凶祸福，需要他们不断的馈飨和贿赂。他们在日常生活中每遇有可容犹豫的事情或不能解答的疑问，照例要听命于龟壳和牛骨。神鬼世界的主要成分是他们的祖先。王室对祖先的祭祀，其名目之众多，次数之频繁，供献之丰盛都非我们所能想象。用牲的数目有多至一次五十羊、三百牛，或四百牛的。用牲的方法，除置俎中蒸熟或当场生宰以供陈列外，有以火焚烧，或沉于水中，或埋入土中的。祭祀的时日，用牲的种类、数目、方法，有时连牝牡、毛色，都要凭卜人预先向所祀的祖先请示。商人心目中死鬼与现世的关系，从盘庚迁都前对臣民的第二次训词（即《盘庚》中篇所记）很可以看出。兹将其中一段的大意，译白如下："我念着先王为你们的先人劳碌，就关心你们，要保育你们。我若有失政，先王就要重责我说：为什么虐待我的子民？你们若不知去求安乐的生活，不与我同心，先王便要责罚你们：为什么不和我的幼孙和好？……你们若立心不良，先王便要革了你们的先祖先父在天的职位。你们的先祖先父受了你们的牵累就要弃绝你们，不救你们的死亡了。我有了这样乱政的臣民，只得拿贝和玉去祈祷。你们的先祖先父便会告诉先王：惩罚我的子孙罢！于是先王便大大地降下不祥来了！"祖先而外，商人的神祇，以现在所知，有主土壤的社神，有山川之神，有风雨之神，有蚕神，还有主宰百神的"帝"，即上帝。风神就是上帝的使者，他是凤鸟。卜辞中风与凤同字。

商人不知有没有占星术，但他们已会观察天象而定历法。他们的历法大致与旧时的阴历相同；一年为十二月，月有大小，大月三十日，小月二十九日；有闰月，置于年终，称为十三月。

商人的乐器有磬、埙（有石制、陶制、骨制三种）、鼓、铙（形如铃铎而无舌，持以敲击，大小三枚为一套）、龢（笙之小者）。又卜辞中有从丝从木的"樂"字，可见琴瑟之类当时亦已存在。

商代文化的速写止此。

第二节　夏商大事及以前之传说

商朝从成汤创业以后，六百年间，可考的大事，除了六次迁都，除了对鬼方的大战，除了最后直接间接和亡国有关的打击外，便是五度由盛而衰的循环。所谓盛就是君主英武，诸侯归服；所谓衰就是君主昏暗，或王室内乱，而诸侯叛离。前期第一度的盛衰牵涉到汤孙太甲（商朝第四王）和汤的开国功臣伊尹的关系。这有二说：一说太甲无道，“颠覆汤之典型”，伊尹把他放逐于桐，过了三年，伊尹见他悔过修德，又迎他复位。一说伊尹于商王仲壬死后，把法当嗣位的太甲放逐于桐，而自即王位；其后七年，太甲自桐潜出，杀伊尹。肇始商朝后期的盘庚是一中兴之主。在他以后，惟他的侄子武丁曾一度中兴。武丁以降，商朝一直衰下去。继位的君主皆生长安逸，“不知稼穑之艰难，惟耽乐之从”（这是周朝开国元勋周公追数前朝衰亡的原因的话）。他们以畋游荒宴代替了国政的烦劳。在商朝末年，一种叔世的颓废和放纵弥漫了整个商人社会。狂饮滥醉的风气普遍于君主、贵族和庶民。这是他们亡国的主因。

在叙述商朝灭亡的经过之前，让我们回溯商朝所继承的历史线索。

商朝所替换的朝代是夏。关于夏朝，我们所知，远更模糊。例如夏朝已有没有文字？有没有铜器？其农业发展到什么程度？其政治组织与商的异同如何？这些问题都无法回答。在后人关于夏朝的一切传说和追记中，我们所能抽出比较可信的事实，大要如下。

夏朝历年约莫四百。其君位是父死子继而不是兄终弟及。其国都的迁徙比商朝更为频数。最初的君主禹历都阳城、晋阳、安邑，皆不出今山西的西南角（阳城在翼城西，晋阳在临汾西，安邑在平陆东北）。禹子启始渡河而南，居今新郑、密县间。以后除启孙后相因外患失国远窜外，夏主的迁徙，不出今河南的黄河以南，汝、颍以北。当夏朝为成汤所灭时，都于斟鄩，即今巩县西南。夏朝最大的事件是与外族有穷氏的斗争。有穷氏以钼（今河南滑县东）为根据地，当启子太康时，攻占了夏都（时在斟鄩），以后统治了夏境至少有六七十年。太康逃居于外，有穷氏以次立其弟仲康及仲康子后相为傀儡。后相继被窜逐追杀。后来后相的遗腹子少康收聚夏朝的残余势力，乘有穷氏的衰弱，把他灭掉，恢复旧物。有穷氏是在夏境的东北，后来灭夏的成汤则来自东南，其先世亦发祥于东北。夏朝的外患盖常在东方。

成汤的先世累代为部族长。他的先十四代祖契与禹同时，以蕃（今河北平山附近）为根据地。契子昭明迁于砥石（今河北砥水流域），继迁于商（今河南商丘），“天邑商”及商朝之得名由此。昭明子相土是一雄材大略的君长，曾大启疆宇，以相（在今安阳西十五里）为东都。可惜他的功业的记录只剩下他的后裔的两句颂诗：

> 相土烈烈，海外有截。

此时的海外说不定就是辽东或朝鲜。后来商朝亡后，王弟箕子能逃入朝鲜而历世君临其地，莫不是因为商人原先在那里有些根据？相土以后两三百年间，商人的事迹无考，也许这是他们的中衰时代（传说相土发明以马驾车，又他的后裔王亥——也是成汤的先世——发明以牛驾车）。到了成汤才复把商人带领到历史上，他从商北迁于亳，继灭了北方的若干邻族，然后向夏进攻，夏主桀兵败，被他放逐于南巢（在今安徽巢县东北五里）而死，夏朝于此终结。

我们若从夏朝再往上溯，则见历史的线索迷失于离奇的神话和理想化的传说中不可析辨了。凡此种种，本书自宜从略。但其中有一部分和后来历史的外表，颇有关系，应当附带叙及。

据说禹所继承的君主是舜，国号虞；舜所继承的是尧，国号唐。当尧舜之世，天下为公，而不是一家一姓所得私有的。尧怎样获得帝位，传说没有照顾到。舜本是历山（在今山东）的农夫，有一串故事（这里从略）表明他是一个理想的孝子和理想的贤兄，又有一串故事（例如他在那里耕种，那里的农人便互相让界；他在那里打鱼，那里的渔人便互相让屋；他在那里造陶器，那里的陶工便不造劣器）表明他是一个理想的领袖。帝尧闻得他的圣明，便把他召到朝廷里来，把两个女儿同时嫁给他，试他治家的能力；并拿重要的职位去试他政治的能力。他果然家庭雍睦任事称职。尧老了，便告退，把帝位推让给他。尧的时候有一场普遍于全“中国”的大水灾。禹父鲧，因治水无功，被处死刑，禹继承了他父亲的任务终于把水患平定。禹治水的工作凡历十三年，在这期间，曾三次走过自己的家门，都没有进去，有一次并且听到新产的儿子在呱呱地哭呢。后来舜照尧的旧例，把帝位推让给禹。禹在死前，也照例选定了一位益做自己的继承者。但禹死后，百姓不拥戴益，而拥戴禹的儿子启，于是启践登了帝位（一说益和启争位，为启所杀）。旧例一破便不再回复了。这便是尧舜“禅让”的故事。

还有一位值得提到的传说中重要人物，那是黄帝。他所占故事中的时代虽在尧舜之先，他的创造却似在尧舜之后。照传说的一种系谱（《史记·五帝本纪》），他是尧的高祖，舜的八世祖，禹的高祖（舜反比禹低三辈，这很奇怪），也是商周两朝王室的远祖，并且成了后来许多向化的外族的祖先。黄帝和他左右的一班人物并且是许多文化成分的创造者，例如他发明舟、车、罗盘、阵法、占星术和许多政治的制度；他的妃嫘祖最初教人养蚕织丝；他的诸臣分别发明文字、算术、历法、甲子和种种乐器。总之，他不独是中国人的共祖，并且是中国文化的源头。他的功用是把中国古代史大大地简单化了。

第三节　周朝的兴起

现在让我们离开想象，回到事实。

当商朝最末的一百年间，在渭水的流域，兴起了一个强国，号为周。周字的古文像田中有种植之形，表示这国族是以农业见长。周王室的始祖后稷（姬姓），乃是一个著名的农师（传说与禹同时），死后被周人奉为农神的。后稷的子孙辗转迁徙于泾渭一带；至古公亶父（后来追称太王），原居于豳（今陕西邠县附近），因受不了鬼方侵迫，率众迁居岐山（在今陕西岐山县境）之下。这一带地方盖特别肥沃，所以后来周人歌咏它道：

周原朊朊，堇荼如饴。

以一个擅长农业的民族，经过移民的选择，来到肥沃土地，而且饱经忧患，勤奋图存，故不数十年间，便蔚为一个富强之国。到了古公子季历（后来追称王季）在位时，竟大败鬼方，俘其酋长二十人了。古公在豳，还住地穴，其时周人的文化可想而知。迁岐之后，他们开始有宫室、宗庙和城郭了。季历及其子昌（后来追称文王）皆与商朝联婚，这促进了周人对商文化的接受，也即促进了周人的开化。

至少自古公以下，周为商朝的诸侯之一，故卜辞中有“令周侯”的记录。旧载季历及昌皆受商命为“西伯”，即西方诸侯之长，当是可信。但卜辞中屡有“寇周”的记载，可见商与周的关系并不常是和谐的。旧载古公即有“翦商”的企图。盖周自强盛以来，即以东向发展为一贯之国策。古公和季历的雄图的表现，于史无考，但西伯昌的远略尚可窥见一斑。他在逝世前九年，自称接受了天命，改元纪年。此后六年之间，他至少灭掉了四个商朝的诸侯国：

一、密　今甘肃灵台县西，

二、黎　今山西黎城县东北，

三、邘　今河南怀庆西北，

四、崇　今河南嵩县附近。

此外商诸侯不待征伐而归附他的当不少。又旧载西伯昌曾受商王纣命，管领江、汉、汝旁的诸侯，大约他的势力已及于这一带。后来周人说他“三分天下有其二”，若以商朝的势力范围为天下，恐怕竟去事实不远了。灭崇之后，西伯昌作新都于丰邑（在今长安县境），自岐下东迁居之。他东进的意向是够彰明的了。

文王死后第四年的春初，他的嗣子武王发率领了若干诸侯及若干西北西南土族的选锋（中有庸、蜀、羌、髳、微、纑、彭、濮等族类，其名字不尽见于以前和以后的历史），大举伐商；他的誓师词至今犹存，即《尚书》里的《牧誓》。凭一场胜仗，武王便把商朝灭掉。战场是牧野，离商王纣的行都朝歌（今河南淇县）不远。朝歌是他的离宫别馆所在，是他娱悦晚景的胜地。这时他至少已有六七十岁了。在享尽了畋游和酒色的快乐之后，他对第一次挫败的反应是回宫自焚而死。商兵溃散，武王等长驱入殷。商朝所以亡得这样快，照后来周人的解释是文王、武王累世积德行仁，民心归向，而商纣则荒淫残暴，民心离叛；所谓“汤武革命，顺乎天而应乎人”。这固然不能说没有一些事实的影子，但事实决不如此简单。周人记载中无意泄露的关于商、周之际的消息，有两点可注意。一说“纣克东夷而陨其身”。可见商人在牧野之战以前，曾因征服东方的外族，而把国力大大损耗了；武王乃乘其疲敝而取胜的。一说“昔周饥，克殷而年丰”。可见牧野之战，也是周人掠夺粮食、竞争生存之战。武王是知道怎样利用饥饿的力量的。

殷都的陷落和商朝的覆亡，只是周人东向发展的初步成功。商朝旧诸侯的土地并不因此便为周人所有，而且许多旧诸侯并不因此就承认武王为新的宗主。此后武王、成王、康王之世，不断的把兄弟、子侄、姻戚、功臣分封于外，建立新国。这些新国大抵是取旧有的诸侯而代之，也许有的是开辟本来未开辟的土地。每一个这类新国的建立，便是周人的一次向外移殖，便是周人势力范围的一次扩展。

但当初武王攻陷殷都之后，并没有把殷都及殷王畿占据，却把纣子武庚禄父封在这里，统治商遗民，而派自己的两个兄弟管叔和蔡叔去协助并监视他们。这不是武王的仁慈宽大。这一区域是民族意识特别深刻的“殷顽民”的植根地，而且在当时交通不便的情形之下，离周人的“本部”丰岐一带很远，显然是周人所不易统治的。故此武王乐得做一个人情。但这却种下后来一场大变的原因。武王克殷后二年而死，嗣子成王年幼，王叔周公旦以开国功臣的资格摄政。管、蔡二叔心怀不平，散布流言，说“周公将不利于孺子”。并鼓动武庚禄父联结旧诸侯国奄（今山东曲阜一带）和淮水下游的外族淮夷，背叛周室。周公东征三年，才把这场大乱平定。用兵的经过不得而详，其为坚苦卓绝的事业，是可想象的。于是周公以成王命，把殷旧都及畿辅之地封给文王的少子康叔，国号卫；把商丘一带及一部分殷遗民封给纣的庶兄微子启，以存殷祀，国号宋；把奄国旧地封给周公子伯禽，国号鲁；又封功臣太公望（姜姓）的儿子于鲁之北，国号齐（都今山东临淄）；封功臣召公奭（周同姓）的儿子于齐之北，国号燕（都今北平附近），都是取商朝旧有诸侯国而代之的。周公东征之后，周人的势力才达到他们的“远东”。就周人向外发展的步骤而论，周公的东征比武王的克殷还更重要。这大事业不可没有一些艺术的点缀。旧传《诗经·豳风》里《东山》一篇就是周公东征归后所作，兹录其一章如下：

> 我徂东山，慆慆不归。我来自东，零雨其濛。鹳鸣于垤，妇叹于室。洒扫穹窒，我征聿至。有敦瓜苦，烝在栗薪。自我不见，于今三年。

假如传说不误，这位多才多艺的军事政治家，还是一个委婉的诗人呢！

先是武王克殷后，曾在丰邑以东不远，另造新都曰镐京（仍在长安县境），迁居之，是为宗周。“远东”戡定后，在周人的新版图里，丰镐未免太偏处于西了。为加强周人在东方的控制力，周公在洛阳的地方建筑一个宏伟的东都，称为成周。成周既成，周公把一大部分“殷顽民”，远迁到那里。从此周人在东方可以高枕无忧了。却不料他们未来的大患乃在西方！周公对被迁到成周的殷人的训词，至今还保存着，即《尚书》里的《多士》。

武王、成王两世，共封立了七十多个新国，其中与周同姓的有五十多国；但这七十余国而外，在当时黄河下游和大江以南，旧有国族之归附新朝或为新朝威力所不届的，大大小小，还不知凡几。在这区域内，周朝新建的和旧有的国，现在可考的有一百三十多。兹于现在可考的周初新建国中，除上面已提到的宋、卫、鲁、齐、燕外，择其可以表示周人势力的分布的十八国列表如下：

国名	姓	始祖与周之关系	国都今地
晋	姬	武王子叔虞	山西太原北
霍	姬	文王子叔处	山西霍县
邢	姬	周公子	河北邢台
芮	姬		陕西大荔县南
贾	姬		陕西蒲城西南
西虢	姬	文王弟虢叔	陕西宝鸡县东
滕	姬	文王子叔绣	山东滕县
郕	姬	文王子叔武	山东汶上县北
郜	姬	文王子	山东城武县东南
曹	姬	文王子叔振铎	山东定陶县
东虢	姬	文王弟虢仲	河南汜水县
蔡	姬	文王子叔度	河南上蔡县（约在纪元前五三〇年左右迁于今新蔡）
祭	姬	周公子	河南郑州东北
息	姬		河南息县
申	姜		河南南阳北
蒋	姬	周公子	河南固始县西北
随	姬		湖北随县
聃	姬	文王子季载	湖北荆门东南

本节叙周人的东徙至周朝的创业，本自成一段落。但为以下行文的方便起见，并将成王后康、昭、穆、共、懿、孝、夷、厉八世的若干大事附记于此。这时期的记载甚为缺略，连康、昭、共、懿、孝、夷六王在位的年数亦不可考（成王在位的年数亦然）。因此厉王以前的一切史事皆不能正确地追数为距今若干年。成、康二世为周朝的全盛时代，内则诸侯辑睦，外则四夷畏慑。穆王喜出外巡游，其踪迹所及，不可确考，但有许多神话附着于他。夷王时周室始衰，诸侯多不来朝，且互相攻伐。厉王即位于公元前八七八年。他因为积久的暴虐，于即位第三十七年，为人民所废逐，居外十四年而死。在这期

间，王位虚悬，由两位大臣共掌朝政，史家称之为共和时代。厉王死后，其子继立，是为宣王。

第四节　周代与外族

夏、商、周三朝的递嬗，代表三个民族的移徙和发展。大体上说，夏人自西而东，商人自东而西，周人复自西而东，他们后先相交错，相覆叠，相同化，同时各把势力所及地方的土族同化，在一千数百年间，这参伍综错的同化作用团结成一大民族，他们对于异族，自觉为一整体，自称为“诸夏”，有时也被称并自称为“华”。中华民国的“华”字起源于此。这自觉和自号很难说是那一年那一月开始，大约，至迟在公元前七七〇年“周室东迁”的前后当已存在。这划时代的大变，一会就要讲到。我们可用这时间做中心点，以叙述诸夏与若干影响重大的外族的关系。至于其他星罗棋布于河北、山东、河南、山西、陕西而与诸夏错居的许多游牧或非游牧的种族（周人所泛称为夷或戎的）以及他们不断与诸夏互相龉龁而渐渐为诸夏同化吸收的经过，这里不能详及，现在也不能尽考。

（一）商末、周初的鬼方后来周人称为猃狁，继称犬戎。此族在周初屡出没于在丰镐以西和以北。成王时曾伐鬼方，俘人至一万三千余，战争之剧烈可想。参加此役的盂国（近岐山）曾铸鼎刻铭以记其事，至今尚存。穆王时又大败此族，俘其五王，迁其部落若干于汾洮一带。至厉王末年，猃狁乘周室内乱，又复猖獗；以后四十余年间不时寇略西陲，甚至深入王畿，迫近镐京，终为宣王所攘逐。这期间出征猃狁的将士的写怀诗，至今还有留存（即《诗经·小雅》的《采薇》《出车》《六月》《采芑》），兹示一斑（《采薇》六章，录四章）如下：

采薇采薇，薇亦作止。曰归曰归，岁亦暮止。靡室靡家，猃狁之故。不遑启居，猃狁之故。

采薇采薇，薇亦柔止。曰归曰归，心亦忧止。忧心烈烈，载饥载渴。我戍未定，靡使归聘。

采薇采薇，薇亦刚止。曰归曰归，岁亦阳止。王事靡盬，不遑启处。忧心孔疚，我行不来。（中略）

昔我往矣，杨柳依依。今我来思，雨雪霏霏。行道迟迟，载渴载饥。我心伤悲，莫知我哀。

宣王死，子幽王立。幽王因宠艳妃，废王后及太子宜臼。太子出奔王后的外家，即申国。王欲杀太子，求之于申，不得，王伐申，申侯求助于犬戎。于是犬戎攻陷镐京，追杀幽王于骊山下。方镐京陷落之时，鲁侯、许公及申侯拥立宜臼于申（前七七〇年），是为平王。及幽王既死，虢（当是东虢）公又立王子余臣于携（当在东虢附近）。两王并立了十一年，而余臣为晋文侯所杀，周室复一。平王因镐京及王畿的西半已为犬戎所据，定都于成周，后来王室一直留在这里。平王把沦陷区交托给一个护驾功臣、原来承袭西垂大夫世职的秦襄公，许他若果能克服犬戎，便领有其地。襄公果然完成了他的任务，在那里建立了秦国。而王畿的西半不复为王室所有了。经这次打击，王室日渐衰微，到后来只保存了一个共主的空名。史家称东迁以前的周朝为西周，以后的周朝为东周（现存鲁国史记《春秋》包括东周第四十九年以下的二百四十二年，史家称这时代为春秋时代）。

（二）入东周后，从公元前六六二至前五九五年间，为诸夏祸最烈的外族，是犬戎的同源异派，当时周人称为“狄”的。狄有赤、白之别，又各分为许多部族。赤狄分布于今河北广平至山西潞城、屯留一带；白狄一部分在陕北延安一带，一部分在河北藁城、晋县一带。但这时期的记载并没有分别侵略者为赤为白，或其所属的特殊部族，只笼统称之为狄而已。大约来侵的狄人，赤狄占大多次数，东方的白狄占小数，而西方的白狄不预。在这期间齐受狄侵七次，卫六次，晋五次，鲁二次，邢、宋、温、郑、周各一次。卫受摧残最甚，被逼两次迁都（卫原都朝歌，在河南淇县东北；一迁楚丘，在河南滑县东；再迁帝丘，在河北濮阳），其国境大半沦陷，赖齐桓公之救始免于亡国。邢亦被迫迁都（邢本都河北邢台，迁山东东昌），亦赖齐桓公之救始免于亡国。成周为狄攻陷，周襄王出奔于郑，赖晋文公之救始得复国。结束狄患的是晋国，它于公元前五九三至前五九二两年间，倾全国之力灭赤狄；继于前五三〇至前五二〇年间灭东方白狄的大部分。经这两役，广漠的狄土和邢、卫的沦陷地皆入于晋，晋境盖展拓了一倍以上。

（三）周代以前，中国历史的主要地盘是在山东、河南、山西，而旁及河北、陕西的一部分。其时长江下游包括湖北、安徽、江苏、浙江等地的历史，几乎完全埋在黑暗之中。到了周朝，这一区域里民族分布的情形才有鳞爪可见。周人的拓殖已达到湖北汉水的东北，其汉水以西南，直至大江，则为楚人的领域。安徽境内部族之可考者有群舒，在舒城至庐江间及六安、霍丘一带；有徐戎，在泗县以北一带。在江苏境内，江北有淮夷，以邳县一带为中心，其江南则为吴人的领域。吴地并跨浙江的浙西，其浙东则为越人的领域，越地并跨江西的鄱阳湖之东。

这些民族中，群舒的历史吾人所知最少，只知道他在鲁僖公（前六五九至前六二七年）时曾与鲁为敌，鲁人歌颂僖公，有“荆舒是惩”之语，它们自前六一五年以后陆续为楚所灭。

徐戎当周穆王之世，在徐偃王的统治之下，曾盛极一时；东方诸侯臣服于他的有三十六。他晚年力行仁义，不修武备；结果，楚人来伐，他一战败死，他的霸业也随之烟消云散。徐戎每与淮夷联合，以敌对诸夏，特别是鲁。周公子伯禽初就封于鲁时，这两族便并起与他为难。厉、宣之际两族又乘机凭陵诸夏，至劳宣王亲征平定。《诗经》里《常武》（《大雅》）一篇即咏此事，中有云：

> 王奋厥武，如震如怒。进厥虎臣，阚如虓虎。铺敦淮溃，仍执丑虏。截彼淮浦，王师之所。王旅啴啴，如飞如翰，如江如汉，如山之苞，如川之流，绵绵翼翼，不测不克，濯征徐国。

后来鲁人歌颂僖公的成功也说他：

保有皃绎，遂荒徐宅；至于海邦，淮夷蛮貊。

淮夷受诸夏同化的程度，现在无征。徐戎至迟在东周时已采用了诸夏的文字。这有现存几件徐国铜器的铭文为证，举其一例如下：

佳（唯）正月初吉丁亥，徐王庚之淑子沇儿，择其吉金，自作和钟。中翰且扬，元鸣孔皇。孔喜元成，用盘（乐也）饮酒，和会百姓。淑于威仪，惠于明祀。𠭯（吾）以晏以喜，以乐嘉宾及我父兄庶士。皇皇熙熙，眉寿无期，子子孙孙，永保鼓之。

徐戎于公元前五一二年为吴所灭。淮夷自前五一五年以后不见于历史，其结局无考，大约非被灭于吴则被灭于越。

楚、吴、越三国有一重要的共同点：三国的王族都不是土著，而是从北方迁来的。传说楚王族的先祖季连，其长兄昆吾为夏朝诸侯之一，国于今河南许昌；其后嗣称昆吾氏。昆吾氏之国为成汤在伐桀之前灭掉。季连的事业无考。他的后裔衰微，散在中国和蛮夷。周文王时，有鬻熊，乃季连后裔之君长于楚地者，归附于文王。鬻熊的曾孙熊绎，当成王末年始受周封。吴国王族的始祖是王季之兄泰伯和仲雍（兄弟相继），传说他们因为让国给王季而逃至吴地。越国王族的始祖相传是夏禹之后。这些南向远徙的殖民领袖，怎样犯难冒险去到目的地，怎样征服了土人而君临其上，现在都不得而知了。他们和他们的子孙既与本土隔绝，渐为当地蛮夷所同化。例如居吴越的便同土人一样断发（诸夏束发，戎狄被发，吴越断发）文身。但经过了长期的隔离之后，当这些国族的发展把他们带到诸夏的世界时，同化的方向都倒转了过来。楚和诸夏发生密切的关系最早，自西周初期以来，便是周室的劲敌；吴次之，入东周一八五年（前五八三年）始与诸夏有使节往来；越则直待前四七三年灭吴以后，始有机会与诸夏接触。楚、吴、越的历史续详于第三章。

第二章

周代的封建社会

第一节　封建帝国的组织

武王所肇创、周公所奠定的“封建帝国”，维持了约莫七百年（公元前十一世纪初至前五世纪末）。这期间的社会概况便是本章所要描写的。自然在这期间，并非没有社会变迁，而各地域的情形也不一致。这纵横两方面的变异，虽然现在可能知道的很少，下文也将连带叙及。这个时期是我国社会史中第一个有详情可考的时期。周代的社会组织可以说是中国社会史的基础。从这散漫的封建的帝国到汉以后统一的郡县的帝国，从这阶级判分、特权固定的社会到汉以后政治上和法律上比较平等的社会，这其间的历程，是我国社会史的中心问题之一。

上面所提到“封建”一词常被滥用。严格地说，封建的社会的要素是这样：在一个王室的属下，有宝塔式的几级封君；每一个封君，虽然对于上级称臣，事实上是一个区域的世袭的统治者而兼地主；在这社会里，凡统治者皆是地主，凡地主皆是统治者，同时各级统治者属下的一切农民非农奴即佃客，他们不能私有或转卖所耕的土地。

照这界说，周代的社会无疑地是封建社会。而且在中国史里只有周代的社会可以说是封建的社会。名义上这整个的帝国是“王土”，整个帝国里的人都是“王臣”，但事实上周王所直接统属的只是王畿之地。王畿是以镐京和洛邑为两个焦点，其范围现在不能确考，但可知其北不过黄河，南不到汉水流域，东不到淮水流域，西则镐京已接近边陲。王畿之地，在周人的估计中，是约莫一千里左右见方。王畿之外，周室先后至少封立了一百三十个以上（确数不可考）的诸侯国，诸侯对王室的义务不过按期纳贡朝觐，出兵助王征伐，及救济畿内的灾患而已。诸侯国的内政几乎完全自主。而王室开国初年的武威过去以后，诸侯对王室的义务也成了具文，尽不尽听凭诸侯的喜欢罢了。另一方面，周王在畿内，诸侯在国内，各把大部分的土地，分给许多小封君。每一小封君是其封区内政治上和经济上的世袭主人，人民对他纳租税，服力役和兵役，听凭他生杀予夺，不过他每年对诸侯或王室有纳贡的义务。

周朝的诸侯国，就其起源可分为四类。第一类是开国之初，王室把新征服或取得的土地，分给宗亲姻戚或功臣而建立的。前章所表列的国家皆属此类。第二类是开国许久之后，王室划分畿内的土地赐给子弟或功臣而建立，例如郑、秦。郑始祖为周厉王少子友，宣王时始封，在今陕西华县。幽王之乱，郑友寄家于郐及东虢，因而占夺其地，别建新国（在今河南中部黄河以南新郑一带）。第三类是拿商朝原有的土地封给商朝后裔的，属于此类的只有宋。第四类是商代原有的诸侯国或独立国，归附于周朝的，例如陈、杞等。旧说周朝诸侯，爵分五等，即公、侯、伯、子、男。此说曾有人怀疑。但现存东周的鲁国史记里确有这五等的分别。其中所称及的诸侯公爵的只有宋，男爵的只有许（今河南许昌）；属于第一类的多数为侯，亦有为伯的；属于第二类的秦、郑皆为伯；属于第四类的大抵为子。

王畿内的小封君殆全是王族。列国的小封君原初殆亦全是“公族”（国君的同族）；但至迟在前七世纪初这种清一色的局面已打破。齐桓公（前六五一至前六四三年）有名的贤臣管仲和景公（前五四七至前四九〇年）有名的贤臣晏婴都有封地，却非公族，晏婴并且据说是个东夷。晋国自从献公（前六七六至前六五一年）把公族几乎诛逐净尽，后来的贵族多属异姓，或来自别国。秦国自从它的政制有可稽考，自从穆公（前六五九至前六二一年）的时代，已大用“客卿”，公族始终在秦国没有抬过头。但鲁、郑和宋国，似乎终春秋之世不曾有过（至少稀有）非公族的小封君。这个差异是进取和保守的差异的背景，也是强弱的差异的背景。畿内小封君的情形，我们所知甚少，姑置不谈。列国的小封君统称为大夫。列国的大夫多数是在国君的朝廷里任职的，其辅助国君掌理一般国政的叫做卿。卿有上下或正副之别。大国的卿至多不过六位。大夫亦有上下的等级，但其数目没有限制。大夫的地位是世袭的，卿的地位却照例不是世袭的，虽然也有累代为卿的巨室。大夫的家族各有特殊的氏。有以开宗大夫的官职为氏的；有以封地的首邑为氏的；若开宗大夫为国君之子，则第三世以下用开宗大夫的别字为氏。下文为叙述的便利，称大夫的世袭的家业为“氏室”，以别于诸侯的“公室”和周王的“王室”。（注：周制，列国的卿，有一两位要由王朝任命，但此制实施之时间空间范围不详。）

周王和大小的封君（包括诸侯）构成这封建社会的最上层，其次的一层是他们所禄养的官吏和武士，又其次的一层是以农民为主体的庶人，最下的一层是贵家所豢养的奴隶。

第二节　奴隶

关于奴隶阶级的情形现在所知甚少。譬如在全国或某一地域奴隶和其他人口的比例是怎样呢？天子、诸侯或大夫所直接役属的奴隶各有多少呢？我们都不得而知。幸而当时周王和列国君主赏赐奴隶的数目常见于记录。最高的记录是晋景公（前五九九至前五八一年）以“狄臣”（狄人做奴隶的）一千家赏给他一个新立战功的大夫荀林父。其次是齐灵公（前五八一至前五五四年）以奴隶三百五十家赏给他的一个新受封的大夫。荀林父在这次受赐之前已做过两朝的执政，他家中原有的奴隶，至少当可以抵得过这一次的赏赐。可见是时一个大国的阔大夫所有的奴隶会在一万人以上。

这些奴隶的主要来源是战争。周初克殷和东征的大战，不用说了，此后诸夏对异族的征讨和诸侯相互的攻伐，每次在战场内外所获的俘虏，除了极小数有时被用来“衅鼓”（杀而取血涂鼓，以祓除不祥）或用作祭祀的牺牲外，大部分是做了胜利者的奴隶。殷亡国以后，殷人被俘虏的一定很多，但究有若干，现在不可确考（《逸周书》所载不可靠）。此后俘数之可知者：对外的例如成王二十五年伐鬼方之役俘一万三千八十一人，又如上说赏给荀林父的“狄臣”一千家就是当时新获的俘虏的一部分。对内的例如前四八四年吴国、鲁国伐齐，俘齐国甲车八百乘，甲士三千人。俘虏的利益有时竟成为侵伐的动机。诸侯对天子，或小国对大国时常有献俘的典礼。诸夏国互获的俘虏可以赎回。鲁国定规赎俘之费由国库负担。但有被赎的幸运的恐怕只是显贵的俘虏，而有时所费不赀。例如前六〇七年，宋国向郑人赎那“睅其目、皤其腹”的华元，用兵车百乘，文马百驷（但这些礼物还未交到一半他就逃脱回来了）。奴隶的另一个来源是罪犯。犯罪的庶人和他的家属被没入贵家为奴的事虽然不见于记载，但我们知道，贵家因罪戾被废，或因互争被灭，其妻孥有被系或被俘而用作赏品的，其后裔有“降在皂隶”的。

奴隶做的是什么事？第一，自然是在贵人左右服役。这一类的奴隶包括“小臣”（即侍役）、婢妾和管宫室、管车驾的仆竖；还有照例用被刖的罪犯充当的“阍人”和用被“宫”的罪犯充当的“寺人”。但这些只占小数。大部分的奴隶是被用于生产的工作。每一个贵家，自周王的以至大夫的，是一个自足的社会。谷米不用说是从采邑里来的。此外全家穿的衣服和用的东西，自家具以至车舆、兵器、乐器、祭器，多半是家中的奴隶制造的。这时代用车战，兵车以马驾，养马和管厩又是奴隶的事。此外山林川泽是由贵家专利的。樵、苏、渔、牧和煮盐又是奴隶的事。女奴也有分配到外边做工的：采桑养蚕的叫做蚕妾，做纺织或其他女红的叫做工妾。贵家设有一官专管工人。公室的工官普通叫做工正，惟楚国的叫做工尹。王室和公室的总工官之下还有分各业的工官；例如以现在所知，周室有所谓“陶正”者，大约是管制造陶器的；鲁国有所谓“匠师”者，大约是管木工的。有专长的奴隶每被用作礼物。例如前五八九年，鲁国向楚国求和，赂以执斫、执针、织纴各百人。又例如前五六二年，郑国向晋国讲和，所赂有美女和工妾共三十人，女乐二队，每队八人。

奴隶可以抵押买卖。西周铜器铭刻中有“赎兹五夫用百寽”的话。奴隶的生命自然由贵人随意处置。例如晋献公有一回思疑肉里有毒，先拿给狗试试，狗死了；再拿给小臣试试，这不幸的小臣便与那狗同其命运了。又例如献公的儿子重耳出亡时，他的从臣们在桑下密谋把他骗离齐国，被一个蚕妾偷听了；她回去告诉重耳的新婚夫人齐姜，齐姜恐怕妨碍公子的“四方之志”，一声不响地便把那蚕妾杀了。在周代盛行的殉葬制度底下，奴隶也是必然的牺牲。平常以百计的殉葬者当中，我们不知道有多少是奴隶。他们的死太轻微了，史家是不会注意的。但也有一件奴隶殉葬的故事因为有趣而被保留。晋景公的一个小臣有一朝起来很高兴地告诉人，他夜梦背着晋侯登天，午间他果然背着景公但不是登天，而是“如厕”；景公本来病重，他跌落厕坑里死了，那小臣便恰好被用来殉葬。

奴隶是以家为单位的，一个奴隶家里不论男女老幼都是奴隶。他们的地位是世袭罔替的；除了遇着例外的解放。新俘奴隶被本国赎回也许是常见的事。此外奴隶被解放的机会似乎是很少的，历史上只保存着两个例子。其一，前六五五年，晋灭虞，俘了虞大夫百里奚，后来把他用作秦穆公夫人的“媵臣”（从嫁奴隶）。他从秦逃到楚，被楚人捉住。他在虞国本来以贤能知名，秦穆公想重用他，怕楚不给，于是以赎“媵臣”为名，出五张黑羊皮的很低代价，竟把他赎回了。他因此得到“五羖大夫”的绰号。其二，前五五〇年，晋国内乱，叛臣手下的一个大力士督戎，人人听到他的名字就惧怕。公家有一个奴隶叫做斐豹，自荐给执政道，若把他的奴籍烧了，他便杀死督戎，执政答应了他，后来他果然把督戎杀了。

第三节　庶民

我们在上文叙述奴隶的生活时，保留着一个很重要的问题，奴隶和农业的关系是怎样？换句话说，大多数农民的地位是怎样的？关于这一方面，记载很残缺，现在可得而说的多半是间接的推论。我们可以悬想，周朝开国之初，无数战胜的族长分批地率领子弟来到新殖民地里，把城邑占据了，田土瓜分了，做他们的侯伯大夫，他们于所占得的田土当中留出一小部分，直接派人去管理，收入完全归他们自己，这种田便是所谓“公田”；其余大部分的田土，仍旧给原来的农夫耕种，却责他们以粟米、布缕和力役的供奉；他们的佃耕权可以传给子孙却不能转让或出售给别人。这种田即所谓“私田”。大部分的公田当是由耕私田的农夫兼尽义务去耕种的。他们“公事毕然后敢治私事”。但也有一部分“公田”是由奴隶去耕种的。所以西周的《大克鼎》铭文里记周王赏田七区，其中有一区注明“以厥臣妾”。但由此亦可见奴隶附田的制度在西周已不很普遍了。耕私田的农夫皆是所谓“庶人”。他们的地位是比奴隶稍为高贵些；但他们的生活殊不见得比奴隶好。粟米和布缕的征收固有定额，但不会很轻；什一之税在东周末年还是可望难即的理想。除正税外遇着贵人家有婚嫁等喜事他们还有特别的供应。力役之征更是无限的。平常他们农隙的光阴大部分花在贵人的差使上。若贵人要起宫室、营台榭、修宗庙或筑城郭，随时可以把他们征调到在鞭子底下作苦工。遇着贵人要打仗，他们得供应军需，并且供献生命。遇着凶年饥馑，他们更不如奴隶的有依靠，多半是“老弱转乎沟壑，壮者散而之四方”。

西周传下来的《七月》一首民歌描写豳（今陕西邠县）地农民的生活很详细。根据这诗，可以作一个农民的起居注如下：正月把农器修理。二月开始耕种，他的妻子送饭到田里给他吃，督耕的“田畯”也笑嘻嘻地来了。同时他的女儿携着竹筐到陌上采桑。八月他开始收获，同时他的女儿忙着缫丝，缫好了，染成黑的、黄的，还有红洒洒的预备织做公子的衣裳。十月获稻，并酿制明春给贵人上寿的酒。农夫们把禾稼聚拢好，便到贵人家里做工，白天去采茅，晚上绞绳。是月酬神聚饮烹宰羔羊；大家到贵人堂上献酒，欢呼万岁。十一月出猎，寻觅狐狸，为着贵人的皮袍。十二月农夫们会同受军事训练。是月把养肥了的猪献给贵人，又把冰凿下，藏好，预备明年春夏天贵人需用。

《七月》这首歌是贵人用作乐章的，自然要合贵人的口味。诗中的农夫是怎样知足安分地过着牛马生活。但农夫和别的庶民也有不安分的时候，假如贵人太过忽略了他们的苦痛。第一章里已经说过，周朝的第十个王，厉王，就因为久积的暴虐，被民众驱逐出国都，失却王位。和厉王同命运，甚至比他更不幸的封君不断的见于记载。举例如下：前六三四年，当晋、楚两强交争的时候，卫君因为得罪了晋国想转而亲楚。但卫国离晋较近，亲楚便会时常招惹晋人的讨伐。在这种当儿，首先遭殃的便是人民。他们即使幸而免于战死，免于被俘，他们回到家中，会发现禾稼被敌人割了，树木被砍了，庐舍被毁了，甚至井也被塞了。因此，卫君的亲楚政策是和卫国人民的利益根本冲突的。他们听到了，便大闹起来，把卫君赶到外国去了。同类的事件有前五五三年蔡国的公子燮因为想背楚亲晋给民众杀了。蔡是邻近楚的。经过这些事件的教训，所以前五七七年，陈侯当外患紧急时只好把国人召齐来，征求他们的意见，来决定外交政策。因直接残虐人民失去地位或性命的封君，为例更多。前六〇九年，莒君因为“多行无礼于国”被他的太子率领民众杀了。前五六一年，畿内的原伯，因为详情现在不知的暴行弄到民不聊生，被民众赶走了。前五五九年，另一位莒君因为喜欢玩剑，每铸成一把剑便拿人民来试；又因为想背叛齐国，被一位大夫率领民众赶走了。前五五〇年，陈国的庆氏据着首都作乱，陈侯率兵来围，庆氏督着民众修城。是时，城是用土筑的，筑时用板夹土。督工的看见一两块板倒了，便把旁边的役人杀死。于是役人暴动起来把庆氏的族长通杀了。前四八四年，陈大夫某，因为陈侯嫁女，替向国人征收特税；征收的太多，用不了，他把剩下的为自己铸了一件钟鼎之类的“大器”。后来国人知道，便把他赶走了。他走到半路，口渴，同行的一位族人马上把稻酒、干粮和肉脯献上，他高兴得了不得，问为什么这样现成。答道：大器铸成时已经预备着。

上述厉王以后的民变，全发生在前六世纪当中和附近。这些见于记载的暴动完全是成功的，影响到贵人的地位或生命的，其他失败而不见于记载的恐怕还有不少。这时候民众已渐渐抬头，许多聪明的卿大夫已认识民众的重要，极力施恩于他们，收为己助，以强其宗，以弱公室，甚至以得君位。例如当宋昭公（前六一九至前六一一年）昏聩无道的时候，他的庶弟公子鲍却对民众特别讲礼貌。有一回宋国大闹饥荒，他把自己所有的谷子都借给饥民。国中七十岁以上的人他都送给食物，有时是珍异的食物。他长得很美，连他的嫡祖母襄夫人也爱上了他，极力助他施舍。后来襄夫人把昭公谋害了，他便在国人的拥戴中继为宋君。又例如齐国当景公（前五四七至前四九〇年）的时候，当公室底下的人民以劳力的三分之二归入公室，而仅以三分之一自给衣食的时候，陈氏却用实惠来收买人心。齐国的量器，以四升为豆，四豆为区，四区为釜，十釜为钟。陈家特制一种新量，从升到釜皆以五进，仍以十釜为钟，借谷子给人民的时候，用新量，收还的时候，用旧量。陈家专卖的木材，在山上和在市上一样价；专卖的鱼盐蜃蛤，在海边和在市上一样价。这一来民众自然觉得陈家比公室可爱。后来陈氏毫无阻力地篡夺了齐国。此外如鲁的季氏，郑的罕氏都以同类的手段取得政权。

上文所说参加叛变和被强家利用的民众自然包括各种色的庶人。当中自然大部分是农人，其余当有少数商人和工人。庶人和奴隶的重要差别在前者可以私蓄财物，可以自由迁徙。但农人实际上很少移动，除了当饥荒的时候，虽然在前六世纪时人的记忆中，有“民不迁，农不移”的古礼。这似乎不是绝对的限制，礼到底与法禁有别。

第四节　都邑与商业

人民聚居的地方通称曰邑。邑可分为两大类，有城垣的和没有城垣的。有城垣的邑又可分为三类，一是王都和国都（直至东周时，国字还是仅指国都而言）；二是畿内和列国的小封君的首邑；三是平常的城邑。周室的西都镐京自东迁后已成为禾黍油油的废墟，其规模不见于记载。东都洛邑（今洛阳）的城据传说是九里（一千六百二十丈）见方，其面积为八十一方里，约当现在北平城之百分之二一·七（北平城面积是今度一百九十四方里，周一里当今〇·七二一五里，一方里当今〇·五二〇五六方里）。城的外郭据传说是二十七里（四千八百六十丈）见方，其所包的面积差不多是现在北平城的两倍。列国的都城，连外郭计，以九百丈（五里）见方的为平常，其面积约为今北平城的十五分之一。一直到前三世纪初，一千丈见方的城还算是不小的。但春秋末年勃兴的吴国，其所造的都城却特别大。据后汉人的记载，那箕形的大城，周围约为今度三十四里，其外郭周围约为今度五十里（今北平城周约五十四里）。卿大夫首邑的城照例比国都小，有小至五百丈至一百丈左右见方的，那简直和堡寨差不多了。这些小城的基址似乎到唐、宋时还有存在。唐人封演记当时“汤阴县北有古城，周围可三百步，其中平实。此东，顿丘、临黄诸县多有古小城，周一里或一二百步，其中皆实”。又宋人陈师道记：“齐之龙山镇有平陆故城，高五丈，四方五里，附城有走马台而高半之，阔五之一，上下如之。”此二人所记很像是周人的遗迹。

王城和列国都城的人口不详。但我们知道春秋时大夫的封邑在一千户上下的已算很大的了。平常国都的人口就算比这多十倍也不过一万户。我们从前六八六年内蛇与外蛇斗于郑都南门中的故事，可知当时的国都决不是人烟稠密的地方。前六六〇年比较细小的卫国都城被狄人攻破后，它的遗民只有男女七百三十人，加上共、滕两邑的人口，通共也只有五千人。

我们试看列国都城在地图上的分布很容易发现它们的一个共同点：它们都邻近河流；以现在所知，几无例外。一部分固然因为交通的便利，一部分也因为河谷的土壤比较肥沃，粮食供给比较可靠。城的作用在保卫，贵人的生命和财富和祖先神主的保卫。国都的主要居住者为国君的家族和他的卫士、“百工”；在朝中做官的卿大夫和他们的卫士。大多数国家的朝廷，像王室的一般，内中主要的官吏有掌军政的司马，掌司法和警察的司寇，掌赋税和徭役的司徒和掌工务（如城垣、道路、宗庙的修筑）的司空。国都里的重要建筑，有国君的宫殿、台榭、苑囿、仓廪、府库、诸祖庙、祀土神的社、祀谷神的稷、卿大夫的邸第和给外国的使臣居住的客馆。这些建筑在城的中央，外面环着民家和墟市。墟市多半在近郭门的大道旁。郭门外有护城的小池或小河，上面的桥大约是随时可以移动的。城郭的入口有可以升降的悬门。城门时常有人把守，夜间关闭，守门的“击柝”通宵。货物通过城门要纳税，这是国君的一笔大收入。

都邑也是商业的中心。至迟在春秋下半期，一些通都里已可以看见“金玉其车，文错其服”的富商。他们得到阔大夫所不能得到的珍宝，他们输纳小诸侯所不能输纳的贿赂。他们有时居然闯入贵族所包办的政治舞台。旧史保存着两个这样的例子：（一）前五九七年晋军大将知罃在战场被楚人俘了。一位郑国的商人，在楚国做买卖的，要把他藏在丝绵中间，偷偷地运走。这计策已定好，还没实行，楚国已把知罃放还。后来那位商人去到晋国，知罃待他只当是他救了自己一般。那商人谦逊不遑，往齐国去了。（二）前六二七年，秦人潜师袭郑，行到王城和郑商人弦高相遇。弦高探得他们的来意，便一方面假托郑君的名义，拿四张熟牛皮和十二只牛去犒师，一方面派人向郑国告警，秦人以为郑国已经知道防备，只好把袭郑的计划取消了。这两个故事中的商人都是郑人。如故事所示，郑商人的贸易范围至少西北到了王城和晋国，东到了齐国，南到了楚国。郑国最早的商人本是镐京的商遗民，当郑桓公始受封的时候，跟他们一同来到封地，帮他们斩芟蓬蒿藜藿，开辟土地的。郑君和他们立过这样盟誓：“尔无我叛，我无强贾，毋或匄夺。尔有利市宝贿，我勿与知。”郑当交通的中心，自东迁时便有了一群富于经验的商人，他们又有了特定的保障，故此郑国的商业特别发达。但这时期商人所贩卖的大部分只是丝麻布帛和五谷等农产品，加上些家庭的工艺品。以佣力或奴隶支持的工业还没有出现。

周人的货币，除贝以外还有铜。西周彝器铭文中每有“作宝尊彝，用贝十朋又四朋”一类的记录。也有罚罪取“金”（即铜）若干寽（字亦作锊）的记录。传说周景王（前五四四至前五二一年）已开始铸大钱。但贝和“金”似乎到春秋时还不曾大宗地、普遍地作货币用，一直到春秋下半期，国际间所输大宗或小宗的贿赂还是用田土、车马、币帛、彝器或玉器，而不闻用贝或用“金”，钱更不用说了。

第五节　家庭

庶人的家庭状况自然不会被贵人身边的史官注意到，因此现在也无可讲述。只是这时代的民歌泄露一些婚姻制度的消息：

> 艺麻如之何？横纵其亩。取妻如之何？必告父母。……析薪如之何？匪斧不克。取妻如之何？匪媒不得。

少年男女直接决定自己的终身大事的自由在这时代已经被剥夺了。在樊笼中的少女只得央告她的情人：

> 将仲子兮！无逾我里！无折我树杞！岂敢爱之？畏我父母！

甚至在悲愤中嚷着：

> 之死矢靡它！母也天只！不谅人只！

这种婚姻制度的背景应当是男女在社交上的隔离。诗人只管歌咏着城隅桑间的密会幽期，野外水边的软语雅谑，男女间的堤防至少在贵族社会当中已高高的筑起了。说一件故事为例：前五〇六年，吴人攻入楚国都城的时候，楚王带着两个妹出走，半路遇盗，险些送了性命。幸运落在他的一个从臣钟建身上，他把王妹季芈救出，背起来跟着楚王一路跑。后来楚王复国，要替季芈找丈夫，她谢绝，说道：处女是亲近男子不得的，钟建已背过我了。楚王会意，便把她嫁给钟建；并且授钟建以“乐尹”的官，大约因为他是一个音乐家。

周初始有同姓不婚的礼制，但东周的贵族还没有普遍遵行，庶民遵行的程度，今不可知。

贵族家庭中的一种普遍现象是多妻。至少在周王和诸侯的婚姻里有这样的一种奇异制度：一个未来的王后或国君夫人出嫁的时候，她的姊妹甚至侄女都要有些跟了去给新郎做姬妾，同时跟去的婢女还不少，这些迟早也是有机会去沾新主人的雨露的。陪嫁的妾婢都叫做媵。更可异的，一个国君嫁女，同姓或友好的国君依礼，要送些本宗的女子去做媵。在前五五〇年，齐国就利用这种机会把晋国的一位叛臣当作媵女的仆隶送到晋国去，兴起内乱，上文提及的斐豹的解放就是这次变乱中的事。

媵女而外，王侯还随时可以把别的心爱的女子收在宫中。他们的姬妾之多也就可想。多妻家庭里最容易发生骨肉相残的事件，在春秋时代真是史不绝书。举一例如下：卫宣公（前七一八至前七〇〇年）和他的庶母夷姜私通，生了急子。后来急子长大，宣公给他向齐国娶了一个媳妇来，看见是很美，便收为己用，叫做宣姜。子通庶母，父夺子妻，在春秋时代并不是稀奇的事。这时代男女礼防之严和男女风纪之乱，恰成对照。宣公收了宣姜后，夷姜气愤不过，上吊死了。宣姜生了两个儿子，寿和朔。宣姜和朔在宣公面前倾陷急子，这自然是很容易成功的。宣公于是派急子出使到齐国去，同时买通一些强盗要在半路暗杀他。寿子知道这秘密，跑去告诉急子，劝他逃走。他要全孝道，执意不肯。当他起程的时候，寿子给他饯行，把他灌醉了；便取了他的旗，插在船上先行，半路被强盗杀了。急子醒来，赶上前去，对强盗说：卫君要杀的是我，干寿子甚事？他们不客气地又把他杀了。

第六节　士

有两种事情打破封建社会的沉寂，那就是祭祀和战争，所谓“国之大事，唯祀与戎”。二者同是被认为关系国家的生存的。先说战争。

周室的分封本来是一种武装殖民的事业。所有周朝新建的国家大都是以少数外来的贵族（包括国君、公子、公孙、卿大夫及其子孙）立在多数土著的被征服者之上。这些贵族的领主地位要靠坚强的武力来维持。而直至春秋时代，所有诸夏的国家若不是与戎狄蛮夷杂错而居，便是与这些外族相当的接近，致时有受其侵袭的危险。再者至迟入东周以后，国际间的武装冲突和侵略战争成了旦暮可遇的事。因为这三种原因，军事成了任何国家的政治的中心，也成了贵族生活的中心。贵族一方面是行政的首脑，一方面也是军事的首脑。农民每年于农隙讲武，每逢国家打仗都有受征调的义务。此外有一班受贵族禄养着专门替贵族打仗的人，也就是战场上斗争的主力，那叫做“士”，即武士。

到底每一国的“士”有多少呢？这不能一概而论。据说周朝的制度，王室有六军，大国三军（《齐侯镈钟》：“余命汝政于朕三军”；又“穆和三军”），中国二军，小国一军。周朝行车战，军力以乘计。大约一军有车一千乘，每乘有甲胄之“士”十人。事实自然与制度有出入。例如周室东迁后六十三年，周桓王合陈、蔡、卫的兵还打不过郑国，此时的周室决不能“张皇六师”。又例如在春秋末叶（约前五六二至前四八二年）头等的大国如晋、秦、楚等其兵力总在四五千乘以上。

士字原初指执干（盾）、戈，佩弓、矢的武士，其后却渐渐变成专指读书、议论的文人。为什么同一个字其先后的意义恰恰对极地相反？懂得此中的原因，便懂得春秋以前和以后的社会一大差别。在前一个时代，所谓教育就是武士的教育，而且唯有武士是最受教育的人；在后一个时代，所谓教育就是文士的教育，而且唯有文士是最受教育的人。士字始终是指特别受教育的人，但因为教育的内容改变，它的涵义也就改变了。

“士”的主要训练是裸着臂腿习射御干戈。此外他的学科有舞乐和礼仪。音乐对于他们并不是等闲的玩艺，“士无故不彻琴瑟”。而且较射和会舞都有音乐相伴。“士”的生活可以说是浸润在音乐的空气中的。乐曲的歌词，即所谓“诗”。诗的记诵，大约是武士的唯一的文字教育。这些诗，到了春秋末叶积有三百多篇，即现存的《诗经》。内中有的是祭祀用的颂神歌，有的是诗人抒情的作品，大部分却是各国流行的民歌。较射和会舞都是兼有娱乐、交际、德育和体育作用的。较射是很隆重的典礼，由周王或国君召集卿大夫举行的叫做大射，由大夫士约集宾客举行的叫做乡射。较射的前后奏乐称觞。预射的人揖让而升，揖让而下。这是孔子所赞为“君子之争”的。会舞多半是在祭祀和宴享的时候举行（不像西方的习俗，其中没有女子参加的）。舞时协以种种的乐曲，视乎集会的性质而异。这时期中著名的乐曲，如相传为舜作的“韶”，相传为禹作的“大夏”和武王所作的“大武”等，都是舞曲。大武的舞姿，现在犹可仿佛一二，全部分为六节，每一节谓之一成。第一成象“北出”，舞者“总干（持盾）山立”；第二成象“灭商”，舞容是“发扬蹈厉”；第三成象南向出师；第四成象奠定南国；第五成象周公召公左右分治（周初曾把王畿分为两部，自陕而东周公主之，自陕而西召公主之，陕西省之得名由此），舞者分夹而进；第六成象军队集合登高，最后舞者同时坐下。六成各有相配的歌词，皆存于《诗经》中，兹引录如下：

一成	昊天有成命，二后受之。成王不敢康，夙夜基命宥密。于缉熙，单厥心，肆其靖之。
二成	于皇武王，无竞维烈。允文文王，克开厥后。嗣武受之，胜殷遏刘，耆定尔功。
三成	于铄王师，遵养时晦。时纯熙矣，是用大介。我龙受之，蹻蹻王之造，载用有嗣，实维尔公允师。
四成	绥成邦，屡丰年，天命匪懈。桓桓武王，保有厥士。于以四方，克定厥家。于昭于天，皇以间之。
五成	文王既勤止，我应受之。敷时绎思，我徂维求定。时周之命，于绎思。
六成	于皇时周，陟其高山。隮山乔岳，允犹翕河。敷天之下，裒时之对，时周之命。

六成不必全用。第二成单行叫做武，第三成叫做勺，第四、五、六成各叫做象，幼童学舞，初习勺，次习象。大武是周代的国乐，是创业

的纪念，垂教的典型，武威的象征，其壮烈盖非韶、夏可比。舞者必有所执，在大武中舞者执干戈，此外或执雉羽，或鹭羽，或斧钺，或弓矢。执羽的舞叫做“万”，这种舞，加上讲究的姿式和伴奏，一定是很迷人的，可以一段故事为证。楚文王（前六八九至前六七七年）死后，遗下一个美丽的夫人，公子元想勾引她，却没门径，于是在她的宫室旁边，起了一所别馆，天天在那里举行万舞，希望把她引诱出来。她却哭道：“先君举行万舞原是为修武备的，现在令尹（楚国执政官名，公子元所居之职）不拿它来对付敌人，却拿它用在未亡人的身边，那可奇了！”子元听了，羞惭无地，马上带了六百乘车去打郑国。

理想的武士不仅有技，并且能忠。把荣誉看得重过安全，把责任看得重过生命；知危不避，临难不惊；甚至以藐然之身与揭地掀天的命运相抵拒。这种悲剧的、壮伟的精神，古代的武士是有的，虽然他们所效忠的多半是一姓一人。举两例如下：（一）前六八四年，鲁国和宋国交战，县贲父给一个将官御车。他的马忽然惊慌起来，鲁军因而败绩。鲁公也跌落车下，县贲父上前相助。鲁公说道：这是未曾占卜之故（照例打仗前选择御士须经占卜）。县贲父道：别的日子不打败，今日偏打败了，总是我没勇力。说完便冲入阵地战死。后来国人洗马发现那匹马的肉里有一枝流矢。（二）前四八〇年卫国内乱，大臣孔悝被围禁在自己的家中。他的家臣季路（孔子的一位弟子），听到这消息，便单身匹马地跑去救应，半路遇着一位僚友劝他不必。他说，既然食着人家的饭，就得救人家的祸。到了孔家，门已关闭，他嚷着要放火。里头放出两位力士来和他斗，他脑袋上中了一戈，冠缨也断了。他说：“君子死，冠不免。”把冠缨结好才死。

王公大夫的子弟至少在原则上都得受武士的教育。王室有“学宫”，王子和他的近侍在内中学射，周王和他的臣工也有时在内中比射；又别有“射卢”，周王在内中习射，作乐舞。公室也当有同类的设备。

武士的地位仅次于大夫。他们虽然没有封邑，却有食田。出战时“士”是穿着甲胄坐在车上的主要战斗力。但他们底下还有许多役徒小卒，这些多半是临时征发农民充当的。

第七节　宗教

周人的神鬼世界我们知道得比较殷人的详细些。这其中除了各家的祖先外，有日月星辰的神，他们是主使雪霜风雨合时或不合时的；有山川的神，他们是水旱疠疫的原因；但最重要的，人们生存所赖的，还是土神和谷神。前者关系土壤的肥瘠，后者关系五谷的丰歉。土神叫做社，或后土，谷神叫做稷，或后稷。供奉社稷的地方，也叫做社稷。稷只是谷的一种，而以名谷神，以名“田祖”，这里似乎泄露一件久被遗忘的史实：最初被人工培植的野种是稷。

像封建社会之上有一个天王，主宰百神的有一个上帝。他是很关心人们的道德的，会赏善罚恶。但他也像天王一般，地位虽尊，实权却有限，他和人们的日常生活很少发生关系，人们也用不着为他破费。祀上帝的典礼叫做郊祀。举行郊祀礼的只有周王和鲁君。上帝的由来不知周人曾涉想到否。至于自然界各部分的神祇，在周人的信仰中，多半有原始可稽的。他们多半是由人鬼出身；而且，像封君一般，他们的地位是上帝所封的。例如汾水的神，传说是一位古帝金天氏的儿子，他生时做治水的官，疏通汾、洮二水有功，因而受封。又例如永远不相会面的参、商两个星座，其神的历史是这样的：古帝高辛氏有两个不肖的儿子，他们死了，住在荒林里还是整天打架。上帝看不过，便把大的迁到商丘，做商星的神，把小的迁到大夏，做参星的神。这段神话的历史背景是商人拿商星做定时节的标准星，故此它名为商星。古人在没有日历之前，看一座恒星的位置的移动来定时节的早晚，这叫做“观象授时”。被选作目标的恒星叫做辰。

周人的稷神是一位农业的发明者，同时又是本朝的祖先。但到底稷神是周人的创造呢？抑或周室不过搬旧有的稷神做祖先呢？现在不得而知。社神却确是在周代以前已经有的。周人称殷人的社为亳社。至少在鲁国的都城同时有亳社和周社。朝廷的建筑，就在两社之间。

大约原初鲁国被统治的民众大部分是殷的遗民，新来的统治者顾忌他们的反感，只好让他们保留原来的宗教，而别立自己的新社，叫做周社。一直到前五世纪初，鲁国大夫尚有盟国君于周社、盟“国人”于亳社的故事。社神的来历现在不得而知了。祀社的地方照例种着一棵大树，据说夏代的社用松，殷代用栢，周代用栗。

从天子到士都有宗庙。天子和封君的庙分两种：合祀众祖的太庙和分祀一祖的专庙。除太祖外，每一祖的专庙，经过若干代之后，便“亲尽”被毁，否则都城之内便有庙满之患了。宗庙、社、稷是每一个都会的三大圣地。它们年中除了临时的祈报外都有定期的供祭。宗庙的供祭尤其频数。其他的神祇则只当被需求的时候，才得到馈赂。但他们可不用愁，这样的机会是很多的。虽然水旱疠疫和风雨失调是比较的不常，虽然众神各有各的领域，但任何神鬼在任何时候，都能给任何人以祸难，尤其是疾病。在这些当儿牺牲和玉帛是不会被人们吝惜的，疾病的原因都推到鬼神。他们的欢心胜过医药，巫祝就是医生。周人事神似乎不像殷人的烦渎，但也和殷人一样认真。祭祀之前主祭的人要离开家庭到庙旁清净的地方斋戒几天；祭某祖的时候要找一个人扮成他的模样来做供奉的具体对象，这叫做“尸”。祭宗庙社稷的牺牲，虽然也照后世的办法，只给鬼神嗅嗅味道，而“祭肉”由预祭的人瓜分，但在其余的祭典中也有时把整只的牛、羊、猪或狗焚化了，埋了或沉在水里给鬼神着实受用的。焚给一切鬼神的布帛，也通是真的而不是纸做的。献给鬼神的玉，不能摆一下就算了，要捶碎了，或抛入河中。但鬼神也像小孩子一般，可以用“尔之许我，我其以璧与珪归俟尔命；不许我，我乃屏璧与珪”一类的话（这是周公对祖先说的话）来试诱的。盛大的祭典是一种壮观，在丹柱刻椽的宗庙里，陈列着传为国宝的鼎彝，趋跄着黼黻皇华的缙绅，舞着羽翰翩跹的万舞，奏着表现民族精神的音乐，排演着繁复到非专家不能记忆的礼仪。（附注：周朝始避讳祖先之名，因而王侯有谥，大夫士有别字。）

诸神中最与民众接近的是社。每年春间有一次社祭的赛会。这时候鼓乐歌舞、优技、酒肉和乡下的俏姑娘引诱得举国若狂。在齐国，也许因为民庶物丰，礼教的束缚又较轻，社祭特别使人迷恋，连轻易不出都城的鲁君有时也忍不住要去看看。每逢打仗之前，全军要祭一回社，祭毕把祭肉和酒分给兵士，叫做受脤。衅鼓就在这时候举行。这以壮军威的饷宴，这拼命之前的酗醉，这震地的喧嚣，是全国紧张的开始。得胜回来的军队要到社前献俘，有时并且把高贵的俘虏当场宰了用作祭品。此外遇着水灾和日蚀，则在社前击鼓抢救，同时用币或献牲；火灾之后，也要祭社，以除凶气。遇着讼狱中两造的证据不能确定，也可以令他们到社里奉牲发誓，而等候将来的奇迹。

除了上说列在祀典的鬼神而外，还偶然会有陌生的精灵，或是神话上的英雄，或是被遗弃了的旧鬼新鬼，或是来历不明的妖魅，降附在巫觋（巫是女的，觋是男的）身上。巫觋是神灵所钟爱的。他们能和降附的神灵说话，因此人们若有求于这些神灵得先求他们。王侯大夫都有供奉巫神的。被人驱逐去位的周厉王有使卫巫监谤的故事，春秋时代的第一个鲁君隐公就是一位佞巫者。他未即位之前曾做过郑国的俘虏，被囚在尹氏家中。这家有一个著名灵验的钟巫。他串通尹氏私去祈祷。后来郑人把他放归，他便把钟巫都带到鲁国来。他被他的兄弟派人暗杀，就在他出外斋宿预备祭钟巫的时候。

巫觋是某些鬼神的喉舌，所以能直接知道这些鬼神的意旨和未来的吉凶。但其余的人，要知道鬼神的意旨和未来的吉凶，除问巫觋外，只有凭间接的占测方法。周代的占测方法，除了沿袭自商代的龟卜（兽骨卜在周代似已不通行）外，还有周人所发明（约在商末周初）的筮。要说明筮法，得先说明筮时所用的一部书，即《周易》。这部书包涵六十四个符号和它们的解释。这些符号叫做卦。每一卦有六层即所谓六爻。每一层是一横画，或一横画中断为二，前者可说是奇的，后者可说是偶的。卦各有专名，例如六爻皆奇的（䷀）名为乾，六爻皆偶的（䷁）名为坤，六爻中第二五爻为偶（从底数起）余皆为奇的（䷝）名为离。每卦的解释分两种，解释全卦的叫做卦辞，解释各爻的叫做爻辞。筮的时候取五十茎蓍草，加以揲弄（有一定方法，这里从略）以得到某一卦，再加以揲弄，看这一卦中那些爻有“变”；例如筮得乾卦而第二五爻有变则为“遇乾之离”。筮者应用卦辞及变爻的爻辞而作预言。至于怎样应用法，那就有点“神而明之存乎其人”了。卦爻辞包涵许多关于人事的教训，有些是很深刻的；例如说“无平不陂，无往不复”，那是说明“物极必反”，教人不要趋极端的。

巫觋的神通只限于降附他们的神灵的势力范围，他们并不掌管宗庙社稷等有常典的祭祀。他们即使被王侯供养的，也不是正常的职官。

王侯的朝廷中管理和鬼神打交涉的正常职官有诸祝、宗、卜、史。祝的主要任务在代表祭者向鬼神致辞，因此他特别要知道鬼神的历史和性情。宗是管理宗庙的司祭礼的程序，祭坛的布置，祭品的选择、保存等等。卜是掌卜筮的，但有些国家于卜之外别置筮官。史的主职在掌管文书，记录大事，占察天象，但也兼理卜筮和祭祀的事。这四种职官的首长，在王朝分别名太祝、太宗、卜正、太史；在列国大抵如之；惟楚国名卜长为卜尹，又有左史右史而似乎无太史。祝、宗、卜史等长官的地位史无明文，但我们从下面两件故事，可以推想。楚平王（前五二八至前五一七年）即位之初曾把他所尊敬的敌人观起叫来，要给他官做，说唯汝所欲。因为他的先人曾掌卜，便使他做卜尹。可见卜长的地位是很高的。卫献公（前五六七至前五五九年）出奔归国，要颁邑给从臣而后入。从臣有太史柳庄者，恐其偏赏私近致失人心，力加谏阻。献公从之，以为他是社稷之臣，等他临死之时，终于给他田邑，并写明“世世万（万世）子孙毋变”的约言放在他的棺中。可见太史得世有田邑，宗长、祝长等当亦如之。至于低级的祝、宗、卜、史等官则皆有食田，而且有时多至值得王室或世室抢夺的食田。但拥有强力的大夫很少出身于祝、宗、卜、史，或同时充任着这些官职的。

这时期的国家大事，上文已说过，不外打仗和祭祀。而打仗之前，照例要“受命于（宗）庙，受脤于社”，照例要来一番卜筮。故此没一次国家大事没有上说的四种专家参预。他们又是世业的，承受者愈积愈丰的传说。因此他们都是多识前言往行的。史官因为职在典藏与记载，尤熟于掌故和掌故所给人的教训。他们成为王侯时常探索的智囊。周初有一位史佚，著过一部书，后人称为《史佚之志》的。

这大约是夹着论断的历史记载。春秋时有知识的人常常称引这书，可惜后来佚了，但至今还保存着其中一些名句，如“动莫若敬，居莫若险，德莫若让，事莫若咨”。

第八节　卿大夫

封君当中，不用说以大夫占多数。他们是地主而兼统治者的阶级的主体。虽然各国在任何时期的氏室总数，无可稽考；但我们知道，在鲁国单是出自桓公的氏室已有三桓，在郑国单是出自穆公的氏室已有七穆，宋国在前六〇九年左右至少有十二氏，晋国的一小部分在前五三七年左右已有十一个氏室。

氏室的领地，或以邑计，或以县计。言邑自然包括其附近的田土。县本来是田土的一种单位，但言县也自然包括其中的都邑。

一个氏室的封邑有多少？这不能一概而论。前五四六年，卫君拿六十邑赏给一位大夫，他辞却，说道：“唯卿备百邑，臣六十邑矣。”这恐怕只能代表小国的情形。我们知道，在齐国，管仲曾“夺伯氏骈邑三百”；又现存一个春秋以前的齐国铜器（《子仲姜宝镈》），上面的刻辞记着齐侯以二百九十九邑为赏。

县的名称一直沿到现在。在春秋时似乎还只秦、晋、齐、楚等国有之。最初秦、楚两强以新灭的小国或新占领的地方为县，直属于国君，由他派官去治理。这种官吏在楚国叫做县公或县尹。他们在县里只替国君征收赋税，判断讼狱。他们即使有封邑，也在所治县之外。这种制度是后世郡县制度的萌芽。秦在前六八八年灭邦、冀戎，以其地为县，次年以杜、郑为县。楚国在前五九七年左右，至少已设有九县，每一县即旧时为一小国。晋、齐的县制较后起，它们的县不尽是取自他国的土地，也不尽属于公室。晋国在前五三七年左右有四十九县，其中九县有十一个氏室；直属公室的县各设县大夫去管，如楚国的县尹。前五一四年，晋灭祁氏和羊舌氏把他们的田邑没归公室；分祁氏的田为七县，羊舌氏的田为三县，各置县大夫。在晋国，县肥于郡。前四九三年，晋国伐郑，军中曾出过这样的赏格："克敌者，上大夫受县，下大夫受郡，士田十田（下田字原作万，盖误），庶人工商遂（得仕进），人臣隶圉免（免奴籍）。"齐国在春秋时有县的唯一证据乃在灵公时代一件遗器（《齐侯镈钟》）的铭文，内记灵公以三百县的土地为赏。显然齐国的县比晋、楚等国的县小得多。

县郡的区分在春秋时代还不普遍。在没有县郡的国里，公室和较大的氏室都给所属的邑设宰。邑宰的性质和县尹县大夫相同，不过邑宰所管辖的范围较小罢了。

上文有点离开叙述的干路，让我们回到列国的氏室，它们的土地原初都是受自国君。国君名义上依旧是这些土地的主人。虽然氏室属下的人民只对氏室负租税和力役的义务，氏室对于国君年中却有定额的"贡"赋，所以有"公食贡"的话。国君或执政者可以增加贡额。举一例如下：鲁国著名圣哲臧武仲有一次奉使去晋国（前五五一年），半路下雨，到一位大夫家里暂避。那位大夫正要喝酒，看见他来，说道："圣人有什么用？我喝喝酒就够了！下雨天还要出行，做什么圣人！"这话给一位执政者听到了，以为那位大夫自己不能出使，却傲慢使人，是国家的大蠹，下令把他的贡赋加倍，以作惩罚。

大夫可以自由处分自己的土地。至少有些阔大夫把食邑的一部分拨给一个庶子，另立一个世家，叫做"侧室"或"贰宗"。别的被大夫宠幸的人也可受他赏邑或求他赏邑。例如前五〇〇年，宋公子地拿自己食邑的十一分之五赏给一个嬖人。又前四八六年，郑大夫某的嬖人某向他求邑，他没得给，许他往别的国里取，因此郑军围宋雍丘，结果全军覆没。大夫也可以受异国君主的赐邑，例如前六五六年，齐桓公会诸侯伐楚，师还，一位郑大夫献计改道，为桓公所喜，赐以郑的虎牢；又例如前六五七年，鲁大夫某出使晋国，晋人要联络他，给他田邑，他不受；又例如前五六三年晋会诸侯灭偪阳国，以与向戌，向戌也辞却。大夫又有挟其食邑，投奔外国的，例如前五四七年齐大夫某以廪丘奔晋；前五四一年，莒大夫某以大厖及常仪奔鲁；前五一一年邾大夫某以滥奔鲁。

大夫私属的官吏，除邑宰外以现在所知，有总管家务的家宰，这相当于王室和公室的太宰；有祝，有史，有管商业的贾正，有掌兵的司马。这些官吏都受大夫禄养。家宰在职时有食邑，去职则把邑还给大夫，或交给继任的人。氏室的官吏有其特殊的道德意识："家臣不敢知国"；"家臣而张公室罪莫大焉"。

氏室和公室的比较兵力没有一个时代可以详考。现在所知者：春秋初年郑庄公消灭国内最强的氏室，用车不过二百乘。当春秋中叶，在鲁、卫等国，"百乘之家"已算是不小的了。但大国的巨室，其兵力有时足与另一大国开战。例如前五九二年，晋郤克奉使齐国，受了妇人在帷后窥视窃笑的侮辱，归来请晋侯伐齐，不许，便请以私属出征。而郤克的族侄郤至则"富半公室，家半三军"。鲁国的季氏从四分公室而取其二以后，私属的甲士已在七千以上。

具有土地、人民和军队的氏室和公室名分上虽有尊卑之殊，事实上每成为对峙的势力。强横的氏室俨然一个自主的国。原则上国君的特权在（1）代表全国主祭，（2）受国内各氏室的贡赋，（3）出征时指挥全国的军队，（4）予夺封爵和任免朝廷的官吏。但至迟入东周后，在多数的国家如齐、鲁、晋、宋、卫、郑等，末两种权柄渐渐落在强大的氏室，甚至国君的废立也由大夫操纵。

第九节　封建组织的崩溃

我们对于商朝的政治组织，所知甚少，所以无法拿商、周两朝的政治组织作详细的比较。但其间有一重大的差异点是可以确知的。商朝创建之初并没有把王子分封于外，以建立诸侯国。商朝王位的继承，是以兄终弟及（不分嫡庶）为原则的。但到了无弟可传的时候，并不是由所有的伯叔兄弟以次继承（由末弟诸子抑或由其先兄诸子以次继承亦无一定）。在这种情形之下，第二世以后的王子总有许多不得为王的。这些不得为王的王子是否有的被封在外建国？这问题无法确答。但周朝的旧国当中，从没听说是商朝后裔的。而唯一奉殷祀的宋国，却是周人所建。可知王子分封的事在商朝若不是绝无，亦稀有。但在周朝，则不然了；王位是以嫡长子继承的；王的庶子，除在少数例外的情形之下（如王后无出，或嫡长子前死），都没有为王的资格；所以文王、武王的庶子都受封建国，其后周王的庶子在可能的限度内也都或被封在畿外建国，或被封在畿内立家。这商、周间的一大差异有两种重大的结果。第一，因为王族的向外分封，周朝王族的地盘，比之商朝大大地扩张了。王室的势力，至少在开国初年大大地加强了；同时王的地位也大大地提高了。周王正式的名号是“天王”，通俗的称号是“天子”，那就是说，上帝在人间的代表。第二，王族的向外分封也就是周人的向外移殖；这促进民族间的同化，也就助成“诸夏”范围的拓展。

嫡长继承制把王庶子的后裔逐渐推向社会的下层去，而助成平民（即所谓庶人）地位的提高。周王的庶子也许就都有机会去做畿外的诸侯或畿内的小封君；他的庶子的庶子也许还都有机会做畿内的封君；但他的庶子的庶子的庶子则不必然了。越往下去，他的后裔胙土受封的机会越少，而终有侪于平民的。所以至迟在前七世纪的末年畿内原邑的人民，便会以“此谁非王之亲姻”自夸。随着贵族后裔的投入平民阶级里，本来贵族所专有的教育和知识也渐渐渗入民间。

周朝诸侯和大夫的传世也是用嫡长继承制（以现在所知诸侯位之传袭曾不依此例者有吴、越、秦、楚。楚初行少子承袭制，至前六三〇年以后，始改用嫡长承袭制；秦行兄终弟及制至前六二〇年以后始改用嫡长承袭制；吴亡于前四七三年，其前半世纪还行兄终弟及制）。在嫡长继承制下，卿大夫的亲属的贵族地位最难长久维持。大夫的诸儿子当中只有一个继承他的爵位，其余的也许有一个被立为“贰宗”或“侧室”，也许有一两个被国君赏拔而成为大夫；但就久远而论，这两种机会是不多的。一个“多男子”的大夫总有些儿子得不到封邑，他的孙曾更不用说了。这些卿大夫的旁支后裔当中，和氏室的嫡系稍亲的多半做了氏室的官吏或武士，疏远的就做它属下的庶民。故一个大夫和他私家的僚属战士，每每构成一大家族：他出征的时候领着同族出征，他作乱的时候领着整族作乱，他和另一个大夫作对就是两族作对，他出走的时候或者领着整族出走，他失败的时候或者累得整族被灭。

氏室属下的庶民也许就是氏室的宗族，否则也是集族而居的。氏室上面的一层是国君和同姓卿大夫构成的大家族，更上的一层是周王和同姓诸侯构成的大家族。其天子和异姓诸侯间，或异姓诸侯彼此间，则多半有姻戚关系。这整个封建帝国的组织大体上是以家族为经，家族为纬的。

因此这个大帝国的命运也就和一个累世同居的大家庭差不多。设想一个精明强干的始祖督率着几个少子，在艰苦中协力治产，造成一个富足而亲热的、人人羡慕的家庭。等到这些儿子各个娶妻生子之后，他们对于父母，和他们彼此间，就难免形迹稍为疏隔。到了第三代，祖孙叔侄或堂兄弟之间，就会有背后的闲话。家口愈增加，良莠愈不齐。到了第四、五代，这大家庭的分子间就会有愁怨、有争夺、有倾轧，他们也许拌起嘴，打起架甚至闹起官司来。至迟在东周的初期，整个帝国里已有与此相类似的情形，充满了这时代的历史的是王室和诸侯间的冲突，诸侯彼此间的冲突，公室和氏室间的冲突，氏室彼此间的冲突。但亲者不失其为亲，宗族或姻戚间的阋争，总容易调停，总留点余地。例如前七〇五年，周桓王带兵去打郑国，打个大败，并且被射中了肩膊。有人劝郑庄公正好乘胜追上去，庄公不答应，夜间却派一位大员去慰劳桓王，并且探问伤状。又例如前六三四年，齐君带兵侵入鲁境。鲁君知道不敌，只得派人去犒师，并叫使者预备好一番辞令，希望把齐师说退。齐君见了鲁使问道：鲁人怕吗？答道：小百姓怕了，但上头的人却不怕。问：你们家里空空的，田野上没一根青草，凭什么不怕？鲁使答道：凭着先王的命令。随后他追溯从前鲁国的始祖周公和齐国的始祖姜太公怎样同心协力，辅助成王，成王怎样感谢他们，给他们立过“世世子孙无相害”的盟誓；后来齐桓公怎样复修旧职，纠合诸侯，给他们排解纷争，拯救灾难。最后鲁使作大意如下的陈说：您即位的时候，诸侯都盼望您继续桓公的事业，敝国所以不敢设防，以为难道您继桓公的位才九年，就会改变他的政策吗？这样怎对得住令先君？我们相信您一定不会的，靠着这一点，我们所以不怕。齐君听了这番话，便命退兵。又例如前五五四年，晋师侵齐，半路听说齐侯死了，便退还。这种顾念旧情、不为已甚的心理加上畏惧名分、虽干犯而不敢过度干犯的矛盾心理，使得周室东迁后三百年间的中国尚不致成为弱肉强食的世界；这两种心理是春秋时代之所以异于后来战国时代的地方。不错，在春秋时代灭国在六十以上；但其中大部分是以夷灭夏和以夏灭夷；诸夏国相灭只占极少数，姬姓国相灭的例尤少。而这少数的例中，晋国做侵略者的占去大半。再看列国的内部，大夫固然有时逐君弑君，却还要找一个比较合法的继承者来做傀儡。许多国的君主的权柄固然是永远落在强大的氏室，但以非公室至亲的大夫而篡夺或僭登君位的事，在前四〇三年晋国的韩、赵、魏三家称侯以前，尚未有所闻。故此我们把这一年作为本章所述的时代的下限。

宗族和姻戚的情谊经过了世代愈多，便愈疏淡，君臣上下的名分，最初靠权力造成，名分背后的权力一消失，名分便成了纸老虎，必被戳穿，它的窟窿愈多，则威严愈减。光靠亲族的情谊和君臣的名分去维持的组织必不能长久。何况姬周帝国之外本来就有不受这两种链索拘束的势力。

第三章

霸国与霸业

第一节　楚的兴起

江水在四川、湖北间被一道长峡约束住；出峡，向东南奔放，泻成汪洋万顷的洞庭湖，然后折向东北；至武昌，汉水来汇。江水和汉水界划着一大片的沃原，这是荆楚民族的根据地。周人虽然在汉水下游的沿岸（大部分在东北岸）零星地建立了一些小国，但他们是绝不能凌迫楚国，而适足以供它蚕食的。在楚的西边，巴（在今巫山至重庆一带）庸（在今湖北竹山县东）等族都是弱小得只能做楚的附庸；在南边，洞庭湖以外是无穷尽的荒林，只等候楚人去开辟；在东边，迄春秋末叶吴国勃兴以前，楚人亦无劲敌。从周初以来，楚国只有侵略别国别族的分，没有惧怕别国别族侵略的分。这种安全是黄河流域的诸夏国家所没有的。军事上的安全而外，因为江汉流域的土壤肥美，水旱稀少，是时的人口密度又比较低，楚人更有一种北方所仰羡不及的经济的安全。

这两种的安全使得楚人的生活充满了优游闲适的空气，和北人的严肃紧张的态度成为对照。这种差异从他们的神话可以看出。楚国王族的始祖不是胼手胝足的农神，而是飞扬缥缈的火神；楚人想象中的河神不是治水平土的工程师，而是含睇宜笑的美女。楚人神话里，没有人面虎爪、遍身白毛、手执斧钺的蓐收（上帝的刑神），而有披着荷衣、系着蕙带、张着孔雀盖和翡翠旍的司命（主持命运的神）。适宜于楚国的神祇的不是牛羊犬豕的羶腥，而是蕙肴兰藉和桂酒椒浆的芳烈；不是苍髯皓首的祝史，而是采衣姣服的巫女。再从文学上看，后来战国时楚人所作的《楚辞》也以委婉的音节，缠绵的情绪，缤纷的词藻而别于朴素、质直、单调的《诗》三百篇。

楚国的语言和诸夏相差很远。例如楚人叫哺乳做谷，叫虎做於菟。直至战国时北方人还说楚人为“南蛮鴂舌之人”。但至迟在西周时楚人已使用诸夏的文字。现存有一个周宣王时代的楚钟（《夜雨楚公钟》），其铭刻的字体文体均与宗周金文一致。这时楚国的文化盖已与周人相距不远了。后来的《楚辞》也大体上是用诸夏的文言写的。

第一章里已提及，传说周成王时，楚君熊绎曾受周封。是时楚都于丹阳，在今湖北秭归之东。至昭王时，楚已与周为敌。周昭王曾屡次伐楚，有一次在汉水之滨全军覆没。后来他南巡不返，传说是给楚人害死的，周人也无可奈何。周夷王时，熊渠崛起，东向拓地至于鄂，即今武昌县境。渠子红继位，即都于鄂，以后六传至熊咢不改。上文提到的楚钟即熊咢的遗器，发现于武昌与嘉鱼之间的。熊咢与宣王同时而稍后。当宣王之世，周楚曾起兵争，而楚锋大挫。故是时的周人遗诗有“蠢尔蛮荆，大邦为雠。方叔元老，克壮其猷”之语。咢四传为武王，其间楚国内变频仍，似无暇于外竞。武王即位于周平王三十一年，从他以后，楚国的历史转入一新阶段，亦从他以后楚国的历史才有比较详细的记录。他三次侵随；合巴师围鄾、伐郧、伐绞、伐罗，无役不胜。又灭掉权国。他的嗣子文王始都于郢（即今湖北江陵）。在文王以前，楚已把汉水沿岸的诸姬姓国家剪灭殆尽。文王更把屏藩中原的三大重镇，申国、邓国和息国灭掉（息、邓皆河南今县，申即南阳），奠定了楚国经略中原的基础。中原的中枢是郑国。自从武王末年，郑人对楚已惴惴不安。文王的侵略的兵锋终于刺入郑国，但他没有得志于郑而死。他死后二十年间楚国再接再厉地四次伐郑。但这时齐国已兴起做它北进的第一个敌手了。

第二节　齐的兴起（附宋）

齐国原初的境土占今山东省的北部，南边以泰山山脉与鲁为界，东边除去胶东半岛。这半岛在商代已为半开化的莱夷的领域。太公初来，定都营丘（后名临淄，今仍之）的时候，莱夷就给他一个迎头痛击。此后莱夷和齐国的斗争不时续起，直到前五六七年齐人灭莱为止。灭莱是齐国史中一大事。不独此后齐国去了一方的边患，不独此后它的境土增加了原有的一半以上，而且此后它才成为真正的海国。以前它的海疆只有莱州湾的一半而已。

但远在灭莱之前，当春秋的开始，齐已强大。前七〇六年，郑太子忽带兵助齐抵御北戎有功，齐侯要把女儿文姜嫁给他，他便以“齐大非吾偶”的理由谢绝。原来文姜和她的大哥即后日的齐襄公，有些暧昧的关系。她终于嫁了鲁桓公。有一次桓公跟她回娘家，居然看破并且说破了襄公与她之间的隐情。襄公老羞成怒，便命一个力士把桓公杀了。讲究周礼的鲁人，在齐国的积威之下，只能哀求襄公把罪名加给那奉命的凶手，拿来杀了，聊以遮羞。这时齐国的强横可以想见。此事发生后四年（前六九〇年）襄公灭纪（在今山东寿光县南，为周初所封与齐同姓国）。这是齐国兼并小国之始。襄公后来被公子无知所弑，无知僭位后，又被弑，齐国大乱。襄公有二弟：长的名纠，由管仲和召忽傅佐着；次的名小白，由鲍叔牙傅佐着。襄公即位，鲍叔看他的行为太不像样，知道国内迟早要闹乱子，便领着小白投奔莒国。乱起，管仲也领着公子纠逃往鲁国，纠的母亲原是鲁女。无知死后，鲁君便派兵护送公子纠回国，要扶立他。齐、鲁之间，本来没有好感，齐人对于鲁君的盛意十分怀疑，派兵挡驾。同时齐的巨室国、高二氏暗中差人去迎接小白。鲁君也虑及小白捷足先归，早就命管仲带兵截住莒、齐间的道路。小白后到，管仲瞄准他的心窝，一箭射去，正中目标，眼见他应弦仆倒。小白的死讯传到鲁国后，护送公子纠的军队在庆祝声中，越行越慢，及到齐境，则齐国已经有了新君，就是小白！原来管仲仅射中他的带钩，他灵机一动，装死躺下，安然归国。

小白即桓公，他胜利后，立即要求鲁人把公子纠杀了。召忽闻得公子纠死，便以身殉。管仲却依然活着。他同鲍叔本是知友，鲍叔向桓公力荐他。桓公听鲍叔的话，把国政付托给他，称他为“仲父”。此后桓公的事业全是管仲的谋画。桓公怎样灭谭、灭遂、灭项；怎样号召诸侯，开了十多次的冠裳盛会；怎样在尊王的题目下，操纵王室的内政，阻止惠王废置太子，而终于扶太子正位，这些现在都从略。他的救邢、救卫，以阻挡狄人的南侵，给诸夏造一大功德，前面已说过。现在单讲他霸业中的一大项目：南制荆楚。在前六五九年即当楚文王死后十八年，当齐国正忙着援救邢卫的时候，楚人第三次攻郑。接着两年中，他们又两次攻郑，非迫到它和楚“亲善”不休。郑人此时却依靠着齐国。桓公自然不肯示弱。前六五七年，他联络妥了在楚国东北边，而可以牵制齐兵的江、黄二国。次年便率领齐、鲁、宋、陈、卫、郑、曹、许的八国联军，首先讨伐附楚的蔡国。蔡人望风溃散。这浩荡的大军，乘胜侵入楚境。楚人竟不敢应战，差人向齐军说和。桓公等见楚方无隙可乘，亦将就答应，在召陵（楚境，在今河南郾城县东）的地方和楚国立了一个盟约而退。盟约的内容不可考，大约是楚国从郑缩手，承认齐对郑的霸权。但其后不久，周王因为易储的问题，怨恨桓公，怂恿郑国背齐附楚，许以王室和晋国的援助，郑人从之。于是附齐的诸侯伐郑，楚伐许以援郑，因诸侯救许而退。但许君经蔡侯的劝诱和恐吓，终于在蔡侯的引领之下，面缚衔璧，并使大夫穿丧服，士抬棺材，跟随在后，以降于楚。次年齐以大军伐郑，郑人杀其君以求和于齐。其后桓公之终世，郑隶属齐的势力范围。在这期间楚不能得志于北方，转而东向，灭弦（都今湖北蕲水西北），灭黄（都今河南潢川西），齐人无如之何；继又讨伐附齐的徐戎，败之，齐与诸侯救徐，无功而退。

召陵之盟是桓公霸业的极峰。其后十二三年，管仲和桓公先后去世。管仲的功业在士大夫间留下很深的印象，他死了百余年后，孔子还赞叹着："微管仲，吾其被发左衽（做戎狄）矣！"到了战国时代，管仲竟成了政治改革的传说的箭垛；许多政治的理论和一切富国强兵的善策、奇策、谬策，都堆在他名下，这些理论和方策的总结构成现存《管子》书的主要部分。

桓公死后，五公子争位，齐国和诸夏同时失了重心。于是宋襄公摆着霸主的架子出场。他首先会合些诸侯，带兵入齐，给它立君定乱。这一着是成功了。接着，他拘执了滕君，威服了曹国，又逼令邾人把鄫君杀了祭社，希望藉此服属与鄫不睦的东夷。接着他要求楚王分给他以领导诸侯霸权，楚王是口头答应了。他便兴高采烈的大会诸侯。就在这会中，楚王的伏兵一起，他从坛坫上的盟主变作阶下之囚徒。接着他的囚车追陪楚君临到宋境。幸而宋国有备，楚王姑且把他放归。从此他很可以放下霸主的架子了，可是不然。自从桓公死后，郑即附楚，郑君并且亲朝于楚。于是襄公伐郑。他的大军和楚的救兵在泓水上相遇。是时楚人涉渡未毕，宋方的大司马劝襄公正好迎击，他说不行。一会，楚人都登陆，却还没整队，大司马又劝他进击，他说，还是不行。等到楚人把阵摆好，他的良心才容许他下进攻令。结果，宋军大败；他伤了腿，后来因此致死。死前他还大发议论道："君子临阵，不在伤上加伤，不捉头发斑白的老者；古人用兵，不靠险阻。寡人虽是亡国之余，怎能向未成列的敌人鸣鼓进攻呢？"桓公死后十年间，卫灭邢；邾灭须句；秦灭芮、梁；楚灭夔。

第三节　晋楚争霸

桓公的霸业是靠本来强盛的齐国做基础的。当他称霸的时代，晋国和秦国先后又在缔构强国的规模，晋国在准备一个接替桓公的霸主降临，秦国在给未来比霸业更宏大的事业铺路。话分两头，先讲晋国。

晋始封时都于唐（今太原县北），在汾水的上游；其后至迟过了三个半世纪，已迁都绛（今翼城县），在汾水的下游。晋人开拓的路径是很明显的。不过迁绛后许久他们还未曾占有汾水流域的全部，当汾水的中游还梗着一个与晋同姓的霍国，当汾水将近入河的地方还碍着一个也与晋同姓的耿国，前七四五年晋君把绛都西南百多里外的曲沃，分给他的兄弟，建立了一个强宗。此后晋国实际分裂为二。曲沃越来越盛，晋国越来越衰，它们间的仇隙也越来越大。这对抗的局面终结于前六七九年曲沃武公灭晋并且拿所得的宝器向周王买取正式的册封。老耄的武公，受封后两年，便一瞑不视，遗下新拼合的大国给他的儿子献公去粘缀、镶补。

献公即位于齐桓公十年（前六七六年），死于桓公三十五年。他二十六年的统治给晋国换一副面目。他重新修筑了绛都的城郭；把武公的一军扩充为二军。他灭霍、灭耿、灭魏、灭虞、灭虢，使晋国的境土不独包括了整个的汾水流域，并且远蹠到大河以南。但献公最重要的事业还不止此。却说武公灭晋后，自然把他的公族尽力芟锄，免遗后患。我们可以想象晋国这番复合之后，它的氏室必定灭了许多，但在曲沃一方，自从始封以来，公子公孙们新立的氏室为数也不少。献公即位不久，便设法收拾他们。他第一步挑拨其中较穷的，使与“富子”为仇，然后利用前者去打倒后者。第二步，他让残余的宗子同住一邑，好意地给他们营宫室，筑城郭；最后更“好意”地派大兵去保卫他们，结果，他们的性命都不保。于是晋国的公族只剩下献公的一些儿子。及献公死，诸子争立。胜利者鉴于前车，也顾不得什么父子之情，把所有长成而没有继位资格的公子都遣派到各外国居住，此后的一长期中，公子居外，沿为定例。在这种制度之下，遇着君死而太子未定，或君死而太子幼弱的当儿，君权自然失落在异姓的卿大夫手里。失落容易，收复却难。这种制度的成立便是日后“六卿专晋”“三家分晋”的预兆。话说回来，献公夷灭群宗后，晋国的力量一时集中在公室；加以他凭藉“险而多马”的晋土，整军经武，兼弱攻昧，已积贮了向外争霸的潜能。可惜他晚年沉迷女色，不大振作，又废嫡立庶，酿成身后一场大乱，继他的儿孙又都是下等材料。晋国的霸业还要留待他和狄女所生的公子重耳，就是那在外漂流十九年，周历八国，备尝艰难险阻，到六十多岁才得位的晋文公。

文公即位时，宋襄公已经死了两年。宋人又与楚国“提携”起来，其他郑、鲁、卫、曹、许等国，更不用说了。当初文公漂流过宋时，仁慈的襄公曾送过他二十乘马。文公即位后，对宋国未免有情。宋人又眼见他归国两年间，内结民心，消弭反侧；外联强秦，给王室戡定叛乱，觉得他大可倚靠，便背楚从晋。楚率陈、蔡、郑、许的兵来讨，宋人向晋求救。文公和一班患难相从的文武老臣筹商了以后，便把晋国旧有的二军更扩充为三军，练兵选将，预备“报施救患，取威定霸”。他先向附楚的国曹、卫进攻，占据了他们的都城；把他们的田分给宋国；一面叫宋人赂取齐、秦的救援。虽是著名“刚而无礼”的楚帅子玉，也知道文公是不好惹的，先派人向晋军说和，情愿退出宋境，只要晋军同时也退出曹、卫。文公却一面私许恢复曹、卫，让他们宣告与楚国绝交；一面把楚国的来使拘留。这一来把子玉的怒火点着了。于是前六三二年，即齐桓公死后十一年，楚、陈、蔡的联军与晋、宋、齐、秦的联军大战于城濮（卫地）。就在这一战中，楚人北指的兵锋初次被挫，文公成就了凌驾齐桓的威名，晋国肇始它和楚国八十多年乍断乍续的争斗。

这八十多年的国际政治史表面虽很混乱，却有它井然的条理，是一种格局的循环。起先晋楚两强，来一场大战；甲胜，则若干以前附乙的小国自动或被动地转而附甲；乙不肯干休，和它们算账；从了乙，甲又不肯干休，又和它们算账，这种账算来算去，越算越不清，终于两强作直接的总算账，又来一场大战。这可以叫做“晋、楚争霸的公式”。晋、楚争取小国的归附就是争取军事的和经济的势力范围。因为被控制的小国对于所归附的霸国大抵有两种义务：（一）是当它需要时，出定额的兵车助它征伐。此事史无明文，但我们从以下二事可以类推：（1）齐国对鲁国某次所提出的盟约道：“齐师出境而不以甲车三百乘从我者，有如此盟！”（2）其后吴国称霸，鲁对它供应军赋车六百乘，邾三百乘。（二）是以纳贡或纳币的形式对霸国作经济上的供应（贡是定期的进献，币是朝会庆吊的贽礼）。此事史亦无明文，但我们从以下三事可以推知：（1）楚人灭黄的藉口是它“不归楚贡”。（2）前五四八年晋执政赵文子令减轻诸侯的币，而加重待诸侯的礼；他就预料兵祸可以从此稍息。（3）前五三〇年郑往晋吊丧，带去作贽礼的币用一百辆车输运，一千人押送。后来使人不得觐见的机会，那一千人的旅费就把带去的币用光！当周室全盛时，诸侯对于天王所尽的义务也不过如上说的两事。可见霸主即是有实无名的小天王，而同时正式的天王却变成有名无实了。

在晋、楚争霸的公式的复演中，战事的频数和剧烈迥非齐桓、宋襄的时代可比，而且与日俱甚。城濮之战后三十五年，晋师救郑，与楚师遇，而有邲（郑地）之战，楚胜；又二十二年，楚师救郑，与晋师遇，而有鄢陵（郑地）之战，晋胜；又十八年，晋伐楚以报楚之侵宋（先是楚侵宋以报晋之取郑），而有湛阪（楚地）之战，晋胜。但这四次的大战只是连绵的兵祸的点逗。在这八十余年间，楚灭江、六、蓼、庸、萧（萧后入于宋）及群舒；晋灭群狄，又灭偪阳以与宋；齐灭莱；秦灭滑（滑后入于晋）；鲁灭邾；莒灭鄫（鄫后入于鲁）。在这期间，郑国为自卫，为霸主的命令，及为侵略而参加的争战在七十二次以上。宋国同项的次数在四十六以上。其他小国可以类推。兵祸的惨酷，可以从两例概见：（一）前五九七年，正当邲战之前，楚人在讨叛的名目下，围攻郑都。被围了十七天后，郑人不支，想求和，龟兆却不赞成；只有集众在太庙哀哭，并且每巷备定一辆车，等候迁徙，这一着却是龟兆所赞成的。当民众在太庙哀哭时，守着城头的兵士也应声大哭。楚人都被哭软了，不禁暂时解围。郑人把城修好，楚兵又来，再围了三个月，终于把城攻破，郑君只得袒着身子，牵着一只象征驯服的羊去迎接楚王。（二）过了两年，恶运轮到宋人头上。楚王派人出使齐国，故意令他经过宋国时，不向宋人假道。宋华元说：经过我国而不来假道，就是把我国看作属地，把我国看作属地就是要亡我国；若杀了楚使，楚人必来侵伐，来侵伐也是要亡我国；均之是亡，宁可保全自己的尊严。于是宋杀楚使。果然不久楚国问罪的大军来到宋都城下，晋国答应的救兵只是画饼。九个月的包围弄到城内的居民“易子而食，析骸以炊”；楚人还在城外盖起房舍，表示要久留。但宋人宁可死到净尽，不肯作耻辱的屈服。幸亏华元深夜偷入楚营，乘敌帅子反的不备，挥着利刃，迫得他立誓，把楚军撤退三十里，和宋国议和，这回恶斗才得解决。

像这类悲惨事件所构成的争霸史却怎样了结？难道它就照一定的公式永远循环下去吗？难道人类共有的恻隐心竟不能推使一个有力者，稍作超国界的打算吗？前五七九年，尝透了战争滋味的华元开始作和平运动。这时他同晋、楚的执政者都很要好；由他的极力拉拢，两强订立了下面的盟约：

> 凡晋、楚无相加戎，好恶同之，同恤菑危，备救凶患。若有害楚，则晋伐之；在晋，楚亦如之。交贽往来，道路无壅。谋其不协，而讨不庭（不来朝的）。有渝此盟，明神殛之；俾队（坠）其师，无克胙国。

这简直兼有现在所谓“互不侵犯条约”和“攻守同盟”了。但这“交浅言深”的盟约，才侥幸保证了三年的和平，楚国便一手把它撕破，向晋方的郑国用兵；次年便发生鄢陵的大战。

争霸的公式再循环了一次之后，和平运动又起。这回的主角向戌也是宋国的名大夫，也和晋、楚的执政者都有交情的。但他愿望和福气都比华元大。前五四六年，他在宋都召集了一个十四国的“弭兵”大会。兵要怎样弭法，向戌却是茫然的。这个会也许仅只成就一番趋跄揖让的虚文，若不是楚国的代表令尹子木提出一个踏实的办法：让本未附从晋或楚的国家以后对晋、楚尽同样的义务。用现在的话说，这就是“机会均等”“门户开放”的办法。子木的建议经过两次的小修正后到底被采纳了。第一次的修正是在晋、楚的附从国当中把齐、秦除外，因为这时亲晋的齐和亲楚的秦都不是好惹的。第二次的修正又把邾、滕除外。因为齐要把邾、宋要把滕划入自己的势力范围。四国除外，所以参加盟约的只有楚、晋、宋、鲁、郑、卫、曹、许、陈、蔡十国。

在这次盟会中晋国是大大地让步了。不独它任由楚人自居盟主；不独它任由楚人“衷甲”赴会，没一声抗议；而那盟约的本身就是楚国的胜利；因为拿去交换门户开放的，晋方有郑、卫、曹、宋、鲁五国，而楚方则只有陈、蔡、许三国。但晋国的让步还有更大的。十二年后，楚国又践踏着这盟约，把陈国灭了（五年后又把它复立，至前四七八年终灭之），晋人只装作不知。弭兵之会后不久，晋人索性从争霸场中退出了。晋国的“虎头蛇尾”是有苦衷的。此会之前，晋国已交入一个蜕变的时期。在这时期中，它的主权从公室移到越来越少的氏室，直至它裂为三国才止。在这蜕变的时期中，它只有蛰伏不动。但楚国且慢高兴，当它灭陈的时候，新近暴发的吴国已蹑在它脚后了。

第四节　吴越代兴

自泰伯君吴后，十九世而至寿梦。中间吴国的历史全是空白。寿梦时，吴国起了一大变化。这变化的起源，说来很长。前六一七年，即城濮之战后十五年，陈国有夏徵舒之乱。徵舒的母亲夏姬有一天同陈灵公和两位大夫在家里喝酒。灵公指着徵舒对一位大夫说道：“徵舒像你。”那位大夫答道：“也像你。”酒后徵舒从马厩里暗箭把灵公射死。陈国大乱。楚庄王率兵入陈定乱，杀了徵舒，俘了夏姬回来，打算把她收在宫里。申公巫臣说了一大番道理把他劝阻了。有一位贵族子反想要她，巫臣又说了一大番道理把他劝阻了。后来夏姬落在连尹襄老之手。邲之战，襄老战死，他的儿子又和她有染。巫臣却遣人和她通意，要娶她，并教她借故离楚；而设法把她安顿在郑。夏姬去后不久，巫臣抓着出使齐国的机会。他行到郑国，便叫从人把所赍的“币”带回去，而自己携着夏姬投奔晋国。子反失掉夏姬，怀恨巫臣。又先时另一位贵族要求赏田，为巫臣所阻，亦怀恨他。二人联合，尽杀巫臣的家族，而瓜分他的财产。巫臣由晋致书二人，誓必使他们“疲于奔命以死”。于是向晋献联吴制楚之策。他亲自出使于吴，大为寿梦所欢迎。吴以前原是服属于楚的，他教寿梦叛楚。他从晋国带来了一队兵车，教吴人射御和车战之术。吴本江湖之国，习于水战而不习于陆战。但从水道与楚争，则楚居长江的上游而吴居其下游，在当时交通技术的限制之下，逆流而进，远不如顺流而下的利便。故吴无法胜楚。但自从吴人学得车战后，形势便大变了。他们从此可以舍舟而陆，从淮南江北间搤楚之背。从此楚的东北境无宁日。楚在这一方面先后筑了钟离、巢及州来三城（皆在今安徽境，州来在寿县，巢在庐州，钟离在临淮县）以御吴。吴于公元前五一九年取州来。其后七年间以次取巢，取钟离，并灭徐。前五〇六年，即向戌弭兵之会后四十年，吴王阖闾大举伐楚。吴军由蔡人引导，从现今的寿县、历光、黄，经义阳三关，进至汉水北岸，乃收军；楚军追战至麻城（时称柏举），大溃。吴师继历五战，皆胜，遂攻入郢都。楚昭王逃奔于随。这次吴人悬军深入，饱掠之后，不能不退，但楚国却受到空前的深痛巨创了。昭王复国后，把国都北迁于都，是为鄢郢，即今湖北宜城。

像晋联吴制楚，楚亦联越制吴。

在周代的东南诸外族中，越受诸夏化最晚。直至战国时，中国人在寓言中提到越人，还说他们“断发文身”，说他们“徒跣”不履；又有些学者说越“民愚疾而垢”是因为“越之水重浊而洎”。此时越人的�野可想。越人的语言与诸夏绝不相通。现在还保存着前五世纪中叶一首用华字记音的越歌和它的华译。兹并录如下，以资比较。

越歌	华译
滥兮抃草滥予昌枑泽予昌州州𩜱州焉乎秦胥胥缦予乎昭澶秦逾渗惿随河湖（句读已佚）	今夕何夕兮，搴洲中流？今日何日兮，得与王子同舟？蒙羞被好兮，不訾诟耻。心几烦而不绝兮，知得王子。山有木兮，木有枝，心悦君兮，君不知。

越人在公元前五三七年以前的历史除了关于越王室起源的传说外，全是空白。是年越人开始随楚人伐吴。其后吴师入郢，越人即乘虚袭其后。入郢之后十年，吴王阖闾与越王勾践战于槜李（今嘉兴），大败，受伤而死。其子夫差于继位后三年（前四九四年）大举报仇，勾践败到只剩甲楯五千，退保会稽（今绍兴），使人向夫差卑辞乞和，情愿称臣归属。此时有人力劝夫差趁势灭越。夫差却许越和。大约一来他心软，二来他认定越再无能为，而急于北进与诸夏争霸，不愿再

向南荒用兵了。在此后十二年间，夫差忙于伐陈伐鲁，筑城于邗（即今扬州），凿运河连接江淮，从陆路又从海道（吴以舟师从海道伐齐为我国航海事见于记载之始）伐齐，和朝会北方诸侯；而勾践则一方面向夫差献殷勤，向他的亲信大臣送贿赂，一方面在国内奖励生育（令壮者不得娶老妇，老者不得娶壮妻；女子十七不嫁，男子二十不娶，其父母有罪），并给人民以军事训练。前四八二年，夫差既两败齐国，大会诸侯于齐的黄池。他要学齐桓、晋文的先例，自居盟主。临到会盟的一天，晋人见他神色异常的不佳，料定他国内有变，坚持不肯屈居吴下，一直争执到天黑。结果他不得不把盟主的地位让给晋国。原来他已经秘密接到本国首都（吴原都句吴，在今无锡东南，至夫差始迁于姑苏，即今苏州）被越人攻陷的消息了。夫差自黄池扫兴而归后，与越人屡战屡败。前四七三年，吴亡于越，夫差自杀。勾践踏着夫差的路径北进，大会诸侯于徐州（据顾栋高考，此徐州在今山东滕县，非江苏之徐州），周王亦使人来“致胙”。后又迁都于琅琊（越本都会稽，即今绍兴，至勾践前一代迁诸暨），筑起一座周围七里的观台，以望东海。这时越已拓地至山东，与郑、鲁为界了。

勾践死于前四六五年，又六十三年而晋国正式分裂为三，那是战国时代的开始。在这中间，越灭滕（后恢复）、灭郯；楚则灭蔡、灭杞、灭莒（莒后入于齐），亦拓地至山东境。在转到战国时代之前，让我们补记两个和向戌先后并世的大人物：一个是郑公孙侨，字子产，即弭兵大会中郑国的代表之一；另一个是鲁孔丘，字仲尼，即后世尊称为孔子的。

第五节　郑子产

公元前五六五年，即鄢陵大战后十年，郑司马子国打胜了蔡（是时蔡是楚的与国），把他的主帅也俘了回来，郑人都在庆祝，子国更是兴高采烈。他的一位约莫十六七岁的儿子却冷静地说道：“小国没有把内政弄好，却先立了战功，那是祸种。楚人来讨伐怎办？依了楚，晋人来讨伐又怎办？从今以后，至少有四五年郑国不得安宁了！”子国忙喝道：“国家大事，有正卿做主。小孩子胡说，要被砍头的。”正卿做主的结果，不到一年，楚、晋的兵连接来临郑国。那位受屈的小预言家就是子产。

胜蔡后两年，子国和正卿给一群叛徒在朝廷中杀死了。正卿的儿子，闻得恶耗，冒冒失失地立即跑出，吊了尸，便去追贼，但贼众已挟着郑君，跑入北宫。他只得回家调兵，但回到时，家中的臣属和奴婢已走散了一大半，器物也损失了不少。他兵也调不成了。子产闻得恶耗，却不慌不忙，先派人把守门口，然后聚齐家臣属吏，督着他们封闭府库，布置防守；然后领着十七乘的兵车，列着队伍出发，吊了尸，就去攻贼，别的贵族闻风来助，把贼众通通杀死了。从此以后，郑国的卿大夫们对这位公孙侨都另眼相看。

再经过几番的大难和子产几番的匡扶之后，那外受两强夹剪，内有巨室捣乱的郑国终于（在前五四三年，弭兵之会后三年）轮到子产主持。这时他才约莫四十岁。

子产知道那习于因循苟且的郑国，非经过一番革新整饬，不足以应付危局。他给全国的田土重新厘定疆界，划分沟洫，把侵占的充公，或归原主。他规定若干家为一个互助的单位，若干家共用一口井。他令诸色人等，各有制服。他开始编定刑法，铸成“刑书”，向人民公布；他把军赋增加，以充实郑国的自卫力。为着这些，尤其是为着加赋的事，他不知受了多少咒骂。有的说：“他的父亲死在路上，他又要做蝎尾巴了！”子产说：“苟有利于国家，生死不改！”

但子产对舆论从不肯加以任何干涉。当时都中有一所“乡校”（大约是一个养老而兼较射的地方），人民时常聚集其中议论执政。或劝子产：何不把乡校拆毁？子产说：“为什么？人家早晚到那里逛逛，议论执政的长短，正是我的老师。为什么把乡校拆毁了？我听说忠爱可以减少怨恨，却没听说威吓可以防止怨恨。若用威吓，难道不能使怨声暂时停止？但民怨像大川一般，堤防虽密，一旦溃决便不知要伤害多少人，那时抢救也来不及了。不如留些少决口，给它宣泄。不如让我得听谤言，用作药石。”

子产从政一年后，人民唱道：

取我衣冠而褚（贮）之！取我田畴而伍之！孰杀子产？吾其与之！

到了三年，人民唱道：

我有子弟，子产诲之。我有田畴，子产殖之。子产而死，谁其嗣之？

子产的政令，说得出，就要做得到，若行不通，他就干脆撒手。有一回大夫丰卷为着祭祀，请求举行狩猎，子产不准。丰卷大怒，回去便征调人民。子产马上辞职，向晋国出走。幸而当时郑国最有势的罕氏子皮拥护子产，把丰卷驱逐，子产才复职。却保留着丰卷的田产，过了三年，召他回国，把田产还他。

子产对于传说的迷信，毫不迁就。前五二四年，火宿（即心宿）出现不久，接着起了一阵大风。祝官裨灶说了一堆鬼话之后，请求子产拿宝玉去禳祭，以为否则郑国将有大火。子产不听，凑巧几天之后郑都有一家失火，灾后，裨灶又请拿宝玉去禳祭，以为否则又将有大火。子产还是不听。郑人纷纷替裨灶说话，连子产的同僚也来质问，子产答道："天象远，人事近；它们是不相关涉的。怎能靠天象去预知人事？而且裨灶那里懂得天象？他胡说得多了，难道不会偶中？"次年，郑都大水，郑人纷传时门外的洧渊有二龙相斗，请求祭龙。子产不许，回道："我们争斗，碍不着龙；为什么龙争斗却碍着我们？"

上面讲的都是子产在内政上的措施。但最费他心力的却是对外的问题。在这方面他集中了全国的专才。当时冯简子最能决断大事；游吉长得秀美，举止又温文，宜于交际；公孙挥熟悉外国的情形，又善于措辞；裨谌最多谋略，但他要在野外才能想好计，回到城中便如常人一般。子产遇着外交大事，大抵先向公孙挥询问外国的情形，并令他把该说的话多多预备；然后和裨谌乘车到野外筹画；筹画所得请冯简子决断；办法决定了，便交游吉去执行。因此郑国在应付外人上，很少吃亏。

前五四一年，楚公子围（后来的灵王），领着一大班人马来郑都聘问并且娶亲，要入居城内的客馆，经子产派行人去劝说，才答应驻在城外。到了吉期，公子围又要率众人入城迎接新妇，郑人越疑惧。子产又派行人去说道："敝邑太窄小，容不了贵公子的从人。请在城外扫除空地，作行礼的场所罢。"公子围的代表，以面子关系为理由，坚持不允。郑人便直白说道："小国没有什么罪，惟倚靠外人才真是罪。本来要依靠大国保障的，但恐怕有人不怀好意，要计算自己。万一小国失了倚靠，诸侯不答应，要和贵国捣麻烦，那时小国也是过意不去的。"公子围知道郑国有备，只得命众人倒挂着弓袋入城。对强邻戒备，那是子产永远不会放松的。前五二四年郑都大火时，他一面派人去救火，一面派大兵登城警备。有人说："那不会得罪晋国吗？"子产答道："平常小国忘却防守就会危亡，何况当着有灾难的时候？"不久晋人果来责问，说晋君正在替郑人担忧，郑兵登城，是什么意思？子产给他解释了一番，最后说道："若不幸郑国亡了，贵国虽替担忧，也是没用的。"

前五二九年，晋君乘着楚灵王被杀，楚国内乱之后，大会诸侯于陈国的平丘，子产代表郑国赴会。将要结盟时，子产突然提出减轻郑国军赋的要求，从正午一直争到昏黑，晋人到底答应了。会后有人责备子产道："万一晋人翻起脸来，带着诸侯的兵，来讨伐郑国，那时怎办？"子产答道："晋国政出多门，尚且敷衍个不了，那里有工夫向别国讨伐。国家若不挣扎，便愈受欺凌，还成个什么国家？"

子产不独是一个实行家，而且是一个能够化经验为原理的实行家。有人问他为政的道理，他说："政治好比庄稼的工夫，日夜要筹度；起先筹度好就做到底，从早到晚苦干，可别干出了筹度的范围，如像耕田不要过界；那就很少有错失了。"

有一回子皮要派一个子弟去做邑宰。子产说："他年纪太小，不知道行不行。"子皮回答道："这人老实，我爱他，他断不会背叛我的。让他去学学，便渐渐懂得政事了。"子产说："那不行，人家爱一个人，总要使他得到好处；现在你爱一个人，却给他政事，好比叫一个还没学会拿刀的人去切东西，只有使他受伤而已。假如你有一匹美锦，你必定不让人拿来练习剪裁。要职和大邑是我们身家性命所托庇的，就可以让人拿来练习做官吗？”

前五二二年，子产死。死前，他嘱咐继任的人道：“惟独非常有德的才能靠宽纵服人。其次莫如用猛力。你看火，因为它猛烈，人人望见就怕它，故此因它致死的很少。但水，因为软弱，人人都去狎玩它，故此因它致死的很多。”

子产的死耗传到鲁国时，孔子含泪叹道：“古之遗爱也！”他和子产却未曾会过一面。

第四章

孔子及其时世

第一节　鲁国的特色

当春秋时代，鲁是一个弱国，始受制于齐，继受制于吴，终受制于越。但它也是列国中文化最高的。宗周的毁灭和成周在春秋时所经几度内乱的破坏，更增加鲁在文化上的地位。前五四〇年，晋韩宣子来聘，看到鲁太史所藏的典籍，便说："周礼尽在鲁矣！"先此数年，吴公子季札历聘诸国，到鲁国，特别请求听奏各种"周乐"。可见"周乐"亦"尽在鲁矣"。不独代表"精神文明"的"礼乐"为然，论"物质文明"也是鲁国首屈一指。前五八九年，鲁向楚求和，赂以木匠、绣工、织工和缝工各一百人。可见这些工艺在鲁国特别发达。我国历史上第一个著名的建筑工程师公输般，即旧日木匠行所供奉的"鲁班（班般古同音）师父"，就是生于孔子死后不久的鲁国人。

当春秋时代，在多数国家，"周礼"已成一段模糊的历史了。但鲁人特别小心翼翼地遵守着它，并且当作一种重大的学问去讲求它。当时鲁国有一班人，专以传授礼文，并"导演"礼仪为职业。这种人叫做"儒"。鲁人之重礼信儒曾造成一段历史的话柄。鲁昭公有一次和齐君会盟。齐君对他叩头，他却只作揖还礼，齐人大怒。鲁国相礼的大夫解释道：依礼，寡君除非对天子是不能叩头的。试想当时齐国是何等强，鲁是何等弱；鲁对齐地也不知割过多少了，兵役也不知服过多少了；然而这一次毫不丢脸的叩头，只因为《周礼》上没有写着，便不能通融了。其后数年，齐人把昭公请到齐国的地方来会盟，特别督着要他叩头，他只得照办。当时齐人唱了一支歌嘲笑他道：

鲁人之皋！数年不觉。使我高蹈。惟其儒书，以为二国忧！

这首歌，用现在话译出，大意就是说：

鲁人的顽固！几年都不觉醒。使我们又要奔波。一味死守着他们的儒书，引起两国间无限的麻烦！

第二节　孔子的先世与孔子的人格

前五一八年鲁国三巨室之一的大夫孟僖子临死，遗嘱他的家臣，大意道："人之有礼好比树之有干，没有礼便站立不住。我听说不久将有一位显达的人出现，叫做孔丘。他是圣人的后裔，而本族在宋国被灭。他的祖先弗父何（按略与周厉王同时）原是宋国的太子而让位给宋厉公。弗父的后人（按曾孙）正考父辅佐戴公、武公、宣公三世，受过三次的册诰命（按三命为上卿）而越加敬谨，所以他的鼎铭道：

一命而偻，再命而伛，三命而俯。循墙而走，亦莫余敢侮。饘于是，粥于是，以糊余口。

他是这样敬谨的。臧孙纥（按乃鲁国以智慧著名的大夫）说过：'有明德的圣人，若本身不能得位，他的后代必定有显达的。'现在将要应在孔丘身上了罢？我死后你们务必让我的两个儿子跟他学礼。”

孟僖子所述孔子的先世，还须要一点补充。正考父的儿子孔父嘉在宋国的内乱中被杀了。一说孔父嘉的儿子避难到鲁国，一说他的曾孙防叔始迁居鲁国，未知孰是。防叔的孙孔纥生孔子。孔纥是名闻于诸侯的大力士。历史上记着他两件战功：（一）前五六三年晋人率诸侯兵攻偪阳国的都城（在今山东峄县南五十里）。先锋的战士刚进入郭内，悬门忽然落下；幸亏孔纥在场，推起悬门，把他们放出。（二）前五五六年，齐师侵鲁，把鲁大夫臧纥围在旁邑里。孔纥亦在围中，他半夜率领三百名甲士袭击齐军，乘齐人忙乱中，把臧纥送走，然后回营固守。齐人无可奈何而退。此役之后四年而孔子生，那是孔纥晚年续娶的颜氏女所出。

当孟僖子死时，孔子年三十五。以前他的历史我们知道得很少。只知道他在少年时便没了父母，家境很寒苦；他为贫而仕，先后替贵族管过会计和牧畜的事，都很称职；他从少就是一个好学不倦而且多才多艺的人。他自己曾谦说道：“我少时微贱，故学会了许多鄙事。”像射、御、诗、礼等经常的士的技能，他自然是具备的了。又自述道：“我十五岁便立志向学，三十岁便站立得住。”所谓站立得住，就是学礼成功的意思。此后不久，他便成了一个名动公卿的礼学权威。当孟僖子的两个儿子来到孔子门下时，同门的贵族子弟和平民子弟已很不少了。

他们所遇到的是怎样一位先生呢？这位先生衣冠总是整齐而合宜的；他的视盼，和蔼中带有严肃；他的举止，恭敬却很自然。他平常对人朴拙得像不会说话，但遇着该发言的时候却又辩才无碍，间或点缀以轻微的诙谐。他所喜欢的性格是“刚毅木讷”，他所痛恶的是“巧言令色”。他永远是宁静舒适的。他一点也不骄矜；凡有所长的他都向其请教。便是他和别人一起唱歌，别人若唱得好，他必请再唱一遍，然后自己和着。他的广博而深厚的同情到处流露。无论待怎样不称意的人，他总要“亲者不失其为亲，故者不失其为故”。他的朋友“生于我乎馆，死于我乎殡”。他遇见穿丧服的人，虽是常会面的，必定变容。他在有丧事的人旁边吃饭，从未曾饱过。

他和弟子间相处的气象，从弟子的两段记录可以窥见。

有一天几位弟子陪着孔子闲坐。孔子道：“你们觉得我是长辈，不免有点拘束，不要这样。平常你们总说没人知道我，假如有人知道，又有什么把握呢？”子路爽快地答道：“千乘之国，夹在两大国中间，受着兵祸，又闹饥荒，让我来主持，才到三年，便使得人民有勇，并且循规蹈矩。”孔子向他微笑了一下，又问另一弟子道：“求，你怎样？”他答道：“五六十里或六七十里见方的国家，让我来主持，才到三年，便使得人民富足。至于礼乐，另待高明。”孔子又问：“赤，你怎样？”答道：“并不是说能够，但想学学：像宗庙的大事和诸侯的聚会，我愿意穿着章甫（按章甫乃商朝的冠服，在仪式中相礼的人穿的），在旁边做一个小相。”孔子又问另一弟子：“点，你怎样？”这时他弹瑟渐缓，微音铿然。他把瑟放下，起身答道：“我和他们三位不同。”孔子道：“有什么关系呢？不过各说自己的志向罢了。”他道：“暮春的时候，春衣既已做好，和少年五六人，童子六七人，到沂水里洗浴。洗完了，当着轻风歇晾，一面看人舞雩（按雩是祈雨之祭）。然后大家歌咏而归。”孔子听了喟然叹道：“我和点有同感。”

又一次，颜渊、子路和孔子在一起。孔子道：“你们何不各把自己的志向说说？”子路道：“愿把自己的车马轻裘，和朋友共用，用坏了也没有怨憾。”颜渊道：“愿不夸自己的长处，不表自己的功劳。”子路请问老师的志向。孔子道：“愿给老年的以安乐，对朋友以信实，给幼少的以爱抚。”

第三节　孔子与其时世

教育是孔子心爱的职业，政治是他的抱负，淑世是他的理想。

孔子生于弭兵之会前六年。此会后，中原的战争暂时减少，但剧战的场所不过移到江淮一带，兵祸并没有真正消弭。在另一方面，环此会前后的一百年间，旧秩序的破坏加甚，至少在宋、鲁、郑、齐、晋等国，政柄落在大夫，君主成了傀儡；诸巨室彼此钩心斗角，不时搅起内乱。鲁国到底是君子之邦，它的巨室“三桓”（皆出自桓公的，故名），绝少自相残害。他们采用分赃的办法。前五三七年（孔子十六岁），他们把公室的土地人民分为四份，季孙氏拣取了两份，叔孙氏和孟孙氏各得一份，此后三家各对公室纳些小的贡赋，便算补偿。三家妥协，鲁君更不好做。前五一七年（孔子三十六岁），昭公讨伐季氏，结果给三家合力赶走，在外国流寓了七年而死。这还不够。恶人还有恶人磨。跋扈的大夫每受制于更跋扈的家臣，这也是鲁国的特色。前五三八年（孔子十五岁），竖牛叛叔孙氏，把他禁在一室，活活地饿死。前五三〇年（孔子二十三岁），南蒯叛季孙氏，据了费邑三年。但这些还是局部的事变。前五〇五年（吴王阖闾入郢之次年，孔子四十八岁），季孙氏的家臣阳虎勾结了季孙氏和叔孙氏两家中不得志的分子，起了一场大政变。名副其实的阳虎把季孙氏囚禁起来，迫得他立誓屈服，然后放他；更挟持鲁君，放逐敌党，居然做了三年鲁国的独裁者，而且不知凭什么手段，很得民众的归服。三桓也俯首帖耳，听阳虎驱使。后来阳虎要除去他们，将自己的党羽替代季孙氏和叔孙氏，以自己替代孟孙氏。本来隐忍旁观的孟孙氏（即奉父命从孔子学礼的孟懿子），被迫作困兽斗，结果，出乎大家意料之外的，阳虎兵屡败，逃奔齐国。但次年（前五〇〇年）叔孙氏所属郈邑的马正侯犯又杀了邑宰，据郈作乱，幸而他无勇无谋，几个月即被解决。鲁国如此，本来破落的周室又复崩分。前五二〇年（孔子三十三岁），景王死，王子朝纠合了无数失职的官吏和失意的贵族乘机作大规模的暴动，从此畿内扰攘了二十年，赖晋国屡次出兵援助，才得平定。

旧秩序的破坏不仅在政治方面，弭兵大会以前的长期混战除摧毁了无数的生命和财产外，还摧毁了许多的迷梦。它证明了“昊天不惠”，它证明了“渝盟无享国”一类的诅誓只是废话，它证明了“牲牷肥腯，粢盛丰洁”无补于一国或一身家的安全，它证明了人们最可靠的靠山还是自己。当郑子产昌言“天象远，人事近，它们是不相及”的时候，理智的锋刃，已冲破传统迷信的藩篱。从前尽人相信一切礼法制度是天帝所规定的；现在有人以为它们是人所创设而且是为人而设的了。从前尽人相信王侯是代表天帝（君，天也）神圣不可侵犯的；现在恶君被弑或被逐，有人公然说他罪有应得，并且对叛徒表同情了。孔子曾慨叹道："我还及见史官阙文，有马的借给人骑，如今都没有了！"这两件事虽然本身很小，它们的象征的意义却很大。它们象征"世风日下，人心不古"的总趋势——社会组织蜕变时所必有的趋势。因为旧道德的力量减少，又因人口增加，都邑扩大，贵族和庶民间的关系日益疏远；礼教的拘束和威仪的镇压已不够做统制之用；所以有些精明的贵族感觉到制定成文的刑法的必要。前五三六年（孔子十七岁），郑子产把所作的刑书铸在鼎上公布。前五一三年（孔子四十岁），晋人也把范宣子所作的刑书（范宣子卒于前五四九年，其作刑书年不详），以同样的方式公布。这些都是非常的创举，在当时受着严厉的诽议的。

孔子所处的时代的性质已约略表过。在宗教思想上，孔子是大致跟着时代走的。他虽然还相信一个有意志有计划的天帝，但那已经不是可以用牺牲玉帛贿买的天帝，而是在无声无臭中主持正道的天帝了。他绝口不谈鬼神的奇迹。有人向他请教奉事鬼神的道理，他说："未能事人，焉能事鬼？"再向他请教死的道理，他答道："未知生，焉知死？"他教人"敬鬼神而远之"，教人"祭如在"。"远之"就是不当真倚靠它们；"如在"就是根本怀疑它们的存在了。不过既然根本怀疑它们存在，为什么还要向它们致祭，为它们举行繁缛的葬礼，并且守着三年的丧呢？孔子的答案是以此报答先人的恩德，非如此则于心不安，于心不安的事而偏要做，便是不仁。把宗教仪节的迷信意义剥去，只给它们保留或加上道德的意义，这种见解虽然不必是孔子所创，在当时乃是甚新的。

在政治主张上，孔子却是逆着时代走的。他的理想是以复古为革新，他要制裁那些僭越的家臣，僭越的大夫，僭越的诸侯，甚至那些不肯在贵族脚下安守旧分的民众。他的理想是："天下有道则礼乐征伐自天子出。""天下有道则政不在大夫。""天下有道则庶人不议。"

孔子是历史兴趣很深的人，他也曾以"敏而好古"作自己的考语。他尽力考究了三代制度之后，觉得周代吸取了前二代的精华，文物灿备，不禁说道："吾从周！"除了一些小节的修正，像"行夏之时，乘殷之辂，……乐则韶舞"等等以外，他对于西周盛时的文物典章全盘接受，并且以它们的守护者自任。他盼望整个中国恢复武王周公时代的旧观。

他的理想怎样实现呢？照他不客气的看法，只有等待一个"明王"出来，用他弼辅，像武王之于周公。手把大钺的周公，那是他毕生憧憬着的影像。在晚年他还因"不复梦见周公"而慨叹自己的衰颓。不得已而思其次，若有一个霸主信用他，像桓公之于管仲，他的理想也可以实现一部分。他对于管仲也是不胜欣慕的。更不得已而思其次，若有一个小小的千乘之国付托给他，如郑国之于子产，他的怀抱也可以稍为展舒。他的政治理想虽高，他对于一个弱国处理的切实办法，并不是捉摸不着。有一回他的门人子贡向他问政，他答道，要"足食、足兵，人民见信"。问：若不得已在三项中去一，先去那项？答道："去兵。"再问：若不得已在余下的两项中去一，先去那项？答道："去食。从古都有死，人民没有信心便站不住。"他又说："一个国家，不怕人口少，只怕人心不安，不怕穷，只怕贫富不均。"这些话显然是针对着大家只知道贫弱为忧的鲁国而发的。

"假如有用我的，仅只一周年也可以，三年便有成功。"他说。

第四节　孔子与政治

但是谁能拔用孔子呢？鲁昭公不用说了，他十九岁即位，"犹有童心"，况兼是个傀儡。孟孙氏大夫孟懿子是孔子的门人，但他还是个后生小子。三家之中，季氏最强，大权独揽，但他便是曾以僭用天子礼乐，致孔子慨叹"是可忍孰不可忍"的。不久，更不可忍的事发生，昭公被逐，孔子便往齐国跑。

他到齐国，大约是避乱的成分少，而找机会的成分多。这时距齐人灭莱之役已五十年；景公即位已三十一年，崔、国、栾、高诸巨室已先后被灭，陈氏已开始收拾人心，蓄养实力。景公固然不是个怎样的贤君。他的厚敛曾弄到民力三分之二归入公家；他的淫刑曾弄到都城的市里“屦贱踊（被刖者所用）贵”。他听到“天下有道则礼乐征伐自天子出”一类的话，当然要皱眉。但他听到“天下有道则政不在大夫”一类的话却不由不大赞“善哉！善哉”！但不知是他的眼力，抑或是他的腕力不够呢？他始终没有任用孔子。孔子在齐七八年，虽然养尊处优，还是（用他自己的比喻）活像一个葫芦，被人“系而不食”。这是孔子所能忍耐的么？乘着鲁定公即位（前五〇九年），鲁国或有转机，他便回到祖国。

他归鲁后约莫三四年而阳虎的独裁开始。眼光如炬的阳虎就要借重孔子。他知道孔子不会干谒到他的，却又不能屈身去拜候一个穷儒。依礼，贵臣对下士若有馈赠而他不在家接受，他得到贵臣门上拜谢。于是阳虎探得孔子外出的时候，送一大方熟猪肉给他。孔子也探得他外出，然后去拜谢。可是他们竟在途中相遇，阳虎劈头就说：“来！我和你说句话。怀着自己的宝贝，却瞒着国人，这可谓仁吗？”孔子只得回答道：“不可。”“喜欢活动，却坐失时机，这可谓智吗？”孔子只得答道：“不可。”阳虎道：“日子一天天地过去了！岁月是不等待人的！”孔子只得回答道：“是，我快出仕了。”

但他没有出仕，而阳虎已倒。这时他机会可真到了。他的门人孟懿子因为发难驱阳虎的大功，在政府里自然争得相当的发言权。季孙氏一方面为收拾人心，一方面感念孔子不附阳虎，便把司寇一席给他。这时孔子有五十多岁，距郑子产之死有二十多年。

子产的人格和政绩是孔子所称赞不厌的。他说子产有君子之道四：“其行己也恭，其事上也敬，其养民也惠，其使民也义”。此时孔子的地位也有点和子产的相像；郑之于晋、楚，犹鲁之于齐、晋；郑之有七穆，犹鲁之有三桓。所不同的，子产自身是七穆之一，而且得七穆中最有力的罕氏拥护到底；孔子却没有一田半邑，而他受季氏的真正倚任也只有三个月，虽然司寇的官他至少做了三年（从定公十至十二年）。但他在无可措施中的措施也颇有子产的风度。

前五〇〇年（定公十年）孔子辅佐着定公和齐景公会盟于夹谷（齐边地）。有人向景公说道：孔丘这人虽熟悉礼仪，却没勇力；假如叫莱兵逼胁鲁侯，必定可以得志。景公依计。不料“临事而惧、好谋而成”的孔子，早就设着武备。他一看见莱兵，便护着定公退下，并命令随从的武士们动手；接着说一番“夷不乱华……兵不偪好”的道理，直斥齐人此举，于神是不祥，于道德是不义，于人是失礼。齐侯气沮，只得遣退莱兵。临到将要结盟，齐人在盟书上添写道：“齐师出境而（鲁）不以甲车三百乘从我者，有如此盟！”孔子立即命人宣言，齐人若不归还汶阳的田，而责鲁人供应，也照样受神罚。后来齐人只得归还汶阳的田。

孔子在鲁司寇任内所经历的大事，除了夹谷之会，便是前四九八年的“堕三都”运动。所谓“三都”就是季孙氏的费邑，叔孙氏的郈邑和孟孙氏的成邑；“堕三都”就是要将这三邑城郭拆除。三邑之中，费、郈都是旧日家臣叛变的根据地，而费邑自南蒯失败后，不久便落在另一个家臣公山不狃之手。不狃是阳虎的党羽，阳虎既倒，他还屹然不动。“堕三都”一方面是要预防家臣负隅作乱，一方面亦可以削弱三桓。二者都是和孔子素来的政治主张相符的，故此他对于此举，极力赞劝，虽然主动却似乎不是他，而是他的门人子路，这时正做着季氏的家宰的。子路的发动此事原是尽一个家臣的忠悃。此时费邑已成了季氏腹心之患，非堕不可的。季孙氏地广邑多，毁一城满不在乎。但叔孙和孟孙二氏各毁一大城则元气大损，这也是于季孙氏有利的。叔孙氏犹有侯犯之乱可惩，至于孟孙氏堕城，好比一个无病的人白陪人家吃一剂大黄巴豆，完全是犯不着的。所以堕城议起，他一味装聋，后来定公率兵围城，没有攻下，便把他放过。但郈、费到底被堕了，堕费最费气力，孔子受季孙氏三个月的倚任就在此时。原来公山不狃不待季孙氏动手，先自发难，率费人袭入都城，定公和三桓仓皇躲进季孙氏的堡中，被费人围攻着。叛徒快到定公身边了，幸亏孔子所派的援兵及时赶到，把费人杀败。其后不狃势穷，逃往齐国。

堕费之役孔子虽然立了大功，但不久（前四九七年），孔子便辞职，他辞职的直接原因，有人说是祭余的烧肉没有照例送到，有人说是季孙氏受了齐人的女乐，三日不朝。孰是孰非，无关宏旨。总之，季孙氏的势力完全恢复了以后，再没有可以利用孔子的地方了，再不能维持向日对孔子的礼貌了；鲁国再没有孔子行道的机会了。他只好再到外国去碰碰运气，虽然他不存着怎样的奢望。如鲁国一个守城门的隐者所说，他原是一个“知其不可而为之者”。

但是到什么地方去呢？齐的韶乐虽然值得孔子再听，齐景公却值不得他回顾。卫虽小国，地理上和政治上却最与鲁国接近。恰好这时子路的僚婿弥子瑕甚得卫灵公的宠信。去职的次年，孔子便领着一班弟子来到卫都帝丘（在今河北濮阳西南）。这时距卫人第一次避狄迁都——从朝歌（在今河南淇县）迁到楚丘（在今河南滑县）有一百六十多年，距卫人第二次避狄迁都——从楚丘迁到帝丘，有一百三十多年。当第一次迁都时，朝歌的遗民男女合计只有七百三十口。经过长期的休养生聚，新都又成了熙熙攘攘的大邑。孔子入境，不禁叹道：“好繁庶呀！”给孔子驾车的弟子冉有忙问：“既繁庶了，还要添上什么呢？”孔子答道：“添上富。”“既富了，还要添上什么呢？”“添上教。”

但此时卫灵公正被夫人南子迷得神魂颠倒，那里有闲心去管什么富咧，教咧，只照例用厚禄敷衍着孔子。孔子居卫些时，觉得没味，便又他去（前四九六年？）。此后十多年间他的行踪，记载很缺略，而且颇有参差。我们比较可以确知的，他离卫后，到过宋、陈和楚新得的蔡地，中间在陈住了好几年；前四八五年（鲁哀公十年）自陈返卫；约一年后自卫返鲁。此外他也许还经过曹、郑，到过故蔡以外的楚境。在这长期的奔波中，孔子不独遇不着一个明君，而且遇了好几次的生命危险。当他过宋时，向戌的曾孙桓魋不知因为什么对他发生恶感，要杀害他，幸亏他改装逃脱。当他过匡（郑地？）时，受过阳虎荼毒的匡人错认他是阳虎，把他连群弟子包围起来。幸亏匡人没有错到底。在陈、蔡的边境时，因为无“上下之交”，粮糈断绝，他和弟子们曾经饿到站立不起。

这些困阨并没有压倒孔子的自信心。当在宋遇难时，他说：“天生德于我，桓魋其奈我何！”当在匡遇难时，他说：“文王死了以后，文教不在这里吗？难道天要废弃这些文教吗？难道后来的人不得承受这些文教吗？天没有废弃这些文教的，匡人其奈我何！”

在旅途中孔子曾受过不少隐者的讥讽。有一次他使子路去向两个并耕的农人问渡头的所在。甲说："在车上执辔的是谁？"子路答道："是孔丘。""是鲁孔丘么？""是的。"甲说："这人便知道渡头的所在了！"子路只得向乙请问。乙说："您是谁？"子路答："是仲由。""是鲁孔丘的徒弟么？""是的。""满天下都是洪水滔滔，一去不返的。谁能改变它呢？而且您与其跟随到处要避人的志士，何如索性跟随避世的隐士呢？"乙说完了，不断地覆种。子路回去告诉孔子。孔子说："鸟兽是不可与同群的。我不和世人在一起却和谁在一起？假如天下有道，我便不去改变它了。"

但政治方面的否塞使得孔子救世热情终于不得不转换方向。当他最后由蔡回到陈的时候，他叹道："归罢！归罢！我们这班天真烂漫的小子，好比织成了文采斐然的锦，却不知道怎样剪裁。"这时他已隐然有以教育终余生的意思了。这时他确已老了，他已六十八岁了，虽然他一向总是"发愤忘食，乐以忘忧，不知老之将至"。

第五节　孔子与教育

孔子最大的抱负虽在政治，他最大的成就却在教育。在我国教育史上，他是好几方面的开创者。这几方面，任取其一也足以使他受后世的"馨香尸祝"。

第一，在孔子以前，教育是贵族的专利，师儒是贵族的寄生者。孔子首先提倡"有教无类"，这就是说，不分贵贱贫富，一律施教。他自己说过，从具"束脩"（十吊腊肉）来做贽见礼的起，他没有不加以训诲。这件事看来很平常，在当时实是一大革命。这是学术平民化的造端，这是"布衣卿相"的局面的引子。至于他率领弟子，周游列国，作政治的活动，这也是后来战国"游说"的风气的创始。

第二，孔子以个人在野的力量，造就或招聚一大帮的人才，他的门下成了至少鲁国人才的总汇；他自卫返鲁后，哀公和季康子要用人时，每向他的弟子中物色。这样一个知识的领袖不独没有前例，在后世也是罕见的。传说他的弟子有三千多人，这虽然近夸张，但他的大弟子名氏可考的已有七十七人，其中事迹见于记载的共二十五人。现在仅计他自己所列举跟他在陈、蔡之间挨饿的弟子：以德行见长的有颜渊、闵子骞、冉伯牛、仲弓；以言语见长的有宰我、子贡；以政治见长的有冉有、子路；以文学见长的有子游、子夏。这些人当中颜渊最聪明，最好学，最为孔子所叹赏，可惜短命；冉伯牛也以废疾早死，无所表现；其余都是一时的俊杰。闵子骞曾被季氏召为费宰而坚决辞却。仲弓做过季氏家宰。宰我受过哀公的咨询，在政府里当是有职的。子贡、冉有皆先孔子归鲁。子贡在外交界任事，四次和吴人，一次和齐人折冲，都不辱命。冉有做过季氏的家宰，于前四八四年（哀公十一年，孔子归鲁前），当齐人大举侵鲁，鲁当局守着不抵抗主义的时候，激动季氏出兵。冉有并且用矛陷阵，大败齐军。子路为季氏主持“堕三都”及他后来留仕在卫，死孔悝之难，前面均已表过。前四八一年，小邾（鲁的南邻之一）的一位大夫挟邑投奔鲁国，要子路作保证，以替代盟誓。季康子派冉有到卫国来求子路，说道：“人家不信千乘之国的盟誓而信你一句话，你当不以为辱吧？”子路答道：“假如鲁国和小邾开战，我不问因由，死在敌人的城下也可以。现在依从一个叛臣的话，便是认他为义，我可不能。”子游做过鲁国的武城宰，孔子到他邑里，听得民间一片弦歌声，因此和他开过“割鸡焉用牛刀”的玩笑。子夏做过晋大夫魏斯（即后日魏文侯）的老师。因为孔子弟子多是当时的闻人，他们又多有“仲尼日月也，无得而逾焉”的信念；凭他们的宣扬，孔子便在上层社会里永远传下很大的声名。

第三，孔子首先把技艺教育和人格教育打成一片；他首先以系统的道德学说和缜密的人生理想教训生徒；他的教训，经他的弟子和再传弟子记载下来叫做《论语》的，是我国第一部语录。

孔门传授的技艺，不外当时一般贵族子弟所学习的《礼》《乐》《诗》《书》。其中《礼》和《诗》尤其是孔子所常讲，弟子所必修的。

所谓礼有两方面：一是贵族交际中的礼貌和仪节；二是贵族的冠、婚、丧、祭等等典礼。当时所谓儒者就是靠襄助这些典礼，传授这些仪文为生活的。孔子和他大部分的弟子都是儒者，他们所学习的礼当然包括这两方面。礼固是孔子所看重的。他说："不学礼，无以立。"但每一种礼节原要表示一种感情。感情乃是"礼之本"。无本的礼，只是虚伪，那是孔子所深恶的。他把礼之本看得比礼文还重。他说："礼云，礼云，玉帛云乎哉！"又说："丧礼，与其哀不足而礼有余也，不若礼不足而敬有余也。"这原是对于讲究排场拘牵仪式的鲁人的一剂对症药。可惜他的弟子和后来的儒家很少领略得。

当孔子时，各种仪节和典礼大约已有现成的"秩序单"。这些"秩序单"，经过孔子和他的信徒的陆续增改，便成为现在的《仪礼》。

《诗》三百余篇，在春秋时代是有实用的。平常贵族交际上的词令要引诗做装饰，朝廷享宴外宾时，照例要选诗中的一首或一节，命乐工歌诵，以作欢迎词，这叫做"赋诗"。来宾也得另选一首或一章回敬，这叫做"答赋"。主宾间的情意、愿望、恳求，甚至讥刺，每"断章取义"地借诗句来隐示。在这种当儿，诗篇生疏的人便会出丑。故此孔子说："不学诗，无以言。"因为任何贵官都有招待外宾或出使外国的机会，所以诗的熟习成为贵族教育不可少的部分。孔子教诗当然也以他的应对功用为主。诗中含有训诲意味的句子，当时每被引为道德的教条。这一方面孔子也没有忽略。但他更进一步。他教人读诗要从本来没有训诲意味的描写，体会出人生的道理。这便是他所谓"兴于诗"。例如诗文：

> 巧笑倩兮，
> 美目盼兮，
> 素以为绚兮。

意思原是说一个生来美好的女子，可施装饰。子贡问这里有什么启示。孔子答道："绘画要在有了素白的质地之后。"子贡跟着问："然则礼要在（真情）后吗？"孔子便大加赞赏，说他有谈诗的资格。

诗和乐在当时是分不开的。《诗》三百篇都是乐章。而正宗的音乐不外这三百篇的曲调；除了射、御和舞以外，音乐是贵族教育最重要的项目。一切典礼里都有音乐。而他们平常闲居也不离琴瑟。孔子本来是个音乐家，虽然他在这方面成就完全被他的“圣德”所掩。再没有别事比音乐更可以令他迷醉的了。他在齐听了韶乐曾经“三月不知肉味”。这种享受他当然不肯外着他的弟子们。他的教程是“兴于诗，立于礼，成于乐”。孔子讲音乐和前人不同处在他特别注重音乐的感化力。他确信音乐不独可以陶冶个人的性灵，并且可以改变社会的品质。为尽量发挥音乐的道德功用，他有两种主张：第一，音乐要平民化。他的门人子游做武城宰，便弄到满邑都是弦歌之声。第二，音乐要受国家统制，低劣的音乐要被禁绝。当时郑国的音乐最淫荡，所以他倡议“放郑声”。他晚年曾将《诗》三百篇的旧曲调加以修订。这是他生平很得意的一回事。他说：“吾自卫反鲁，然后乐正，雅、颂各得其所。”雅、颂各是诗中的一门类，依着音乐的性质而分别的。经孔子修正过的乐曲，可惜现在无从拟想了。

后世所谓儒家的“六艺”，除了以前提到的《礼》《乐》《诗》和《周易》外，还有《书》和《春秋》。是时《周易》一书，除了卦爻辞外，又增添了象传。那是解释卦爻辞之文，孔子以前鲁太史所作的，韩宣子聘鲁时已经看见。卦爻辞或象传中含有劝诫意味的话，孔子偶然也引来教训弟子。但孔门的科目里并没有《周易》，卜筮之事孔子更是不谈的。《书》，大部分是西周的档案，其内容或为战争时的誓师辞，或为周王封立国君时的册命之词，或为周王对臣下的告谕，或是王室大典礼的记录；另一小部分则是追记唐、虞、夏、商的故事和言语的。这类文件据说在孔子时有一百多篇，现在只剩二十八篇。《书》中训诲的话最多；像《易》一般，它在孔子以前已常被学者引用。它是孔门的读本之一，虽然远不及《诗》的重要。

《春秋》本来是鲁国史官的流水账式的记录的总名，大约因为它每年必标举四时，所以简称《春秋》。它的内容可以现存的第一年为代表：

> （隐公）元年，春，王正月。三月，公及邾仪父盟于蔑。夏，五月，郑伯克段于鄢。秋，七月，天王使宰咺来归惠公仲子之赗。九月，及宋人盟于宿。冬，十有二月，祭伯来。公子益师卒。

像这样的史记，列国都有的，大约鲁国的特别远久，特别全备。这些史记并不完全依事直叙。因为有些丑事，例如鲁桓公之死，根本不能直叙。再者，有些史官故意要把史事记错，来寄托褒贬的意思，或维持已失效的名分。例如晋灵公明明是被赵穿弑了的，但晋太史董狐却因为赵穿的兄弟赵盾“亡不越境，返不讨贼”，便记道“赵盾弑其君”。又如前六三二年周襄王应晋文公的唤召去参加践土之会，而现传的《春秋》却记道：“天王狩于河阳。”传说孔子曾采用与这两例一路的“书法”，将鲁史记中从隐公元年到哀公十四年的一段加以修改，而成为现存的《春秋经》。这一段所包括的时代（前七二二至前四八一年），史家因此称为春秋时代。《春秋经》之始于隐公不知何故，也许鲁史本来如此。它终于哀公十四年，传说是因为是年叔孙氏子出猎获麟；据说麟是预兆明王出现的祥兽，现在“明王不兴”而麟被猎获，孔子感觉道穷，因此含泪绝笔云。

总结孔子和六艺的关系：《诗》、《书》，他只沿用作教本，而时或加以新的解释或引申。《易》，他不过偶尔征引。《礼》，他加以重新估价，并且在小节上偶有取舍；例如冕，古礼用麻，时礼用丝，孔子从众，因为当时用丝价廉；又古礼臣拜君于堂下，时礼拜于堂上，孔子从古礼，因为他觉得时礼近于放肆。至于《乐》和《春秋》，他虽加过修改，到底他绍述的成分多而创作的成分少。“述而不作，信而好古”，原是他的自白。

但在学术上他果真是仅只述古的人吗？至少就道德的教说而论，那是不然的。有一回他问子贡：“你以为我是多多的学习却把所得牢记的么？”子贡答道：“是的，难道不对吗？”孔子说：“不，我一以贯之。”他认定所有的道德规律中有一条最根本，最概括，可以包罗其他的。这种认识乃是道德思想上一大发明。孔子的一贯之道，据他的高足弟子曾参的了解而他所没有否认的便是“忠恕”，忠恕只是一种态度“仁”的积极和消极两方面。恕便是他所谓人人可以终身奉行的一个字，意义是“己所不欲，勿施于人”。忠的广义是“己欲立而立人，己欲达而达人”。忠的狭义是尽自己对他人的责任，甚至不顾任何的牺牲；“可以托六尺之孤，可以寄百里之命，临大节而不夺”。这种忠也就是勇了。所以说“仁者必有勇”。仁、勇，再加上智便是孔子心目中的全德。

第六节　孔子的晚年

孔子从卫归鲁，至迟当在哀公十二年春天之前，是年春季氏因为增加军赋的事咨访孔子。此时孔子已俨然一个国老，公卿不时存问，馈遗，国政也有资格过问。哀公十四年齐大夫陈恒弑君，孔子便斋戒沐浴，然后上朝，请求讨伐。和陈一丘之貉之三桓，虽能遏阻鲁国的义师，却不能遏阻孔子的义言。

和孔子的声望同时增加的是他的门徒，和门徒所带来“束脩”之类。此时他的生活很可以当得起一个退职的司寇；行则有车代步；衣则“缁衣（配以）羔裘，素衣麑裘，黄衣狐裘”；食则“食不厌精，脍不厌细。……失饪不食，不时（不合时的菜）不食，割不正不食，不得其酱不食。……沽酒市脯不食”；回思在陈绝粮时的情景，已成隔世了。但那样的晚福他并不能久享。哀公十六年（前四七九年）四月（即“夏历”二月），他卧病七日而死，享寿七十四岁。

孔子死后，门弟子把他葬在鲁都城北泗水边；并且为他服丧三年，然后洒泪分手。诸弟子和别的鲁人依孔子冢而居的有一百多家，名为“孔里”。冢前的空地，成了鲁儒举行乡饮、乡射等典礼的场所。城中孔子的故居被辟为他的庙堂，内藏他的衣冠、琴、车、书籍和礼器；孔门的儒者继续在其中学习礼乐。此后历尽四百年的兴亡和兵革，这庙堂里未曾歇过弦歌声。

孔子死后六年而越灭吴，又七十年而晋国三分，战国时代开始。

第五章

战国时代的政治与社会

第一节　三晋及田齐的兴起

春秋时代的历史大体上好比安流的平川，上面的舟楫默运潜移，远看仿佛静止；战国时代的历史却好比奔流的湍濑，顺流的舟楫，扬帆飞驶，顷刻之间，已过了峰岭千重。论世变的剧繁，战国的十年每可以抵得过春秋的一世纪。若把战争比于赌博，那么，春秋的列强，除吴国外，全是涵养功深的赌徒，无论怎样大输，决不致卖田典宅；战国时代的列强却多半是滥赌的莽汉，每把全部家业作孤注一掷，每在旦夕之间，以富翁入局，以穷汉出场，虽然其间也有一个赌棍，以赌起家，终于把赌伴的财产骗赢净尽。

这变局怎样造成的？因为春秋战国之交记载特别残缺，我们还不能充分知道。但有一点可以确说的：先后参加这国运的狂赌的列强，即所谓七雄者，其中除燕国在春秋末期和战国初期的历史完全是空白外，其余赵、魏、韩、田齐、楚和秦，我们都知道是曾起过一番政治经济的大变革，曾把封建的组织加以人工的有计划的摧毁的；前四国本身并且就是政治革命的产物。

赵、魏、韩即所谓三晋。它们的前身是晋国的三个封区。赵氏的祖先本是累代替周王御车的。穆王时，著名的神御造父以功封于赵，因以邑为氏。造父的七世孙赵叔带，因为幽王无道，脱离周室，往仕晋国。后来晋献公用赵夙做“御戎”（战时御君车的），毕万为副，以灭耿、灭霍、灭魏。临到论功行赏，把耿给了赵夙，把魏给了毕万。此时赵氏在晋国始有了根据地，而毕万始建魏氏。韩氏也以封邑韩原得名，其受封略后于魏氏，惟确实年代不可考。前五八三年，晋景公听信谗言，疑赵氏谋叛，把这一家几乎杀尽了，把它的田邑没收了，因韩氏的劝谏，景公才复封赵氏一个仅存孤儿。这件故事，后经点窜，成为一件很动人的传说；我国在十八世纪间最先传译于欧洲的一部戏剧《赵氏孤儿》，是以这段传说做底子的。赵氏复嗣后，不到四十年，成为把握晋国政权的六卿中最强的一族。所谓六卿包括上说的三家和范氏、中行氏、智氏。范、中行氏后来和赵氏火并；内乱连年的结果，二氏于前四九一年（孔子卒前十二年）被逐出晋国。他们的土地终于归入其余的四家。前四五五年，智伯又胁迫着韩、魏和他合兵攻赵，把赵襄子围在晋阳。联军决汾水灌城，只差三版便把全城淹没。临到城快要破的时候，韩、魏却突然和赵勾结起来，把智伯杀掉，把他的土地也瓜分了。不久公室的土地也被分割到只剩下可忽略的数量，晋君竟卑屈到要去朝见三家的大夫，他后来的命运这里也可以不表了。前四〇三年，周威烈王竟把三家的大夫升格为侯。通常以这一年为战国时代的开场。于是三个新国出现于历史的舞台上；魏占有旧晋的中部和西南部，都于安邑（今山西夏县），赵占有旧晋的北部，都于中牟（今河北邢台与邯郸之间），韩占有旧晋的南部，都于阳翟（今河南禹县）。开国初的四十年内，三晋先后把国都迁到最适宜于向外发展的地带。赵南徙邯郸（今河北邯郸县）；韩灭郑，即以郑都为新都（今河南新郑）；魏则东徙大梁（今河南开封）。

三晋建侯后十七年（前三八六年）而齐的蜕变也完成。这年齐大夫田氏托魏文侯请得了周王的册命，升格为侯。田氏即陈氏（陈、田古音相同，春秋的记载用陈，战国的记载用田），它的始祖乃是陈国的一个公子，名完，和齐桓公同时的。公子完避乱奔齐，甚得桓公的宠悦，仕为“工正”，以祖国的名号为氏。传说公子完在本国娶亲之前，他的岳家为婚事问卜，得到下面的谶辞：

凤凰于飞，和鸣锵锵。
在妫之后，将育于姜。
五世其昌，并于正卿。
八世之后，莫之与京。

这神验的预言无疑地是事后追造的。所谓五世，便是弑齐简公的罪魁，孔子所要讨伐的陈恒。陈恒既立新君，便专齐政，把国内稍强大的贵族尽数锄去，只把自己的封地增加到多过齐君的采地。陈恒的儿子继做齐相，更把齐都邑的大夫尽换了自己的宗人，再传两世到田和，恰好遇着一个沉迷于酒色的齐康公。田和索性把他迁海边，留一个城邑给他过快活的日子，而自己践登侯位。

政变的潮流不久又波及周室。三晋和田齐的建国还须借重周王的册封。但三晋受封后三十五年，韩、赵便过河拆桥，合兵攻周，扶植两个有力的王亲，把周室分裂为二：东周都于洛阳的旧王城，西周都于巩。此后周王的力量还比不上从前一个侯国里的小封君了。

第二节　魏文侯李克吴起

政权的转移每牵连到政制的改革。三晋和田氏，在地盘的扩张中，各把国内林立的小封君陆续兼并了，最后连公室也消灭了。在建国之前，即在竞争生存的时期，它们为免实力的分散，不能把新得的土地多所割封。齐晋旧有的小封君于是逐渐被非世职而无采邑的地方官吏所替代。当四氏建国时君主集权的局面同时成立，它们没有回到旧路的需要，而且权力这东西原是易握难放的，虽然此后这四国和同时的其他各国，偶然也把土地封给功臣或子弟，但受封的人数既绝少，每个封区若不是寥寥的数城或十数邑便是荒野的边地，绝不足和中央抗衡的。战国时代的国家，先后都向君主集权的路走，而最先走上这条路的是三晋和田齐。

这新建的四国当中，魏的新气象为最显著；它们的创业君主当中也以魏文侯为最英明。他开战国招贤养士的风气，在他的朝廷汇聚了国内外的人才。其中最可注意的除孔子的门人子夏外，有李克（或作李悝）和吴起。

（一）李克，魏人，是子夏的弟子，做了文侯的卿相，他是我国第一个大法律家，手定魏国的新法典。后世所传他的《法经》六篇大约就是这法典的底稿。《法经》是我国第一部详细的律文，可惜已经亡佚了；我们只知道其中一篇叫做《网经》，是关于盗贼的劾捕的；另一篇叫做《杂律》，有轻狡、越城、博戏、借假、不廉、淫侈、逾制等条目。李克又替文侯改定税法。从他自己所述这新税法的提议中，很可以看出当时农民生活的情形，现在把原文抄在下面：

> 籴，甚贵伤民，甚贱伤农。民伤则离散，农伤则国贫。故甚贵与甚贱，其伤一也。善为国者，使民无伤而农益劝。今一夫挟五口，治百田亩。岁收，亩一石半，为粟百五十石。除十一之税十五石，余百三十五石。食，人月一石半，五人终岁为粟九十石，余有四十五石，石三十（每石值三千钱），为钱千三百五十。除社闾、尝新、春秋之祠用钱三百，余千五十。衣，人率用钱三百，五人终岁用千五百，不足四百五十。不幸疾病死丧之费及上赋敛，又未与此。此农夫所以常困，有不劝耕之心，而令籴至于甚贵者也。是故善平籴者必谨观岁，有上中下熟。上熟其收自四（收获为平时的四倍），余四百石；中熟自三，余三百石；下熟自倍，余百石。小饥则收百石，中饥七十石，大饥三十石。故大熟则上籴三而舍一（将农民所余四百石取去三百石），中熟则籴二，下熟则籴一，使民适足，价平则止。小饥则发小熟之所敛，中饥则发中熟之所敛，大饥则发大熟之所敛，而粜之（放给农民）；故虽遇饥馑水旱，籴不贵而民不散，取有余以补不足也。

这新税法的实行，是战国的初年魏国富强的主要原因之一，但不知道它到底实行了多久。

（二）吴起，卫人，或说魏人。曾从曾子和子夏受学。他是战国著名的兵法家，有兵书传后（已佚，今本乃伪托）。他曾给文侯将兵大败秦国，后来任西河守，抵御秦、韩，魏甚得力。他将兵和最下级士卒吃着一样，睡不铺席，行不用车马，亲自负粮，和士卒分劳苦，因此大得军心。

吴起在魏国以军事显。但他的政治本领却留在楚国发挥。文侯死后，嗣君武侯，因受离间，对他生了疑心，他怕得罪，走去楚国。不久楚悼王任他做令尹。这时距吴人入郢有一百二十多年，楚灭了陈、蔡、杞、莒之后，疆宇大展，其国都久已迁回郢邑。吴起把三晋“明法审令”的一套介绍了过来，又教悼王把坐食无用的冗官悉数裁汰，把公族疏远的废掉，省下钱来养兵练兵，又把一部分贵族强迫迁徙，以实国中空虚之地；又替悼王立了一条新法，令每个封君的土地传过三世之后得交还国家，这就是说，用缓进的手段把封建制度推翻。因为这些改革，吴起成了楚国的贵族的怨府。悼王一死（前三八一年），他们便暴动起来，围攻吴起，吴起只得匿伏在王尸旁边。在刀箭纷集之下吴起和王尸一齐糜烂。太子正位后，借着毁坏王尸的“大不敬”的题目，大加株连，坐罪灭族的有七十多家。楚国的贵族几乎被一网打尽。楚国的新局面也就成立。

吴起死后二十年而秦国开始变法。

第三节　秦的变法

秦的发祥地在渭水上游的秦川的东岸（今甘肃天水县境），周孝王时，嬴姓的非子因替王室养马蕃息的功劳，受封在这里，建立了一个近畿的“附庸”。宣王时，秦庄公以讨伐犬戎有功受命为西垂大夫。及平王东迁，秦襄公带兵去扈卫，平王感念他的殷勤，才把他升在诸侯之列。这时畿内的丰岐一带已沦入犬戎，平王索性更做一个不用破费的人情，把这一带地方许给了秦，假如它能将犬戎驱逐。此后秦人渐渐的东向开拓，到了穆公的时代，更加猛进。穆公是春秋的霸主之一。他曾俘获了晋惠公，拿来换取晋国的河西地方；又灭梁，灭芮，都是黄河西岸与晋邻近的小国。他又潜师远出，希图灭郑，若不是郑商人弦高把恶耗发现得早，向祖国报讯得快，秦的铁手此时也许便伸入中原了。秦的东侵是晋的大忌。秦师这次由郑旋归，晋人也顾不得文公新丧，墨绖兴兵，把他们拦路截击，杀个惨败。后来穆公虽报了此仇，他东向的出路到底给晋人用全力扼住了。他只得回过头去“霸西戎”，结果，“兼国十二，开地千里”。穆公死时（前六二一年），秦人已占有渭水流域的大部分，已奠定一个头等国的基础。但此后二百多年间，秦的内部停滞不进，而晋始终保持着霸国的地位，继续把秦人东出的路堵住。

当战国开场的前后，秦在“七雄”中算是最不雄的一国，自前四二八年以降，四十多年间，它的政治出了常轨，大权落在乱臣手中。在这时期中，它有一个君主被迫自杀，一个太子被拒不得继位，另一个君主和母后一同被弑，沉尸深渊。魏人乘秦内乱，屡相侵伐，并且夺回穆公所得到的河西地方。

穆公的霸图的追续是自献公始。他即位的次年（前三八三年）便把国都从雍（今陕西凤翔县）东迁到栎阳（今陕西临潼县东北）。他恢复君权，整饬军旅，两败魏师。但秦国更基本的改革，更长足的进展，还要等待继他位的少年新君孝公和一个来自卫国的贵族少年公孙鞅。

公孙鞅原先游仕在魏。传说魏相公叔痤病到要死时，魏君（即日后的惠王）请他举荐继任的人，他便以卫鞅对。魏君默然不语。公叔痤更嘱咐道：若不用这人，必得设法把他杀掉，勿令出境。魏君答应去后，公叔痤立即唤叫卫鞅前来，把刚才的谈话告诉了他，劝他快走。他不慌不忙答道：“魏君不能听你的话用我，又怎能听你的话杀我呢？”后来闻得孝公即位，下令求贤，他才挟着李悝的《法经》，走去秦国。

前三五九年（孝公三年），孝公用卫鞅计颁布第一次的变法令。这令的内容包括两方面：（一）是刑法的加严加密。人民以十家或五家为一组，若一家犯法，其他同组诸家得连同告发，知情不举的腰斩；告发本组以外奸恶的与斩敌首同赏，藏匿奸人的与降敌同罚。（二）是富强的新策。凡不做耕织的游民收为公家的奴隶，努力耕织多致粟帛的人民免除徭役；家有两男以上不分居的纳加倍的人口税，私相殴斗的分轻重惩罚；非有军功的人不得受爵；服饰、居室和私有的田土奴婢的限度，按爵级区别，因此没有军功的人虽富也不得享受。这新法施行十年后，秦国家给人足，盗贼绝踪，百姓从诅咒转而歌颂。这新法的成效更表现在卫鞅的武功，前三五二年，他亲自领兵征魏，把魏的旧都安邑也攻破了。此役后二年，卫鞅又发动第二步的改革。把国都迁到渭水边的咸阳，在那里重新筑起宏伟的城阙和宫殿；统一全国的度量衡，把全国的城邑和村落归并为三十一县，每县设县令、丞（正副县长），把旧日封区的疆界一概铲平，让人民自由占耕未垦辟的土地，让国家对人民直接计田征税。第二步改革完成后，卫鞅于前三四〇年又领兵征魏，把魏将公子卬也虏了回来。于是孝公封卫鞅于商，为商君，后人因此称他为商鞅。但他的末日也快到了。先时第一次变法令公布后，人人观望怀疑。适值太子犯法，卫鞅便拿他做一个榜样，把他的师傅公子虔黥了。后来公子虔自己犯法，又给卫鞅劓了。前三三八年孝公死，太子继位后的第一件大事便是把商鞅族诛。但商鞅的政策却继续被采用。

秦地本是戎狄之区。西周的京畿虽建在其上，文明的透入始终不深，好比一件锦衣覆着褴褛。周室东迁后，锦衣一去，便褴褛依然。直至孝公变法时，秦人还不脱戎狄之俗。例如他们还父兄子弟和姑媳妯娌同寝一室，这大约是沿着游牧时代以一个帐幕为一家的经济办法。这种陋俗经商鞅的严禁才消灭。又例如秦国道地的音乐，直至战国晚年，还是“击瓮叩缶，弹筝搏髀，而歌呼呜呜”。没有受文明的雅化，也就没有受文明的软化。在六国中秦人是最犷野矫健的。商鞅的严刑峻法给他们养成循规蹈矩的习惯，商鞅的特殊爵赏制度使得对外战争成了他们唯一的出路。以最强悍、最有纪律的民族，用全力向外发展，秦人遂无敌于天下。

商鞅死后约莫七八十年，赵国的大儒荀卿游秦。据他所记，这时商鞅变法的成绩还历历可见。荀卿说：

（秦之）国塞险，形势便，山林川谷美，天材之利多，是形胜也。入境观其风俗：其百姓朴，其声乐不流（淫荡）汙（猥亵），其服不挑（佻），甚畏有司而顺。……及都邑官府：其百吏肃然，莫不恭俭、敦敬、忠信。……入其国（首都），观其士大夫……不比周，不朋党，倜然莫不明通而公也。……观其朝廷，其朝（早）间听决，百事不留，恬然如无治者。

荀卿的弟子韩非也说：

今……（六国）言赏则不与，言罚则不行。赏罚不信，故士民不死也。今秦出号令而行赏罚，有功无功，相事也。……是故秦战未尝不克，攻未尝不取，所当未尝不破。

信赏必罚正是商鞅的政术。

荀卿又曾比较齐、魏和秦的强兵政策道：

齐人隆技击。……得一首者则赐赎锱（八两）金，无本赏矣（本赏大约是指战胜攻取之赏）。是事小，敌毳（脆），则偷可用也；事大，敌坚，则涣然离耳。……是亡国之兵也。……魏氏之武卒，以度取之（按一定标准挑选）：衣三属（层）之甲，操十二石之弩，负服矢五十个，置戈其上，冠軸（胄）带剑，赢（背）三日之粮，日中而趋百里。中试则复其户（免除赋役），利其田宅（给以好田宅）。是数年而衰，而未可夺也（合格的武卒，几年后便衰弱不可用。但其特权却不能剥夺）。……是故地虽大，其税必寡，是危国之兵也。秦人，其生民也狭厄（给人民的生路狭隘），其使民也酷烈。……忸（狃）之以庆赏，鳍（蹭）之以刑罚，使……民所以要利于上者，非斗无由也。厄（压迫）而用之，得而后功之（胜利才算功，不但计首级），功赏相长也。……故齐之技击，不可以遇魏氏之武卒；魏氏之武卒，不可以遇秦之锐士。

所说齐、魏的兵制，不知创行于何时，所说秦国的兵制正是商鞅所创的。

第四节　经济的进步与战争的变质

三晋建侯和商鞅之死，是世变程途中的两大块“记里石”。环这两大事件的一世纪左右（约前四二〇至前三二〇年）是一个大转捩的时期。在我国史上，恐怕只有从鸦片战争到现在的一段可以和它相比。不独春秋的四霸在这时期里先后蜕去封建的组织而变成君主集权的七雄；其他好些在春秋末叶已发端的趋势，如工商业的发达，都市的扩大，战争的剧烈化，新知识阶级的兴起，思想的解放等等，从这时期以下，都加倍显著。七雄的树立，前面已表过；新知识阶级的兴起和思想的解放，详于次章，其他各端附记于此。

在春秋末叶，虽然已有和小封君一般阔绰的商人，但似乎还没有用奴隶和佣力支持的大企业。但在战国时代这种企业却出现了。以现在所知，和商鞅同时而稍后的，有一个洛阳大实业家白圭，“能薄饮食，忍嗜欲，节衣服，与用事僮仆同苦乐”；他“趋时若猛兽鸷鸟之发”。他自己说：“吾治生产，犹伊尹、吕尚之谋，孙、吴用兵，商鞅行法。”白圭不独是后世言治生术的始祖，并做过魏惠王的大臣，受过封邑，提倡过“二十而税一”的制度，又以善治水筑堤著名，自言“丹（白圭本名）之治水也愈于禹”，他俨然是一个战国时代的张南通。可惜关于他的史料太缺乏了。白圭所经营的主要是谷米和丝漆业。此后战国时代见于记载的大企业家，有以制盐起家的猗顿，有铁冶成业的邯郸郭纵（二人的正确年世不详），皆是富埒王者；有“畜牧大王”乌氏倮，他的牛马多至不能以头数，而用山谷量，他因此得到秦王政的优礼，地位侔于封君，岁时和列臣同赴朝请；又有巴蜀寡妇清，承受了擅利数世的丹穴，而能保守财富和贞操，因此得到秦王政的敬仰，为筑“女怀清台”。与工商业的发展相偕的是货币的进步和都市的扩大。铜钱的制造，不知始于何时，它的普遍的使用和多量通流当是春秋战国之交的事。文化较落后的秦国到前三三六年（商鞅死后一年）才开始行钱。黄金的用作货币最早亦当在战国初年。终春秋时代，国际间的贿赂以及君主对臣下的大宗赏赐没有用黄金的；但在战国时代此等贿赂和赏赐则用黄金为常了。当春秋晚年，除国都外，“千室之邑”已是标准的大邑，其时任何国都的人口虽不见于记载，我们即使算头等国的国都都比标准的大邑大十倍，也不过有一万户。但入战国时代，“万家之邑”已很普通。而齐的临淄，约在商鞅死后不久，人口已上七万户。“其民无不吹竽鼓瑟，弹琴击筑，斗鸡走狗，六博蹋鞠者。临菑之途，车毂击，人肩摩，连衽成帷，举袂成幕……”。洛阳在战国末年户数在十万以上。都市中物质文明的进步，从贵豪家的生活可见。《楚辞》中的《招魂》一篇（一说屈原作，一说屈原的弟子宋玉作），于楚国贵豪的生活有一段极精致的描写，引录于下：

> 高堂邃宇，槛层轩些。层台累榭，临高山些。网户朱缀，刻方连些。冬有突夏，夏室寒些。川谷径复，流潺湲些。光风转蕙，泛崇兰些。经堂入奥，朱尘筵些。砥室翠翘，挂曲琼些。翡翠珠被，烂齐光些。蒻阿拂壁，罗帱张些。纂组绮缟，结琦璜些。……红壁沙版，玄玉梁些。仰观刻桷，画龙蛇些。坐堂伏槛，临曲池些。芙蓉始发，杂芰荷些。紫茎屏风，文绿波些。文异豹饰，侍陂陀些。轩辌既低，步骑罗些。兰薄户树，琼木篱些。……室家遂宗，食多方些。稻粢穱麦，挐黄粱些。大苦咸酸，辛甘行些。肥牛之腱，臑若芳些。和酸若苦，陈吴羹些。胹鳖炮羔，有柘浆些。鹄酸臇凫，煎鸿鸧些。露鸡臛蠵，厉而不爽些。粔籹蜜饵，有怅惶些。瑶浆蜜勺，实羽觞些。挫糟冻饮，酎清凉些。华酌既陈，有琼浆些。……肴羞未通，女乐罗些。陈钟按鼓，造新歌些。涉江采菱，发扬荷些。美人既醉，朱颜酡些。娭光眇视，目层波些。被文服纤，丽而不奇些。长发曼鬋，艳陆离些。二八齐容，起郑舞些。衽若交竿，抚案下些。竽瑟狂会，搷鸣鼓些。宫庭震惊，发激楚些。吴歈蔡讴，奏大吕些。

我们若拿这一段和上引李克关于农民的描写并读，便看见人间的天堂和地狱。

与都市的繁荣相副的是交通的进步。当孔子之世，从吴都往郲国至快的行军要走三个月。但当战国初年，从鲁都往楚鄢郢，个人的旅行，十昼夜便可抵达。这种进步似乎不由于运输工具上的新发明，而由于道路的开辟。而道路的修治多半由于军事上的需要。我们可以推想当春秋战国之际，我国在交通上曾起过一次大革命；许多国家，为侵略用兵的便利，都“堑山填谷”，以修筑新道路。此事虽然史无明文，但我们从下引战国人所传的两件故事可以得到一点消息：（一）中山国（在今滹沱河以北）有一部落叫做厹繇，智伯想灭掉它，却无路可通。于是铸了一个大钟，用两辆骈列的大车载着，要送给厹繇的君长。这君长于是“堑岸堙谷”，开路迎钟。智伯的军队却跟在大钟后面，把厹繇灭掉。（二）秦惠王想灭蜀，但山路险阻，兵路不通。于是雕了一只大石牛，每天派人秘密在它后面放一堆黄金，扬言石牛便金。他把这异宝赠给蜀侯。蜀侯于是“堑山填谷”，开路以迎石牛。秦惠王的军队，却跟在石牛后面，把蜀灭掉。这两件故事虽然未必全真，至少反映战国人对军事影响交通的认识。

顾名思义，战国时代的特色乃在战争。这时代的战争，在质量上都大变春秋的旧样。第一，直至春秋末年，最大的晋、楚两国，其兵力不过四千乘左右，以一乘战士十人计算，也不过四万人，再加一倍也不到十万人；而战国的七雄中秦、楚、齐、赵，各有“带甲百万”以上，韩、魏、燕的兵力也各不下六十万。第二，春秋时代的国防，其初只注意首都，后来才陆续给近边冲要的邑筑城。但除了少数有城的都邑外，其余的地方，敌国的军队可以随时通过，如入无人之境。但在战国时代，各国当敌的边境都筑起长城和堡垒，这表明国际的生存竞争已到了丝毫不能放松的地步了。第三，在春秋时代，征战的目的以取俘夺货，屈敌行成为常例；以占夺土地，残杀敌人为例外。在战国时代，则征战的目的以占夺土地，残杀敌人为常例，而仅只取俘夺货，屈敌行成为例外。国家对兵士，以首级论功，每次战争动辄斩首十万八万，甚至二十万，甚至一坑四十万。我们的辞典中最凶残的“屠城”一词是在战国时代出现的（见《荀子 · 议兵篇》）。“师之所处必生荆棘”，“大兵之后必有凶年”，都是这时代人形容战祸的实话。第四，战争工具在这时代也大有进步：以前的兵器全是用铜的，此时已渐渐的代以铁和钢；以前纯用车战，只适宜于平原，而不适宜于山险，调动也很迟缓，此时则济以骑兵和步卒。此外攻城有“云梯”的器械，舟战有“钩拒”的器械，都是战国初年，鲁国一个大工匠公输般所发明的。第五，战争的技术在战国时代日益专门化了。当春秋之世，各国的军事领袖都是兼管民政的封君，纯粹的武将是没有的。战国初期大政治家像李悝、吴起、商鞅等都是能带兵出阵的，但自此时以降，文武渐渐分途。专门的名将如孙膑、穰苴、白起、王翦、廉颇、李牧等相继出现。专门化的趋势并且及于至少一部分常备的兵士。他们合格的标准已被提高，他们所受的训练也更加繁重，他们和临时征发农民充当的兵卒已有天渊之别。从上引荀卿所说魏国的武卒可见一斑。因为统治者对军士的重视，民间也开始有结合团体，专习武技或兵法以供统治者选用的。这类团体中最著名的是墨翟所领导的“墨者”们，下文再将叙及。军事专门化之另一表征是兵书的撰著。我国重要的“武经”，如吴起的《吴子》、孙膑的《孙子》、穰苴的《司马法》、墨家的《备城门》等五篇和尉缭的《尉缭子》，全是战国时代的产品。

第五节　国际局面的变迁

晋国的西南角给黄河襐了一层，外面又给山地襐了一层，即属于所谓“表里山河”的地带，也就是扼着秦人东向出路的地带。这一部分的晋境，给魏国承受了。魏一日保持晋的霸威，秦一日不能大有发展。

魏文侯本已先秦孝公而著鞭。当战国开场的六十年间，魏是风头十足的一国。在它西边的秦，东边的齐，南边的韩、楚，北边的赵，没有不受过它的侵略。前三五三年它把赵都邯郸也攻破了，并且继续占据了两年，因为齐国的压迫才退出。前三四二年魏又伐韩，韩求救于齐，齐将用了一个和吴起齐名的兵法家孙膑做军帅，依他的计，领兵直捣魏的首都大梁。次年魏军还救，大败于马陵；十万雄师，一朝覆没，主帅太子申和将军庞涓都送了命。次年内，齐、秦、赵又连接向魏进攻（商鞅第二次征魏即在此时），连接把它打败。不久楚人也乘机来报复。计马陵之战后二十余年间，秦对魏五次用兵，魏对秦两次献地，秦人不独夺回河西，并且侵入河东、河南。

在四面受敌之下，魏君（后来的惠王）用了大哲学家惠施的计策，向齐国屈意修好；后来又用他的计策，于前三三四年和齐君相会于徐州，互认为王。这是魏人联络齐人的一种手段呢，抑或是抵制当时秦国挟周室以令诸侯的计策呢？恐怕两般都有。与齐、魏同时，燕、赵、中山（即春秋时的白狄国鲜虞）亦称王，其后秦、韩、宋亦继步。从此周室的余威完全消灭了，从此“尊王”的招牌再没人挂了，旧时代所遗下的空壳已被打破了，新时代的幕已被揭开了。列强已毫无遮掩地以狰狞的面目相对，以血染的锋刃相指，再不用寻觅题目，以为夺地攻城的口实了。

虎狼的秦国既已“出柙”，六国的最大问题便是怎样应付它。六国的外交政策不出两途，即所谓“合从（纵）”和“连衡（横）”，或简称“从”和“衡”。依韩公子非在他的遗书里所下的界说：

> 从者，合众弱以攻一强也；
> 衡者，事一强以攻众弱也。

所谓一强，不用说是秦国了。秦在西方，六国皆在其东。六国中任何一国与秦国的结合是东西的结合，东西为横，故称连衡；六国共相结合是南北的结合，南北为纵，故称合从。合从当然是六国最安全的政策，也是秦人最惧怕的政策。直至后来六国都被证明已消失了单独抗秦的力量时，据荀卿的观察，秦人还是“谡谡然常恐天下之一合而轧己”。不过合从政策的持久有很大的困难。第一，除了些残余的可忽略的泗上小侯，如鲁、卫、邹（即春秋时的邾国）、滕等外，没有一个国家愿意维持现状，没有一个国家不想乘四邻的间隙扩张领土，便是不在七雄之列的宋，也经过东征西讨的回光返照之后才给齐国灭掉（前二八六年）。合从，则六国的出路只有一条，向秦进攻，而秦却不是好惹的。合从政策和六国的“帝国主义”根本冲突。第二，齐、燕两国，距秦遥远；秦的东侵，直到很晚，还没有给它们以切肤之痛；因此它们对于合从运动的热心很容易冷下去。反之魏、楚、韩、赵，因为邻接秦国，它们一和秦绝交，外援未可必，而秦军先已压境；就因为始终怕吃一点眼前亏，它们很容易被秦人诱入“亲善”的圈套，而破坏从约。因此，战国时代的国际关系，好比时钟的摆往复于合从、连衡之间；每经一度往复，秦国的东侵便更进一步，六国的抵抗力便更弱一些。

自魏衰后，六国中声势足以与秦相埒，力量足以左右世局的惟有楚和齐，这两国若再倒坍，秦人“统一天下”的幸运便注定。下文略述楚和齐在纵横捭阖的变化中被削弱的经过。其他六国自相残杀和秦人脔割三晋的惨史，这里不必细表。

前三一八年六国第一次合从攻秦，以楚怀王为从长。但实际上参战的只有韩、赵。次年，这两国的兵给秦大败于修鱼（韩地），齐又倒戈攻赵、魏，这首次从约，不待秦人破坏先已瓦解。越一年，秦灭蜀，并灭巴，国境增加原有的一倍以上，与楚的巫郡、黔中相接。于是秦人开始图楚。最为秦人所畏忌的是齐、楚的结合，秦人于是以商於之地六百里的许让为条件，诱得楚怀王与齐绝交，旋即食言。怀王大怒，于前三一二年，发兵攻秦。秦胁韩助战，大败楚军于丹阳，斩首八万，虏楚主将及裨将七十多人，并且占领了楚的汉中（汉水上游陕西湖北接界的一带地方）。怀王越怒，再以倾国的兵袭秦。战于蓝田，又是一败涂地。韩、魏还趁火打劫，侵楚至邓。次年秦又攻楚取召陵。自汉中失，郢都的西北屏藩撤，楚的国威大挫。其后不久（前三〇七年？）楚虽承越国内乱，攻杀越王无疆，尽取故吴地至浙江，所得还不足以补偿它这次的损失。

前三〇六年（？）齐又提议合从，自为从长，邀楚参加，这时正是楚人复仇的机会了，怀王也答应参加了。但一会受了秦人诱惑，忽然变起卦来，竟和秦国互结婚姻。前三〇三年，齐、魏、韩于是便连兵讨楚背约。怀王使太子质于秦，请得秦的救兵，三国才退去。但次年楚太子斗杀秦大夫，逃归。秦人得了这个好题目，便联合齐、韩、魏攻楚方城。接着又给了楚两次的惩创之后，秦忽然和楚“亲善”起来，并且请求怀王亲到秦楚交界的武关会盟。怀王待要不去，怕得罪了秦，又禁不起儿子的催促，便应命而往。他一入关，秦的伏兵便把关门闭起。他被领到咸阳，朝章台宫，如藩臣一般。秦人要他割让巫郡、黔中，以为释放他的条件，他也答应了。但秦要先得地，后放人！他愤而拒绝。在秦国羁留了两年，他试逃归，事泄，秦人截住楚道，他从间道走赵，赵不敢纳，正要往魏，而秦兵追至，把他押回，次年，他发病死。秦人把他的尸首送还，楚的老百姓都哀怜他，如像死了亲戚。但过了三年，秦于大败韩军，斩首二十四万级之后，投书楚顷襄王（怀王子）道：“楚倍秦，秦且率诸侯伐楚，争一旦之命，愿王之饬士卒，得一善战！”顷襄王给吓得心惊胆战，立即同秦国讲和，次年又向秦国迎亲。

楚怀王死后不久，齐国也由极盛而骤衰。自马陵之战，齐已代魏而为东方的领袖，三晋的君主都向他来朝。其后二十九年（前三一四年），齐乘燕王哙让位给卿相子之，燕太子逆着民意作乱的时机，出兵伐燕。燕人在离叛的状态之下，连城门也懒得关闭。齐兵不到两个月便攻破燕都；并且继续占据了三年，因诸侯的胁迫而退出。用齐宣王自鸣得意的话：“以万乘之国伐万乘之国，五旬而举之！”这样的武功直至此时，秦人也还没有尝试过。前二九六年，齐遂领着三晋和宋合从攻秦，秦人竟不敢应战。自楚衰后，齐、秦在列国中成了东西突起的两个高峰。为表示它们的特殊地位，秦昭襄王于前二八八年（怀王死后八年），约合齐湣王，同时把尊号升高一级；秦王为西帝，齐王为东帝，这个授议隐然有秦、齐平分天下的意思了。但秦的劝道只是“将欲取之，必固与之”的手段。它一则可以助长齐湣王的骄心，一则可以离间齐和别国的亲交。湣王底下未尝没有看出这诡计的人。所以他称帝后二日，便受劝仍复称王，昭襄王也只得照样。但湣王的帝号虽已取消，他的野心并没有减小。过了两年，他便举兵灭宋。接着又南割楚的淮北，西侵三晋，并且打算吞灭两周。泗上邹、鲁等小国的君主个个震恐，向齐称臣。宋在向戌弭兵之会后，曾先后吞并了曹、滕，在被灭之前已是一个拥有五千乘兵力的四千里之国，而宋王偃，虽然后世的史家把他比于桀、纣，却不是一个无抵抗主义者。灭宋，而齐的国力大大损耗。燕昭王方卑身厚币，筑馆招贤，伺机复仇。他看破了这一点，便于宋灭后二年（前二八四年）联合秦、楚和三晋，大举伐齐。燕将乐毅攻入临淄，把三十年前齐军在燕京的暴行照抄一遍。这泱泱大国的首都六七百来年所积的“珠玉财宝，车甲珍器”被劫夺一空。湣王出走，连历卫和邹、鲁，还始终摆着“东帝”的架子，责应供张，却到处碰钉，又走回齐国，结果为莒人所杀。别国的兵饱掠飏归后，燕军继续前进，五年之间，把整个齐国的七十余城，除了莒和即墨外都占领了，并且列为燕的郡县。这两个城之能够支持，因有田单在。田单是齐王室的支裔，初时做临淄市官底下的一个小吏。燕军入齐，他走回故乡安平，教族人把车轴的末端截去，加上铁套。安平破，齐人争路逃奔，多因车轴撞坏，给燕兵追及，掳去为奴。田单和他的族人独得脱身，走避即墨。燕兵围即墨，即墨大夫战死，城中无主。众人公推田单为将军，以抗燕。田单亲负版锸（筑城的用具）和士兵分劳，把酒肉尽量分给部下，把妻妾编在行伍间服务。两军正相持间而燕昭王死（前二七九年），他的继位的儿子，素与乐毅不睦，又中了田单的反间计，便请乐毅退歇，而用一个蹩脚的将军替代他。乐毅一去，燕军便如枯草败叶一般被田单扫出齐境。然而齐国已被蹂躏得体无完肤了！此后直至灭亡之前是它“闭门养疴”的时期。

东帝已被打倒了。秦人可以放胆为所欲为的了。时局急转直下了。燕昭王死前一年，秦将司马错由蜀道攻占楚的黔中。又过二年，秦将白起出汉中，攻破鄢郢。把楚先王陵墓的宏伟建筑付之一炬，楚兵溃散不战，楚王狼狈迁都于陈国的故城；后来还不放心，又迁都于寿春（今安徽寿县）。秦人破鄢郢之后，即把它占领置为南郡。次年蜀郡守又占领楚的巫郡及江南。计四年之间，楚国蹙地殆半。结果它还是只得向秦求和。秦便暂时把它放下，而专力去宰割三晋，前二六〇年，白起的远征军败赵于长平（今山西高平县西北），活埋降卒四十万。赵的壮丁几乎在此役死尽。又四年，秦灭西周，西周君赴秦顿首受罪，尽献所属邑三十六，逃剩的人口三万和一些未散的宝器。同年周赧王死，再没人给他立后。周朝的残喘也断绝了。此时秦人正好打铁趁炉热地去吞并六国。但此时昭襄王已衰老，名将白起已被猜疑而诛死，而继昭襄王的两个君主，一个只享祚三日，一个只享祚三年，最后秦王嬴政又以冲龄践位，政权暂时落在母后和权相手中。因此秦人统一的大业被耽搁了二十多年，我们正好借这空闲，从喋血的战场转到历史中比较平静的一角。

第六章

战国时代的思潮

第一节　新知识阶级的兴起

当封建时代的前期贵族不独专有政权和田土，并且专有知识。闲暇和教育是他们的所独享，《诗》《书》《礼》《乐》完全与平民绝缘，在封建组织演化中，贵族的后裔渐渐有降为平民的，知识也渐渐渗入民间。初时在野的学人有两种，一是躬耕食力的隐者，二是靠相礼或授徒糊口的“儒”，这两种人在孔子以前都已存在，虽然他们最初出现的时候不能确定。

《诗》三百篇中已有些隐者的诗，例如：

> 十亩之间兮，桑者闲闲兮，行与子还兮。
> 十亩之外兮，桑者泄泄兮，行与子逝兮。

又例如：

> 衡门之下，可以栖迟。泌之洋洋，可以乐饥。

> 岂其食鱼，必河之鲂？岂其娶妻，必齐之姜？

这种淡泊自适的胸襟，决不是没有学养的人所能道的。孔子以前的隐者，也有见于记载的。前五八六年，晋国起了大地震，梁山崩坍，都人惊惧，晋侯派传车去召大夫伯宗来商议，伯宗在半路遇着一辆载重的大车，喝令避开。赶车的人说：与其等待我，不如停车绕道，还来得快些。伯宗见他有胆识，和他问讯。原来他是绛人，问以绛事。答道：梁山崩坍，听说召伯宗来商议。问：伯宗来又怎么办呢？那人答道："山有朽坏的土壤便崩坍下来，可怎么办呢？国以山川为主。若山崩川竭，国君得暂时减却盛馔，除去盛服，停止音乐，改乘缦车（没装饰的），出宿郊外，并且命祝去献币，史去陈辞，以致敬礼，不过如此而已。便伯宗来，又怎么办呢？"伯宗要带他去见晋君，他不答应，后来拿他的话转告晋君，被采用了。这位赶车的隐者，其识见竟敌得过当世晋国最足智多谋的大夫。到了春秋末年，明哲的人隐遁的更多，孔子至有"贤者避世，其次避地"之叹。这辈隐者，孔子师弟在游历的途中，屡有所遇，前面已叙及一例。但这时代的隐者和后来战国时代的隐者不同。他们在思想界是没有势力的。他们乃是真正的隐逸，既不著书立说，也没有当世的声名。他们的言行即使偶然闯入记载里，他们的姓氏也没有流传。

其次说"儒"。这一名词后世成了孔子信徒的专称，原初却不如此。《论语》里记孔子对一位弟子说："汝为君子儒，毋为小人儒！"可见孔门之外尽多孔子所不取的小人儒。最初的儒，大约是公室、氏室所禄养的祝、宗、卜、史之类，因主家的灭亡或衰落，而失去世职流落民间的，他们本来是贵族的"智囊团"，多半是兼通《诗》《书》《礼》《乐》的，所长特别是典礼的娴熟。他们失职之后，便靠帮助人家丧葬祭祀的大事（尤其是丧事）或传授《诗》《书》和礼文，以为生活。别的社会分子也有传授他们的衣钵，继续他们的业务的。这辈人渐渐成为社会上一特殊的流品。古礼是他们的饭碗，守旧是他们的习性，文弱是他们的本分。因为他们的比较文弱，所以有儒之称，凡从需的字，大抵有柔缓的意思。他们之中也有堕落到只顾衣食，不讲廉耻，听说阔人有丧事，便率领子姓，如蚁附羶地不请自往；甚至有穷极无聊，乞人禾麦的。这类儒者大概即是孔子所谓小人儒。

伟大的儒者从孔子数起。“君子儒”的理想也是他首先提倡的。他和他的大弟子便是君子儒的榜样。他们也授徒，但不独传授技能，并且传授主义；他们也相礼，但把“礼之本”看得比礼文还重要。而且授徒相礼不过是他们的事业的一部分。他们最大的抱负乃在政治的建树，传统制度的拥护，武王周公时代的礼乐的复兴。孔子以前的儒者也许已有出仕于公室或氏室而做些家臣或邑宰之类的，但有主义，有操守地作政治活动的儒者，却以孔子为第一人。大概孔子死后，到了一个时期，所有的儒者，不分君子小人，或由师承，或由私淑，或由依附，都奉孔子为宗师。因此，儒与“孔子的信徒”合一。

但在春秋末年儒还只有职业阶级的意义而没有学派的意义。因为那时除了儒外似乎没有别的学派，至少别的特树一帜的学派。那时作政治活动的在野知识分子只有儒者。儒之成为学派的名称乃是战国初年的事；乃是有了与儒对抗的学派，即所谓“道术分裂”以后的事。最初与儒对抗的学派是墨翟所领导的墨家，和专替君做参谋、出法令的法家。而墨翟初时是“学儒者之业，受孔子之术”的；初期的法家代表人物，如李克、吴起，都是孔子的再传弟子。在墨家和法家出现以前，在野的知识界差不多给儒包办了。

自墨家和法家兴起以后，那不稼穑，无恒产，而以做官或讲学为生活的知识分子，即所谓“文学游说之士”者，派别日益纷繁。同时在政权的争夺，强邻的抗拒，或侵略的进行当中，列国的君相因为人才的需要，对于这班游士礼遇日益隆重。最著的，如在齐宣王的朝廷中，被爵为上大夫、“不治而议论”的游士一时有七十六人，宣王在临淄稷门外的稷下，“开第康庄之衢，高门大屋，（以）尊宠之”。因此有“稷下先生”的称号。其他来求利禄而未得进身的游士还不知凡几呢。直至燕人之难后，稷下讲学的风气还没有消灭。下文将要叙及的重要思想家中，如孟轲、邹衍、荀卿先后都到过稷下。

第二节　墨子

春秋时代最伟大的思想家是孔丘，战国时代最伟大的思想家是墨翟。孔子给春秋时代以光彩的结束，墨翟给战国时代以光彩的开端。

墨子和孔子同国籍（但墨子一生似乎在宋的时候多）。墨子的降生约略和孔子的逝世衔接。在战国及汉初，孔、墨是两位常被并称的大师，同以德智的崇高和信徒的广众为一般学人所敬仰，虽然汉以后孔子被人捧上神坛，而墨子则被人忘记了。就学术和生活而论，孔、墨却是相反的两极。孔子是传统制度的拥护者，而墨子则是一种新社会秩序的追求者。孔子不辞养尊处优，而墨子则是恶衣粗食、胼手胝足的苦行者。孔子不讲军旅之事，而墨子则是以墨守著名的战士。孔子是深造的音乐家，而墨子则以音乐为应当禁绝的奢侈。孔子不谈天道，而墨子则把自己的理想托为“天志”。孔子要远鬼神，而墨子则相信鬼神统治着人世。孔子卑视手艺，对于请“学稼”“学圃”（种园）的弟子樊迟曾有“小人哉”之讥；而墨子则是机械巧匠，传说他曾创制过一只能自飞的木鸢。

在世界史上，墨子首先拿理智的明灯向人世作彻底的探照，首先替人类的共同生活作合理的新规划。他发现当前的社会充满了矛盾、愚昧和自讨的苦恼。他觉得诸夏的文明实在没有多少值得骄傲的地方。他觉得大部分所谓礼义，较之从前輆沐（在越东，大约今浙江滨海一带）国人把初生的长子支解而食以求“宜弟”，及以新孀的祖母为接近不得的“鬼妻”而抛去不养等类习俗，实在是五十步之笑百步。看看诸夏的礼义是怎样的！为什么残杀一个人是死罪，另一方面，在侵略的战争中残杀成千成万的人却被奖赏，甚至受歌颂？为什么攘夺别人的珠玉以至鸡犬的叫做盗贼，而攘夺别人的城邑国家的却叫做元勋？为什么大多数的人民应当缩食节衣，甚至死于饥寒，以供统治者穷奢极欲的享乐？为什么一个人群统治权应当交给一家族世世掌握，不管他的子孙怎样愚蠢凶残？为什么一个贵人死了要把几十百的活人杀了陪葬？为什么一条死尸的打发要弄到贵室匮乏，庶人倾家？为什么一个人死了，他的子孙得在三年内做到或装成“哀毁骨立”的样子，叫做守丧？总之一切道德礼俗，一切社会制度，应当为的是什么？说也奇怪，这个人人的切身问题，自从我国有了文字记录以来，经过至少一二千年的漫漫长夜，到了墨子才把他鲜明地、斩截地、强聒不舍地提出，墨子死后不久，这问题又埋葬在二千多年的漫漫长夜中，到最近才再被掘起！

墨子的答案是很简单的，一切道德礼俗，一切社会制度应当是为着“天下之大利”，而不是一小阶级、一国家的私利。什么是天下的大利呢？墨子以为这只是全天下人都能安生遂生，继续繁殖，更具体地说，都能足食足衣，结婚育子。目前全天下人都能做到这一步了吗？不能。那么，墨子以为我们首先要用全力去做到这一步。至于这一步做到后怎办，墨子是没闲心去计及的。在做到这一步之前，任何人的享受，若超过遂生传种的最低限度需求，便是掠夺。“先天下之乐而乐”乃是罪恶。所以墨子和他的门徒实行极端的勤劳和节约。他们拿传说中沐雨栉风，为民治水，弄到腿上的毛都脱尽的大禹做榜样。他们的居室，茅茨不剪，木椽不斲；他们用土簋土碗，食藜藿的羹和极粗的高粱饭；他们的衣服，夏用葛布，冬用鹿皮，结束得同囚犯一样。他们说，非如此够不上禹道，够不上做墨者。按照墨子所找出的一切社会制度的道德根据，好些旧日大家所默认的社会情形，其有无存在的理由，是不烦思索的。侵略的战争是违反“天下之大利”的，所以墨子提倡“非攻”；统治阶级的独乐是违反“天下之大利”的，所以墨子提倡“节用”；厚葬久丧是违反“天下之大利”的，所以墨子提倡“桐棺三寸，服丧三日”的礼制。王侯世袭和贵族世官世禄是违反“天下之大利”的，所以墨子设想一个合理的社会，在其中，大家选举全天下最贤的人做天子；天子又选些次贤的人做自己的辅佐；因为“天下……博大，远国异土之民，是非利害之辩，不可一二而明知”，天子又将天下划分为万国，选各国中最贤的人做国君；国以下有“里”，里以下有“乡”；里长乡长各由国君选里中乡中最贤的人充任；乡长既然是乡中最贤的，那么全乡的人不独应当服从他的命令，并且得依着他的意志以为是非毁誉；等而上之，全天下人的是非毁誉都得依着天子的意志。如此则舆论和政令符合，整个社会像一副抹了油的机器，按着同一的方向活动。这便是墨子所谓“上同”。

第三节　墨子与墨家

“天下之大利”的反面是“天下之大害”。我们一方面要实现“天下之大利”，一方面要消除“天下之大害”。墨子以为天下的大害，莫如大国之侵略小国，大家族之欺凌小家族，强者智者之压迫弱者愚者，以及一切伦常间的失欢失德，总而言之，即人与人的冲突。墨子推寻人们冲突的根本原因乃在彼此不相爱。假如人人把全人类看成与自己一体，那里还有争夺欺凌的事？所以墨子又提倡“兼爱”，那就是说，对世上一切人都一视同仁地爱，不因亲疏而分差等。

反对墨家的人说道：兼爱诚然是再好不过的，可惜只是空想，不能实行！墨子答道：天下最苦的事，那里有超得过“赴汤蹈火”？然而赏罚和毁誉竟能使人甘之如饴。兼爱至少不是“赴汤蹈火”一般的苦事。反之，“爱人者人恒爱之”，所得的报酬真是“一本万利”的。假如有以身作则的统治者拿奖励战死的精神奖励兼爱，拿惩罚逃阵的精神惩罚不兼爱，而社会的毁誉又从而援应之，那怕人民不“风行草偃”地趋向兼爱？所以“上同”是必要的。

在圣贤的统治之下，大众“兼相爱，交相利”，“有余力以相劳，有余财以相分”，“老而无妻子者有所侍养以终其寿，幼弱孤童之无父母者有所放依以长其身”；整个社会里，没有贫富劳逸的不均，没有浪费和窘迫的对照，没有嫉妒、愁怨或争夺，这便是墨子的理想社会。

墨学在汉以后虽无嗣音，它的精华已为一部分儒家所摄取。所谓“大同”的观念即儒家讲政治所达到的最高境界，见于战国末年所作的《礼运篇》中者，实以墨家言为蓝本。《礼运》说：“大道之行也，天下为公，选贤与能，讲信修睦。故人不独亲其亲，不独子其子，使老有所终，壮有所用，幼有所长，鳏寡孤独废疾者皆有所养。男有分，女有归。货恶其弃于地也，不必藏于己；力恶其不出于身也，不必为己。是故谋闭而不兴，盗窃乱贼而不作，故外户而不闭，是谓大同。”我们试拿这段话和上述墨子的理想比较，便知道它们的符合决不是偶然的。

墨子不独有建设一个新社会的理想，并且在他的能力之内求它实现，他和他所领导的弟子三百余人便是他的理想的具体而微。

在战国的一切学派中，墨家是最特别的。法家者流不过是些异时异地、各不相谋的人物，后世因为他们的方术相同，给以一个共名而已。儒者虽然有时聚集于一个大师之下，也不成为什么组织。唯墨家则是一个永久的、有组织的团体。它的作用兼有技术的传授和职业的合作。这是一个“武士的行会”，它的事业，表面上像是和墨子的主义极端相反的，乃是战斗！不过墨子固然反对侵略的战争，却绝不是一个无抵抗主义者。他知道要消灭侵略的战争只有靠比侵略者更强顽的抵抗。所以他和弟子们讲求守御的技术，制造守御的器械，“以备世之急”。他们受君相禄养，替他们守城。墨家以外，给君相“保镳”为业的“侠士行会”，同时当尚有之，墨家的特色乃在奉行着一套主义，只替人守，不替人攻。平常墨者参加守御的战事固然是受雇的，但有时他们也自动打抱不平。前四四五年左右，公输般替楚国造“云梯”成，将用来攻宋，墨子在鲁国闻讯，一面派弟子禽滑釐等三百余人带着守御器械在宋城上布防，一面步行十日十夜到鄢郢劝楚惠王罢兵，在惠王面前，墨子解带为城，以衣为械，和公输般表演攻守的技术，公输般攻城的机变出尽，而墨子守器有余，墨子又把禽滑釐等在宋的事实宣布，惠王只得罢兵。

像别的替君相保镳的游侠一般，墨者多半是从下层社会中来的。在同时的士大夫眼中墨子也只是一个“贱人”。这些“贱人”自然不会有儒家者流的绅士架子，他们的生活自然是朴陋的。他们的团体，像近世江湖的结帮一般，是“有饭大家吃，有钱大家化”的。这团体的领袖叫做“钜子”，是终身职，第一任钜子墨翟是大家拥护的，以后的钜子却大概是由前任指定。当墨家全盛时，这整个团体的意志统一在钜子之下。墨翟能使他的任何弟子“赴火蹈刃，死不旋踵”。这团体有特殊的法律，由钜子执行。现在仅得而知的，“墨者之法，杀人者死，伤人者刑”，绝无宽纵。墨子所提倡的种种社会理想，大致是墨者团体内所实行的，也许是以前同类的团体所已实行的。墨子的贡献也许是把这种团体的实际生活类推到极端，扩充到全人类，并且给以理论的根据。

墨子的死年不可确考，但必在前三八一年吴起之死以前。是年楚肃王穷治杀害吴起的贵族，其中有一个阳城君，墨者钜子和徒弟一百八十余人为他守邑抗官军而死。这钜子已不是墨翟而是孟胜。这一百八十余人的死无疑是墨家的一大损失。但它的损失还有更大的。墨子死后不久，墨家裂成三派，各自以为是正宗，不相上下，甚至互相倾轧。而墨子以后，墨家并没有十分伟大的领袖继起，如像儒家之有孟子、荀子，这也是墨家衰微原因。

第四节　孟子许行及周官

战国的历史可以分为三期：从三晋建侯（前四〇三年）至秦始变法（前三五九年）凡四十四年，是为初期；从秦始变法至秦齐相帝（前二八八年）凡七十一年，是为中期；从秦齐相帝至六国尽灭（前二二一年）凡六十七年，是为末期。

当战国初期，对抗的显学只有儒墨；其时法家者流虽已出现，尚未加入论战的漩涡。到了中期则“百家之学”并起争鸣，而像儒墨法等大家中又分派。在战国思想史中，初期好比树干始杈，中期则枝柯交错了。这中期的思想家里头，无论怎样胆大，怎样怪诞的，从劝人学禽兽一般恣情纵欲的它嚣、魏牟到劝人学石头一般无知无觉的田骈、慎到，都应有尽有，这一期的学说现在不能尽述，尤其是内中比较玄奥的哲理，本书因为性质所限，不能涉及。现在只讲这时期的几个代表思想家的人生观以及政治理想。先从儒家中在孔子底下坐第二把交椅的孟子说起。

像墨子一般，孟子也留意全人类的幸福。不过在替全人类的策画中，他们有这一点不同。墨子的出身无疑地是窭人子。他知道粒粟寸缕，只有靠血汗才换得来；他“昭昭然为天下忧不足”（用荀子形容墨子的话）。他觉得丝毫物质或精力的浪费是不可恕的罪恶，他觉得人们生在这世上，是来共患难的，不是来共安乐的，至少就目前和最近的将来而论是如此。孟子的家世虽不可知，然而他久游于物力充裕、夸诞成风的齐国，从一班被养着来高谈阔论的“稷下先生”中间出来，“后车数十乘，从者数百人，以传食于诸侯”；他对于世事的乐观，活像一个不知稼穑艰难的纨袴子。听他说的：“不违农时，谷不可胜食也；数罟不入洿池，鱼鳖不可胜食也；斧斤以时入山林，材木不可胜用也。”既然如此，人人稍为享乐些，甚至有些人特别享乐些也不为过了。所以他承认统治者厚禄的特权，在他的理想社会里，国家分为三等，上等国的官禄如下表：

庶人在官者	禄相当于百亩的出产
下士	与庶人在官者同禄
中士	禄二倍下士
上士	禄四倍下士
大夫	禄八倍下士
卿	禄三十二倍下士
国君	禄三百二十倍下士

不过孟子这个表与其说是替当时的统治者张目，毋宁说是制裁他们，因为他们实际的享受决不止此。这时小至一个县令，身死以后，子孙也能累世乘车呢！

与孟子同时有一位楚人许行，他托为神农（神话中发明耕稼的圣帝）之言，提倡统治者和被统治者在经济上的绝对平等。他以为国君应当废掉府库，“与民并耕而食”。又主张用政府的力量规定物价：“布帛长短同则价相若，麻缕丝絮轻重同则价相若，五谷多寡同则价相若，屦大小同则价相若”；如此则“市价不二，国中无伪”，同时也再没人肯费力去制造华美的东西，奢侈不禁自绝了。

许行闻得滕国（齐、楚间小国）新即位的文公要行仁政，便率领弟子数十人来到滕都。他们虽受文公的礼遇，还穿着短衣，织席出卖以为生活。同时在宋国的儒者陈相，也受文公的吸引，和兄弟陈辛，肩着耒耜，走来滕国。他们听到许行的教说，立即把旧时所学的“周公仲尼之道”抛弃，而变成许行的信徒。这时孟子恰在滕国。有一天陈相去看他，彼此间不免有一番论战。孟子提出分工的道理来，说道：做各种手艺的人，要精于所业，不能同时耕种，难道治天下的人就可以同时耕种了吗？“故曰：或劳心，或劳力；劳心者治人，劳力者治于人；治于人者食（供养）人，治人者食于人，天下之通义也”。这自然是再对没有的。从孟子书中的记载看来，陈相也好像被他长江大河的辞令驳得哑口无言。不过就许行的根本主张推论，治人者即使不能“与民并耕而食”，“禄足以代其耕”也就可以了。凭什么理由，他们应当享受三十二倍甚至三百二十倍于平民？凭什么理由，他们的子孙应当世世受着人民的供养？这是孟子所无暇计及的。这一点的忽略判定儒墨的荣枯。

不过孟子虽然承认世禄的贵族阶级，却怀疑天子世袭制度的合理。他设想一个德智兼全的圣人在天子之位，到了年老，则预选一个年纪较少的圣人，试使为相；如果这人的成绩彰著，便“荐之于天”，以为将来自己的替代者。老圣人死，少圣人便依法继位，这即后世所谓“禅让”制度。怎知道新君是被天所接受呢？天意是不可知的。但“天视自我民视，天听自我民听”。如果民心归附新君，即是天以天下与之。孟子相信，从前尧之于舜和舜之于禹，都实行禅让的办法。所以他谈到政治，必称尧舜。但他已认禅让之变为世袭是“莫之为而为之者，天也”。禅让似乎只是他憧憬中的理想而非认为必须实现的制度。

孟子虽然拥护统治者的若干特权，毕竟认定政府存在的唯一理由，是人民利益的保障。他说“民为贵，社稷次之，君为轻”。他对于民生问题，也有比墨子更具体的改革方案。

依孟子的理想，每国的“国中”（首都和它的附近）和“野”（“国中”以外的地方）应有不同的制度。于“野”，每方里（九百亩）的田土为一单位。这一单位分为九格，成井字形。旁边的八格，分给八家，叫做“私田”；中间的一格由政府保留，叫做“公田”。八家除了各耕私田外，同时合耕公田。“公事毕然后敢治私事”。私田的出产完全归各私家，公田的出产则拿去充有职或无职的贵族的俸禄。此外农民更不须纳什么租税，出什么力役。这是孟子所谓“九一而助”的办法，也就是后世许多儒者所憧憬着的“井田”制度。至于“国中”的办法，孟子书中的记载不大清楚，也许有点残缺，现在不必费神去推敲。总之，在这里，减轻赋役和平均土地分配的精神是和助法一致的。

在这种经济组织之下，人民可以“养生丧死无憾”了，但“养生丧死无憾”孟子只认为是“王道之始”。

什么是“王道之终”呢？那是用政府的力量，普及教育，使人人得而发展“人之所以异于禽兽”的特性。教育，在孟子以前是贵族的专利和其他少数人的幸运，把它普及于一般人，那是孟子的新要求，那是他指给后来的历史的新路。

再者，什么是“人之所以异于禽兽”的特性呢？

在孟子时代，一个新问题开始流行于思想界，那就是人性善恶的问题。所谓人性，是人人生来就有的品质。在这场争论中孟子是主张性善的。他以为人人生来就有仁、义、礼、智的趋势——“端”。所谓“仁之端”即对他人苦难的同情；所谓“义之端”即对不义事的羞恶；所谓“智之端”即辨别是非的能力；所谓“礼之端”即辞让的心情。孟子以为这四端“人之所不虑（思虑）而知……不学而能”的，也就是“人之所以异于禽兽”的。用全力去发展这四端，便是他所谓尽性。“尽性”的修养积之既久，人们便会仿佛感觉着自己的心中充满了一种“浩然之气”，“其为气也，至大至刚……塞乎天地之间”。具有这种气概的人“富贵不能淫，贫贱不能移，威武不能屈”。这便是孟子所谓“大丈夫”。做到这样的大丈夫才是人生的最高的目的。

这里可以附带讲一位不知名的政治思想家，即《周官》（亦称《周礼》）的作者。他无疑地是战国时人，但属于战国的那一期和那一国则不可知。我把他附在孟子之后，因为他的政治理想，在基本观念上是与孟子一致的；在细节上也有许多地方和孟子相同。儒家讲政治都是大体上拥护周朝的制度，即封建的组织，而在这躯壳内，提高人民的地位，改善人民的生活，发展人民的教育。孔子如此，孟子也是如此，《周官》的作者也是如此。但在实施的办法上，则孟子讲得比孔子更精详，《周官》的作者讲得比孟子更精详。从思想发展的自然趋势看来，我推测《周官》的作者的时代当在孟子之后，而且是受到孟子的影响的。

《周官》的作者是一大学者，他似乎曾尽当时所能得到的文献对周制做过一番研究功夫。《周官》一书是他对周制的知识和他的社会理想交织而成的。这里不打算给这部书作一提要，只将其中若干进步的理想摘述于下。

（一）孟子以为政治当顺民意，《周官》的作者亦然。他主张国家遇着三种时机，应当把全国的人民（他理想中一个政府所直接统治最大范围是王畿，不过一千里见方）召齐来征询他们的意见。那三种时机，一是国家危急，二是迁都，三是君位的继承有了问题（大约是君死而无嫡子）。

（二）孟子于“国中”和“野”提出不同的平均地权的制度，《周官》的作者亦然。他主张把“郊”（相当于孟子所谓“国中”）的田地分为三等：上等是最饶沃而无须采用轮耕法的；中等是须用轮耕法而每耕一年之后须休歇一年的；下等是每耕一年之后须休歇两年的。上田每家给予一百亩，次田每家给予二百亩，下田每家给予三百亩。于“野”不行轮耕法而按照另外的标准把田分为三等。上田，每夫（即成年的男子）给予一百亩，另外荒地五十亩；次田，每夫给予一百亩，另外荒地一百亩；下田，每夫给予一百亩，另外荒地二百亩。

（三）孟子鄙视垄断的“贱丈夫”，《周官》的作者亦然，但他更想出由国家节制资本的具体办法。他主张遇天灾时和遇因季候关系而物产稀少时，禁止抬高物价。又主张国家设泉府一官，遇货物滞销，由泉府收买，待其价格升涨时，照原价卖于消费者。惟人民买泉府物时须得地方官吏保证，以防其转卖。这一来商人便无法贱买贵卖囤积居奇了。他又主张人民可以向泉府赊贷而纳很轻的利息。这一来富人便无法重利盘剥贫民了。

（四）孟子心目中的“王政”是要使普天之下无一人不得其所，

甚至“内无怨女，外无旷夫”。《周官》于政府之社会救济的事业更有详细的规定，像荒政，像老弱孤寡的给养，不用说了。最可注意的是其中“医师”和“媒氏”两职。医师属下有许多内科和外科的官医，人民有病，由官医免费疗治。医师于每年年底统计官医的成绩，分别等第而加惩奖。每遇有病死的人，官医须记录其证候，送交医师。媒氏掌管人民的婚姻，他登记国内成年而无偶的男女给他们配合。每年二月他下令叫人民婚嫁，在这一月内，成年的男女可不经父母之命媒妁之言而自由配合。

（五）在教育方面，《周官》的作者的思想比孟子落后。在《周官》里，贵族子弟的教育是有特设的官职（保氏）和机关掌管的，但像孟子理想中为平民子弟而设的“庠、序”却没有。在郊的区域，政教合一，地方官同时就是人民的教师。但在野的区域里，则除了军事训练外政府不管人民的教育，地方官也无教育的职责。若不是作者有重内轻外的见解，便是认为“野人”是根本不可教的了。至于郊的区域里，教育实施的办法大略有四种。一是“读法”。每年内，不同等级的地方官，在不同的时节和不同的典礼中召集属下的人民读法。《周官》里所谓法比我们现在所谓法意义更广，它包括许多现在不属于法律范围的道德规条。二是训诫和赏罚。人民有违法纪而罪非甚重的，由执法的官吏召来训诫，经过若干次训诫无效，便加惩罚。品行优良的由地方官吏登记呈报，供政府选择任用。三是教导礼仪。党正（每五百家为一党，其长名党正）遇党内有祭祀、婚丧、宴饮等事，便去教导和纠正礼仪。四是会猎。各地的壮丁，每季聚齐举行田猎一次，由官吏率领。在猎事前后受武艺和战阵的训练。《周官》的教育理想是以六德六行六艺教万民（野人不在内）。所谓六德乃“智、仁、圣、义、中、和”；所谓六行乃“孝、友（亲于兄弟）、睦（亲于同族）、姻（亲于戚属）、任（信于朋友）、恤（救助贫乏）”；所谓六艺是“礼、乐、射、御、书、数”。作者更特别注重中、和和礼、乐。他说“礼以教中，乐以教和”。

第五节　杨朱陈仲庄周惠施老子

孟子攻击最力的论敌是墨翟和杨朱。据他说，当时“杨朱墨翟之言盈天下；天下之言，不归杨则归墨”。

杨朱据说见过魏惠王，大约是孟子的前辈，他的学说虽曾煊赫一时，他的事迹，却无传于后，他即使有著述，汉以后已亡佚。我们只能从战国人的称引中，窥见他的学说的一鳞一爪。与墨子的兼爱相针对的，他提倡“为我”（用现在的话说即自私），以为人生的最高目的，应当是各求自己舒适地生活下去——不放纵，也不吃苦，为达到这目的，人们应当“不入危城，不处军旅，不以天下大利易其一胫毛”。杨朱以为倘若人人能如此，天下便太平了。这种思想，无疑是一向独善其身的隐者给自己的生活的辩护。

稍后于杨朱而与孟子同辈的著名隐者有陈仲和庄周。

陈仲本是齐国的贵族。他的两个胞兄都食禄万钟。他却提倡“不恃人而食”的新道德；以为他们的禄是不义的禄，不肯食；以为他们的房屋是不义的房屋，不肯住。他带着妻室，避兄离母，另立家庭。他让妻缉练麻丝，自己织麻鞋出卖，以为生活。一日，他回旧家省母，适值有人送了鹅来，他厌恶道：要这鶂鶂的东西做甚？后来他的母亲瞒着他宰了那鹅给他吃。正吃时，他的一个兄长走来说道，这就是那鶂鶂的东西的肉啦。陈仲立即走到门外把它呕出来。他所实行的新道德，据说是“持之有故，言之成理”的，并且他的理论是很能“惑众”的，可惜其详现在不可得知了。

庄周，宋人，和主使齐魏称王的惠施同国籍，并且是很要好的朋友。但庄子却不乐仕进，仅做过本乡蒙邑的漆园吏。据说楚王有一次派人去聘他为相。他问来使道：“听说楚王有一只神龟，死去三千多年了。楚王把他藏在巾笥里。这只龟宁愿死了留下骨头受人珍贵呢？宁愿活着在烂泥里拖尾巴呢？”来使答道：“宁愿活着在烂泥里拖尾巴。”庄子便说：“去吧！我要在烂泥里拖尾巴呢。”庄子善用恢奇的譬喻解说玄妙的道理。他的著作是哲学和文学的结合。论其想象的瑰丽和情思的飘逸，只有稍后的楚国大诗人，《离骚》的作者屈原，可以和他比拟。他以为理想中的“至人”——那泯视了生死、寿夭、成败、得失、是非、毁誉的差别，超脱了世间一切欲好的束缚，一切喜怒哀乐的萦扰，看得自己与天地万物合为一体，不知有“我”与“非我”相对立的“至人”——他以为这样的“至人”较之背像泰山，翼像遮天的云，乘着海风直上九万里，激水三千里，一飞要六个月才歇息的大鹏还更逍遥自在；至于一般萦萦扰扰的俗人则比于那些被榆枋撞倒在地上的蜩雀。他把当世思想界纷呶的辩论，比于飓风起时万窍的声响：发自崔嵬的岩壑，发自百围大树的窟窿，像鼻、像口、像耳、像瓶罍、像杯棬、像舂臼、像深池或像浅池的，吼的、号的、叱的、吸的、叫的、笑的、嗷嗷的、吁吁的、嘻嘻的，为态虽百殊，都是自然而然并且不得不然的天籁，都无是非曲直之可计较。

庄子在当世的思想家中最推重惠施，在过去的思想家中最推重老子。

惠施是战国初中期之交思想界里一颗彗星。整个战国时代的思辨力集中在人事界——在社会改造，战争的消灭，一切世间苦的解除，只有惠施曾把玄想驰骋到自然界上，据说他曾“遍为万物说，说而不休，多而无已，犹以为寡，益之以怪”；有人问他“天地所以不坠不陷（及）风雨雷霆之故”，他“不辞而应，不虑而对”。在社会思想上他有“去尊”之说，即废除尊卑的差别的主张，可惜其详不可得而考了。他著的书据说有五车之多，那时书用竹简写，一车的书未必抵得过现在一厚册。然而他的著作之富可说是前无古人了。可惜这五车的书只传下短短的十句话，至今哲学史家还不能尽解。

老聃传说是楚人，姓李名耳，做过周室的守藏史。传说孔子在中年曾往周都向他问礼，又现存的《老子》五千言相传就是他的遗著。不过老聃既然是这样一个名人，《老子》书又真是他所作，那么书中最露骨的主张，像“绝圣弃知”“绝仁弃义”之类，和孔、墨的学说都根本不相容的，不应在孔、墨时代的一个半世纪中，绝无人称引或批评的，而且书中所泄露的社会背景，像“万乘之国”“取天下”等话，决非孔子时代所有。因此好些史家都不相信《老子》书是孔子同时的老聃所作。但在战国晚期，这书中所具的学说已成为显学，而书中的话屡为《庄子》所引，那么这学说当有一部分产生于庄周著书之前，也许有一部分是承袭孔子同时的老聃的。我们不能起古人于地下，只好以这样不确定的结论自足了。

世界上再没有五千字比《老子》书涵义更富，影响更大的了。它阐明“物极必反”、“福兮祸所伏”的原则；教人谦卑逊让，知足寡欲；教人创造而不占有，成功而不自居；教人将取先与，以退为进，以柔制刚，以弱胜强。以为文明是人类苦痛和罪恶的源泉，要绝弃知识，废除文字，而恢复结绳记事的老法，废弃舟车和一切节省人力的利器，让“邻国相望，鸡犬之声相闻，民至老死不相往来”。在政治上它主张统治者但摆个样子，一切听人民自便，不加干涉，像大自然之于万物一般。这便是它所谓“无为”。它否认有一个世界的主宰者，以为宇宙间的事物都是循着一定的法则，自然而然。它提出一个无形无质，不动不变，不可摹状，“玄之又玄”的“道”，以为天地万物的原始。《老子》书的作者和庄子都喜欢讲这个“道”，因此后人称他们为道家。庄子和他一派的学者都喜欢借神话中的黄帝的口吻来发表自己的思想，因此后人有“黄老”之称。

第六节　邹衍荀卿韩非

像众川到了下游，渐渐汇合入海，战国的思想到了末期有一显著的趋势，是混合。例如以儒家为主，而兼采墨、道的有荀卿；集法家各派的大成的有韩非。最后秦相吕不韦命众门客合纂了一部《吕氏春秋》，那简直是当时的流行思想的杂货店。今以荀卿、韩非及荀卿的同时人邹衍为主，略述这一期思想界的大势。

（一）邹衍，齐人，据说做过燕昭王师，死于长平之战以后。他的著作有十余万言，可惜都已亡佚。邹衍的学说，现在所留传的有“大九州说”和“五德终始说”。邹衍以前的学者想象全世界是一块大陆，四围是海，海尽处与天相接；当时的中国（包括七雄和若干小国）几乎就是这大陆的全部；这大陆相传曾经夏禹划分为九州。邹衍却以为“儒者所谓中国者，于天下乃八十一分居其一分耳。中国名曰赤县神州。赤县神州内自有九州，禹之序九州是也……中国外如赤县神州者九……（各）有裨海环之，人民禽兽莫能相通。……乃有大瀛海环其（大九州）外，天地之际焉”。这便是大九州之说。（约略同时又有一种关于世界的想象，以为“凡四海之内，东西二万八千里，南北二万六千里。……凡四极之内，东西五亿[十万]有九万七千里，南北亦五亿有九万七千里。”说见《吕氏春秋》。）邹衍以前又有一种流行的思想，叫做五行说。五行说的出发点是认为万物皆由金木水火土五种原素构成，叫做五行。世间事物大抵可以凑成五项一组，和五行相配，如五色、五音、五味、五方等等。遇着不够五项的事物便割裂足数，例如在四季里分出季夏凑够五时。各组中的任何一项和五行中与它相当的某项之间，有一种神秘的关系。例如五时中的春季和五色中的青同是和五行中的木相配的，所以帝王在春季要穿青色的衣服才吉利，这是五行的迷信的基本方式。当时的儒者又以为一年之中五行的势力轮流当盛。在某行当盛时，帝王除了须穿颜色与它相配的衣服外还有许多应做和不应做的事项：例如仲春应当行庆施惠，禁止伐木覆巢，不应当出兵。凡帝王在一年各时中应做和不应做的事项曾被列成时间表，叫做“月令”。邹衍更把“月令”的思想推广，以为自从“天地剖判”以来的历史也是给五行的势力，即所谓“五德”轮流地支配着。在某德轮值的时代须有某种特殊的服色、某种特殊的制度（关于正朔、数度和礼乐的制度）和某种特殊的政治精神，和它相配。例如周属火德，故色尚赤。某德既衰，继兴的一德，必定是与前相克的；例如水克火，故水德继火德。两德交替的时间，照例有些和新德相应的符瑞出现，符瑞所在，便是新时代的主人的所在。例如周文王时，有赤鸟衔着丹书，落在周社。（月令和五德终始的思想，《周官》中无之，可见此书似作于邹衍之前。）

到邹衍时代，群龙无首的局面，已经历五百多年了。悯世的哲人都在盼望统一“偃兵”；苦命的民众都在盼望“真命天子”出现。邹衍的五德说正好给将兴起的新朝以制造符命的方法。这一系统应时的迷信，以著名夸诞的齐国做中心，不久便掩盖全国；而荀卿一派儒者所提倡的严肃的理智态度，竟被撇到历史的暗角里去了。

（二）荀子（名况，字卿），当孟子做齐国的客卿时，以一个俊秀的少年游学稷下，但及见湣王之死和长平之战，约略和邹衍并世。

孟荀是儒家中两位齐名的大师。他们同是孔子的崇拜者；同以周制的拥护者自命；同鼓吹省刑罚、薄税敛和息战争的“王政”。但这些同点并不能掩蔽他们间若干根本的差异。孟子的性格是豪放，粗阔的；荀子却是谨饬，细密的。这种差别从他们的文章也可以看得出，在他们的学说上更为显著。孟子相信人性是善的，以为只要让他顺着自然的趋向发展，不加阻碍，他便会走上正路。所以在个人的修养上，孟子注重内蕴的扩充，而不注重外表的抑制和典型的模仿；注重“先立乎其大者”，先握定根本的原则，而不注重枝节点滴的训练。在政治上，孟子注重在上者的感化和民众的教育，而不注重礼制的束缚。荀子则正正相反。他认定人性是恶的；若让人们顺着自然的趋向做去，结果只有争夺，暴乱；自然的人好比野兽，要靠礼制的练索把他捆住，才不致噬人；要靠日积月累地养成守礼的习惯，才会消除兽性。“礼”，——这个名词荀卿从未曾给过明晰确定的界说，大约包括所有传统的仪节，传统的行为轨范和一些他所认为合理的社会制度，尤其是规定贵贱、尊卑、贫富等阶级“身份”的制度——在荀卿看来，是一种社会的万应药。“人之命在天，国之命在礼”。

不过人性既然是恶的，那些改变人性而强人为善的“礼”却是怎样产生的？荀子以为人虽有恶性，同时也有教他趋乐避苦、趋利避害的智力。人们的智力不齐，智力最高的便是圣人。“礼”，是圣人为着人类的福利而创造出来的，人们要生存不能不分工互助，不能没有“群”（社会）。但人们若顺着本性做去，则任何人都是其他任何人的仇敌，根本不能有“群”。圣人造出种种礼制就是要使人们相让相安，使“群”成为可能。以人类的福利为礼制的根据，这是荀子本自墨家的地方。

荀子又承袭道家之说，以为宇宙间一切事变都循着永恒的法则。没有天意的主宰，没有妖祥的征兆。但不像道家的委心任命，他觉得正唯自然有固定的法则，人类可以利用这些法则去战胜自然。他又以为一切人为的法则，即一切礼制，也如自然的法则一般，适用于过去的必定适用于现在和将来。这是他拥护“周道”的论据，也是他反对法家因时变法说的论据。他绝不能想象同样的礼制在不同的生活环境里，可以有绝对不同的效果。

在一切的礼制中，荀卿特别注重贵贱贫富的阶级的差别。他以为若没有这种差别，社会秩序是不能维持的。他说：“两贵之不能相事，两贱之不能相使，是天数也。势位齐而欲恶同，物不能赡（供给），则必争，争则必乱。……先王恶其乱也，故制礼义以分之，使有贫富贵贱之等。足以相兼临者，是养天下之本也。”这就是说，人们天生是这样坏，若没有一种势力在上面镇压着，则除了所欲皆遂的人，个个都会做强盗。要维持这种镇压的势力，不能不设立一个特别贵和特别富的阶级。这是荀卿对许行的“神农之言”和惠施的“去尊”（废除尊卑的差别）说的总答复。这是荀卿对于传统制度的拥护比孟子更要细密的地方。

荀卿的礼治和法家的法治相差只这一间：礼制的维持毕竟靠风气和习惯的养成重于靠刑罚和庆赏的迫诱，而法家的行法则专靠刑罚和庆赏的迫诱而无暇顾及风气和习惯的养成。但荀卿的礼和法家的法有这一点根本的相同，它们对于个人都是一种外来的箝制，他只有服从的义务，没有选择的余地，没有怀疑和批评的自由。荀卿的思想和法家这样接近，他的门徒中出了一个集法家理论之大成的韩非和一个佐秦始皇实行法家政策的李斯，决不是偶然的。

（三）在讲到韩非（韩国的公子，名非）之前，对于法家，得补一笔。法家和其他一切学派有一根本异点。别家讲政治总是站在人民的一边，替全天下打算。法家则专替君主打算，即使顾及人民也是为着君主的利益。这是无足怪的。法家的职业本来是替君主做参谋。一个君主的利益没有大得过提高威权和富强本国；而且这些越快实现越好，至少要使他及身看见成功。这个问题，韩非把握得最紧，解答得最圆满。

韩非以前的法家有三派。其一重“术”，以在战国中期相韩昭侯的“郑之贱臣”申不害为宗。所谓“术”，即人主操纵臣下的阴谋，那些声色不露而辨别忠奸，赏罚莫测而切中事实的妙算。其二重“法”，以和申不害同时的商鞅为宗。他的特殊政略是以严刑厚赏来推行法令，使凡奉法遵令的人无或缺赏，凡犯法违令的人无所逃罚。其三重“势”，以和孟子同时的赵人慎到为宗。所谓势即是威权。这一派要把政府的威权尽量扩大而且集中在人主手里，使他成为恐怖的对象，好镇压臣下。这三派的注意点，韩非兼容并顾，故此说他集法家的大成。

韩非对于当世的君主有大旨如下的劝告：你们国弱的不是想强，国强的不是想更强，甚至用武力统一天下吗？这是无可非议的。不过大部分你们所采的手段，尤其是你们所认为最贤明的手段，尤其是儒家所进献的手段，若不是和你们的目的相反，便是离你们的目的很远。儒家（墨家也一样）不是教你们用贤人治国吗？你们试伸手一数，国内真正的贤人有几？可数得满十只手指？但国内重要的官吏至少有一百。你们再等一辈子也找不到这么多贤人的。不要把心放在贤人上！不要怕人不忠，怕人作弊，要设法使人不能不忠，不敢作弊！我老师荀卿说得好，人天生是坏，天生贪利怕祸的。只要出可靠的重赏，什么事也有人替你们做到。只要布置着无可逃避的重刑，什么弊也可以禁绝。但注意，刑法不独要重，而且要使人无可逃避。无论怎样精细的网，若有了漏洞，就捉不到鱼！其次儒家不是教你要爱民而且博得人民的爱戴吗？这于你们有什好处？你们爱民，极其量不过如父母爱子，但顽劣的儿子，父母动不了他毫毛的，一个小小的县吏带着练索去拿人，就可以使他妥妥帖帖。要使人民服从，与其用爱，不如用威。而且人民的爱戴是靠不住的。能爱人者亦能恶人。你们若把自己的命运放在人民的爱戴上，一旦他们不爱戴了，又怎办？其次，那班满口禹、汤、尧、舜或神农、黄帝，以“是古非今”为高的“文学游说之士”，和那般成群结党以逞勇犯禁为义的剑击游侠之徒，不是世人所敬仰，而你们也敬仰着，甚至供养着的吗？这两色人到底于你们有什么用处呢？你们所需要的，第一是出死力打仗的兵士，第二是供给兵士以粮食的农民，现在说士和游侠既不替你们打仗，又不替你们耕田，都享着荣誉或富贵，而兵士和农民却处在社会的最下层，战士的遗孤甚至在路边行乞！“所利非所用，所用非所利”，这是再颠倒没有的了。何况说士和游侠，对于你们，不独无用，而且有害！游侠以行为破坏你们的法令，说士以议论破坏你们的法令。他们都是要于法令之外，另立是非的标准。他们的标准行，你们的威严便扫地。再可恶不过的是说士们称引先王批评时政。臣之尊君至少应当比得上子之尊父。设想一个儿子成日价对自己的父亲赞别人的父亲怎样晏眠早起，勤力生财，怎样缩食节衣，鞠养儿女，这对于自己的父亲，是怎样的侮谩。这种侮谩，明主是不受的。所以“明主之国，无书简之文，以法为教；无先王之语，以吏为师”。

韩非著的书，传到秦国，秦王嬴政读了，叹道：“寡人得见此人与之游，死不恨矣！”

第七章

秦始皇与秦帝国

第一节　吕不韦与嬴政

秦皇扫六合，虎视何雄哉！
飞剑决浮云，诸侯尽西来。
明断自天启，大略驾群才。
收兵铸金人，函谷正东开。
铭功会稽岭，骋望琅琊台。
刑徒七十万，起土骊山隈。
尚采不死药，茫然使心哀！
连弩射海鱼，长鲸正崔嵬。
额鼻像五岳，扬波喷云雷。
鬐鬣蔽青天，何由睹蓬莱？
徐市载秦女，楼船几时回？
但见三泉下，金棺葬寒灰！

（李白《古风》之一）

这首壮丽的诗是一个掀天揭地的巨灵的最好速写。这巨灵的来历，说来话长。

当长平之战前不久，有一个秦国王孙，名子楚的，被“质”在赵。他是太子安国君所生，却非嫡出，他的母亲又不得宠。因此赵人待他很冷薄，他连王孙的排场也苦于维持不住。但是阳翟（韩地）大贾吕不韦在邯郸做买卖，一看见他，便认为是“奇货可居”。

不韦见子楚，说道：“我能光大你的门庭。”子楚笑道：“你还是去光大自己的门庭罢！却来光大我的！”不韦说：“你有所不知，我的门庭要等你的来光大。”子楚明白，便和他商量两家光大门庭的办法。原来安国君最爱幸的华阳夫人没有生育的希望，安国君还没有立嗣。不韦一面献上巨款，给子楚结交宾客，沽钓声名；一面辇了巨款，亲到秦国，替他运动。不久华阳夫人便收到许多子楚孝敬的珍宝，不久她便时常听到人称赞子楚的贤能，不久她的姊姊便走来替她的前途忧虑，大意说道：“妹妹现在是得意极了。但可曾想到色衰爱弛的一天？到时有谁可倚靠！就算太子爱你到老，他百岁之后，继位的儿子，要和自己母亲吐气，你的日子就不好过。子楚对你的孝顺，却是少有的。何不趁如今在太子跟前能够说话的时候，把他提拔，将来他感恩图报，还不是同自己的儿子一般？”华阳夫人一点头，子楚的幸运便决定。

不韦回到邯郸时，子楚已成了正式的王太孙。不韦也被任为他的师傅。他们成功之后，不免用美人醇酒来庆祝一番。邯郸在战国以美女著名。不韦的爱姬，尤其是邯郸美女的上选，妙擅歌舞。有次她也出来奉酒，子楚一见倾心，便要不韦把她相让。不韦气得要死，但一想过去的破费和将来的利益，只得忍气答应。赵姬既归子楚，不到一年（正当长平之战后一年），产了一子，即是后来做秦王和秦始皇帝的嬴政。当时传说，赵姬离吕家之时，已经孕了嬴政。但看后来不韦所受嬴政的待遇，这传说多半是谣言。

嬴政于前二四六年即王位，才十三岁。这时不韦是食邑十万户的文信侯，位居相国；他从前的爱妾，已做了太后，并且和他私续旧欢。不韦的权势可以想象。他的政治野心不小，他招贤礼士，养客三千，打算在自己手中完成统一的大业。但嬴政却不是甘心做傀儡的。他即位第九年，太后的姘夫嫪毐在咸阳反叛，他用神速的手段戡定了乱事以后，乘机把太后的政权完全褫夺；并且株连到吕不韦，将他免职，逐归本封的洛阳，过了两年，又把他贬到蜀郡。在忧忿夹攻之下，不韦服毒自杀。

不韦以韩人而执秦政，他所客养和援用的又多三晋人，和他结交的太后又是赵女。这种“非我族类”的势力是秦人所嫉忌的。不韦罢相的一年（秦王政十年），适值“郑国渠”事件发生，更增加秦人对外客的疑惧。郑国也是韩人，为有名的水利工程师。韩廷见亡国的大祸迫在眉睫，派他往秦，劝秦廷开凿一条沟通泾水和洛水的大渠，借此消磨秦的民力，延缓它的对外侵略。这渠才凿了一半，郑国的阴谋泄露。其后嬴政虽然听了郑国的话，知道这渠也是秦国的大利，把它完成，结果溉田四万多顷，秦国更加富强；但郑国阴谋的发现，使秦宗室对于游宦的外客振振有词。嬴政于是下了有名的“逐客令”，厉行搜索，要把外籍的游士统统赶走。这命令因为李斯的劝谏而取消。但不韦自杀后，嬴政到底把所有送他丧的三晋门客驱逐出境。可见逐客令是和不韦有关的，也可见不韦的坍台是和种族之见有关的。

第二节　六国混一

嬴政既打倒了吕不韦，收揽了秦国的大权，便开始图谋六国。这时，六国早已各自消失了单独抗秦的力量。不过它们的合从还足以祸秦。嬴政即位的第六年，秦国还吃了三晋和卫、楚的联军一次亏，当时大梁人尉缭也看到的，假如六国的君主稍有智慧，嬴政一不小心，会遭遇智伯、夫差和齐湣王的命运也未可知。但尉缭不见用于祖国，走到咸阳，劝嬴政道：“愿大王不要爱惜财物，派人贿赂列国的大臣，来破坏他们本国的计谋，不过化三十万金，六王可以尽虏。”嬴政果然采纳了这策略。此后六国果然再不费一矢相助而静待嬴政逐个解决。

首先对秦屈服，希望以屈服代替牺牲，而首先受牺牲的是韩。秦王政十四年，韩王安为李斯所诱，对秦献玺称臣，并献南阳地。十七年秦的南阳守将举兵入新郑，虏韩王，灭其国。李斯赴韩之前，韩王派了著名的公子韩非入秦，谋纾国难，嬴政留非，想重用他。但不久听了李斯和另一位大臣的谗言，又把他下狱。口吃的韩非有冤没处诉，终于给李斯毒死在狱中。

韩亡后九年之间，嬴政以迅雷烈风的力量，一意东征，先后把其余的五国灭了。这五国的君主，连够得上说抵抗的招架也没有，鸡犬似的一一被缚到咸阳。只有侠士荆轲，曾替燕国演过一出壮烈的悲剧。

秦王政十九年，赵国既灭，他亲到邯郸，活埋了所有旧时母家的仇人；次年回到咸阳，有燕国使臣荆轲卑辞求觐，说要进献秦国逃将樊於期的首级和燕国最膏腴的地域督亢的地图。献图的意思就是要纳地。秦王大喜，穿上朝服，排起仪仗，立即传见。荆轲捧着头函，副使秦舞阳捧着地图匣以次上殿。秦舞阳忽然股栗色变，廷臣惊怪，荆轲笑瞧了舞阳，上前解释道："北番蛮夷的鄙人，未曾见过天子，所以惶恐失措，伏望大王包容，俾得完成使事。"秦王索阅地图，荆轲取了呈上。地图展到尽处，匕首出现！荆轲左手把着秦王的袖，右手抢过匕首，就猛力刺去，但没有刺到身上，秦王已断袖走开。秦王拔剑，但剑长鞘紧，急猝拔不出，荆轲追他，两人绕柱而走。秦廷的规矩，殿上侍从的人，不许带兵器，殿下的卫士，非奉旨不许上殿。秦王忙乱中没有想到殿下的卫士，殿上的文臣那里是荆轲的敌手。秦王失了魂似的只是绕着柱走。最后，侍臣们大声提醒了他，把剑从背后顺力拔出，砍断了荆轲的左腿。荆轲便将匕首向他掷去，不中，中铜柱。这匕首是用毒药炼过的，微伤可以致命。荆轲受了八创，已知绝望，倚柱狂笑，笑了又骂，结果被肢解了。

风萧萧兮易水寒，
壮士一去兮不复还！

这是荆轲离开燕国之前，在易水边的别筵上，当着满座白衣冠的送客，最后唱的歌，也可以做他的挽歌。

荆轲死后六年（前二二一年），当秦王政在位的第二十六年而六国尽灭。于是秦王政以一道冠冕堂皇的诏令，收结五个半世纪的混战局面，同时宣告新帝国的成立。那诏书道：

> ……异日韩王纳地效玺，请为藩臣。寡人以为善，庶几息兵革。已而倍约，与赵、魏合从畔秦，故兴兵诛之，虏其王。赵王使其相李牧来约盟，故归其质子。已而倍盟，反我太原，故兴兵诛之，得其王。赵公子嘉乃自立为代王，故举兵击灭之。魏王始约服入秦。已而与韩、赵谋袭秦，秦兵吏诛，遂破之。荆王献青阳以西，已而畔约，击我南郡，故发兵诛，得其王，遂定其荆地。燕王昏乱，其太子丹乃阴令荆轲为贼，兵吏诛，灭其国。齐王用后胜计，绝秦使，欲为乱，兵吏诛，虏其王，平齐地。

所有六国的罪状，除燕国的外，都是制造的。诏书继续说道：

> 寡人以眇眇之身，兴兵诛暴乱，赖宗庙之灵，六王咸伏其辜，天下大定。今名号不更，无以称成功，传后世。其议帝号。……

在睥睨古今，踌躇满志之余，嬴政觉得一切旧有的君主称号都不适用了。

战国以前，人主最高的尊号是王，天神最高的尊号是帝。自从诸侯称王后，王已失了最高的地位，于是把帝拉下来代替，而别以本有光大之义的“皇”字称最高的天神。但自从东西帝之议起，帝在人间，又失去最高的地位了。很自然的办法，是把皇字挪下来。秦国的神话里有天皇、地皇、泰皇，而泰皇为最贵。于是李斯等上尊号作泰皇。但嬴政不喜欢这旧套，把泰字除去，添上帝字，合成“皇帝”；又废除周代通行的谥法（于君主死后，按其行为，追加名号，有褒有贬的），自称为“始皇帝”，预定后世计数为二世皇帝，三世皇帝，“至于万世，传之无穷”。

同时始皇又接受了邹衍的学说，以为周属火德，秦代周，应当属克火的水德；因为五色中和水相配的是黑色，于是把礼服和旌旗皆用黑色；又因为四时中和水相配的是冬季，而冬季始自十月，于是改以十月为岁首。邹衍是相信政治的精神也随着五德而转移的。他的一些信徒认为与水德相配的政治应当是猛烈苛刻的政治，这正中始皇的心怀。

第三节　新帝国的经营

秦自变法以来，侵略所得的土地，大抵直隶君主，大的置郡，小的置县，郡县的长官都非世职，也无世禄。始皇沿着成例，每灭一国，便分置若干郡。而秦变法以来新设的少数封区，自从嫪毐和吕不韦的诛窜已完全消灭，既吞并了六国，秦遂成为一个纯粹郡县式的大帝国。当这帝国成立之初，丞相绾主张仿周朝的办法于燕、齐、楚等僻远的地方，分封皇子，以便镇慑，但他的提议给李斯打消了。于是始皇分全国为三十六郡，每郡置守，掌民政；置尉，掌兵事；置监御史，掌监察。这种制度是仿效中央政府的。当时朝里掌民政的最高官吏有丞相，掌兵事的最高官吏有太尉，掌监察的最高官吏有御史大夫。

这三十六郡的名称和地位是现今史家还没有完全解决的问题。大概地说，秦在开国初的境域，北边包括今辽宁的南部，河北、山西及绥远、宁夏两省的南部；西边包括甘肃和四川两省的大部分；南边包括湖南、江西和福建；东以福建至辽东的海岸为界。从前臣服于燕的朝鲜，也成为秦的藩属。此外西北和西南边外的蛮夷君长称臣于秦的还不少。我们试回想姬周帝国初建时，西则邦畿之外，便是边陲，南则巴蜀、吴、楚皆属化外，沿海则有徐戎、淮夷、莱夷盘据，北则燕、晋已与戎狄杂处；而在这范围里，除了“邦畿千里”外，至少分立了一百三十以上的小国。我们拿这种情形和三十六郡一统的嬴秦帝国比较，便知道过去八九百年间，诸夏民族地盘的扩张和政治组织的进步了。峄山的始皇纪功石刻里说：

> 追念乱世，分土建邦，以开争理。攻战日作，流血于野。自泰古始，世无万数，陁及五帝，莫能禁止。乃今皇帝，壹家天下，兵不复起。灾害灭除，黔首康定，利泽长久。

这些话一点也没有过火。

在这幅员和组织都是空前的大帝国里，怎样永久维持皇室的统治权力，这是始皇灭六国后面对着的空前大问题，且看他如何解答。

帝国成立之初，始皇令全国“大酺”来庆祝（秦法平时是禁三人以上聚饮的）。当众人还在醉梦的时候，他突然宣布没收民间一切的兵器。没收所得，运到咸阳，铸成无数大钟和十二个各重一千石以上的“金人”，放在宫廷里。接着他又把全国最豪富的家族共十二万户强迫迁到咸阳，放在中央的监视之下。没有兵器，又没有钱财，人民怎能够作得起大乱来？

次年，始皇开始一件空前的大工程：建筑脉通全国的“驰道”，分两条干线，皆从咸阳出发，其一东达燕、齐，其一南达吴、楚。道宽五十步，道傍每隔三丈种一株青松，路身筑得坚而且厚，遇着容易崩坏的地段，并且打下铜桩。这宏大的工程，乃是始皇的军事计划的一部分。他灭六国后防死灰复燃，当然不让各国余剩的军队留存。但偌大的疆土若把秦国原有的军队处处分派驻守，则分不胜分。而且若分得薄，一旦事变猝起，还是不够应付；若分得厚，寖假会造成外重内轻的局面。始皇不但不肯采用重兵驻防的政策，并且把旧有六国的边城，除燕、赵北边的外，统统拆毁了。他让秦国原有的军队，依旧集中在秦国的本部，少数的地方兵只是警察的性质。驰道的建筑，为的是任何地方若有叛乱，中央军可以迅速赶到去平定。历来创业之主的军事布置没有比始皇更精明的了。（一八九六年李鸿章聘使欧洲，过德国，问军事于俾斯麦，他的劝告有云：“练兵更有一事须知：一国的军队不必分驻，宜驻中权，扼要地，无论何时何地，有需兵力，闻令即行，但行军的道路，当首先筹及。”这正是秦始皇所采的政策。）

武力的统制不够，还要加上文化的统制；物质的缴械不够，还要加上思想的缴械。始皇三十四年（始皇即帝位后不改元，其纪年通即王位以来计），韩非的愚民政策终于实现。先是始皇的朝廷里，养了七十多个儒生和学者，叫做博士。有一次某博士奉承了始皇一篇颂赞的大文章，始皇读了甚为高兴，另一位博士却上书责备作者的阿谀，并且是古非今地对于郡县制度有所批评。始皇征问李斯的意见。李斯覆奏道：

> 古者天下散乱，莫之能一。是以诸侯并作，语皆道古以害今，饰虚言以乱实，人善其所私学，以非上之所建立。今陛下并有天下，别白黑而定一尊。而私学乃相与非法教之制，闻令下，即各以其私学议之，入则心非，出则巷议，非主以为名，异趣以为高，率群下以造谤。如此不禁，则主势降乎上，党与成乎下。禁之便。臣请诸有文学《诗》《书》百家语者，蠲除去之。令到，满三十日弗去，黥为城旦（城旦者，旦起行治城，四岁刑）。所不去者，医药、卜筮、种树之书。若有欲学，以吏为师。

始皇轻轻地在奏牍上批了一个“可”字，便造成了千古叹恨的文化浩劫。

以上讲的是始皇内防反侧的办法。现在再看他外除边患的努力。

自从战国中期以来，为燕、赵、秦三国北方边患的有两个游牧民族，东胡和匈奴——总名为胡。东胡出没于今河北的北边和辽宁、热河一带，受它寇略的是燕、赵。匈奴出没于今察哈尔、绥远和山西、陕、甘的北边一带，燕、赵、秦并受它寇略。这两个民族，各包涵若干散漫的部落，还没有统一的政治组织。它们在战国中期以前的历史十分茫昧。它们和春秋时代各种名色的戎狄似是同一族类，但是否这些戎狄中某部分的后身，否则和各种戎狄间的亲谊是怎样，现在都无从稽考了。现在所知道秦以前的胡夏的关系史只有三个攘胡的人物的活动。第一个是和楚怀王同时的赵武灵王。他首先采用胡人的特长，来制胡人；首先脱却长裙拖地的国装，而穿上短衣露袴的胡服，以便学习骑战。他领着新练的劲旅，向沿边的匈奴部落进攻，把国土向西北拓展；在新边界上，筑了一道长城，从察哈尔的蔚县东北（代）至河套的西北角外（高阙）；并且沿边设了代、雁门和云中三郡。第二个攘胡的英雄是秦舞阳（随荆轲入秦的副使）的祖父秦开。他曾被“质”在东胡，甚得胡人的信任。归燕国后，他率兵袭击东胡，把他们驱逐到一千多里外。这时大约是乐毅破齐前后。接着燕国也在新边界上筑一道长城，从察哈尔宣化东北（造阳）至辽宁辽阳县北（襄平）；并且沿边设了上谷、渔阳、右北平、辽西和辽东五郡。秦开破东胡后，约莫三四十年，赵有名将李牧，戍雁门、代郡以备胡。他经了长期敛兵坚守，养精蓄锐，然后乘着匈奴的骄气，突然出战，斩了匈奴十多万骑，此后十几年间，匈奴不敢走近赵边。

当燕、赵对秦作最后挣扎时，无暇顾及塞外。始皇初并六国，忙着辑绥内部，也暂把边事抛开。因此胡人得到复兴的机会。旧时赵武灵王取自匈奴的河套一带，复归于匈奴。始皇三十二年，甚至听到“亡秦者胡”的谶语。于是始皇派蒙恬领兵三十万北征。不久把河套收复，并且进展至套外，始皇将新得的土地，设了九原郡。为谋北边的一劳永逸，始皇于三十三、四年间，又经始两件宏大的工程：其一是从河套外的九原郡治，筑了一条“直道”达到关内的云阳（今陕西淳化县西北，从此至咸阳有泾、渭可通），长一千八百里；其二是把燕、赵北界的长城，和秦国旧有的西北边城，大加修葺，并且把它们连接起来，傍山险，填溪谷，西起陇西郡的临洮（今甘肃岷县境），东迄辽东郡的碣石（在渤海岸朝鲜境），成功了有名的“万里长城”。

始皇的经营北边有一半是防守性质，但他的开辟南徼，则是纯粹的侵略。

现在的两广和安南，在秦时是“百越”（越与粤通）种族所居。这些种族和浙江的於越，大约是同出一系的，但文化则较於越远为落后。他们在秦以前的历史完全是空白。在秦时，他们还过着半渔猎、半耕稼的生活；他们还仰赖中国的铜铁器，尤其是田器。他们还要从中国输入马、牛、羊，可见牧畜业在他们中间还没发达。不像北方游牧民族的犷悍，也没有胡地生活的艰难，他们绝不致成为秦帝国的边患。但始皇却不肯放过他们。灭六国后不久（二十六年？）即派尉屠睢领着五十万大军去征百越，并派监禄凿渠通湘、漓二水（漓水是珠江的上游），以便输运。秦军所向无敌，越人逃匿于深山丛林中。秦军久戍，粮食不继，士卒疲饿。越人乘机半夜出击，大败秦军，杀屠睢。但始皇续派援兵，终于在三十三年，把百越平定，将他们的土地，分置南海郡、桂林郡和象郡（南海郡略当今广东省，桂林郡略当广西省，象郡略当安南中北部）。百越置郡之后，当时中国人所知道的世界差不多完全归到始皇统治之下了。琅琊台的始皇纪功石刻里说：

> 六合之内，皇帝之土。西涉流沙，南尽北户，东有东海，北过大夏。人迹所至，无不臣者。

至是竟去事实不远了。

以上所述一切对外对内的大事业，使全国瞪眼咋舌的大事业，是始皇在十年左右完成的。

第四节　帝国的发展与民生

像始皇的励精刻苦，在历代君主中，确是罕见，国事无论大小，他都要亲自裁决；有一个时期，他每日用衡石秤出一定分量的文牍，非批阅完了不肯休息。他在帝位的十二年中，有五年巡行在外；北边去到长城的尽头——碣石，南边去到衡山和会稽岭。他觉得自己的劳碌，无非是为着百姓的康宁。他对自己的期待，不仅是一个英君，而且是一个圣主。他唯恐自己的功德给时间掩没。他二十八年东巡时，登峄山，和邹鲁的儒生商议立石刻词，给自己表扬；此后，所到的胜地，大抵置有同类的纪念物。我们从这些铭文（现存的有峄山、泰山、之罘、琅琊、碣石、会稽六处的刻石文；原石惟琅琊的存一断片）可以看见始皇的抱负，他"夙兴夜寐，建设长利，专隆教诲"。他"忧恤黔首（秦称庶民为黔首），朝夕不懈"。他"功盖五帝，泽及牛马"。而且他对于礼教，也尽了不少的力量。他明立法："饰省宣义，有子而嫁，倍死不贞；防隔内外，禁止淫泆，男女絜诚；夫为寄豭，杀之无罪，男秉义程；妻为逃嫁，子不得母，咸化廉清；大治濯俗，天下承风，蒙被休经。”在他自己看来，人力所能做的好事，他都做了。而且他要做的事，从没有做不到的。他从没有一道命令，不成为事实。从没有一个抗逆他意旨的人，保得住首领。他唯一的缺憾就是志愿无尽，而生命有穷。但这也许有补救的办法。海上不据说有仙人所居的蓬莱、方丈、瀛洲三岛么？仙人不有长生不死的药么？他即帝位的第三年，就派方士徐福（一作市，音同）带着童男女数千人，乘着楼船，入海去探求这种仙药，可惜他们一去渺无消息（后来传说徐福到了日本，为日本人的祖先，那是不可靠的）。续派的方士回来说，海上有大鲛鱼困住船只，所以到不得蓬莱。始皇便派弓箭手跟他们入海，遇着这类可恶的动物便用连弩去射。但蓬莱还是找寻不着。

始皇只管忙着去求长生，他所“忧恤”的黔首却似乎不识好歹，只盼望他速死！始皇三十六年，东郡（河北、山东毗连的一带）落了一块陨石，就有人在上面刻了“始皇帝死而地分”七个大字。

始皇能焚去一切《诗》《书》和历史的记录，却不能焚去记忆中的六国亡国史；他能缴去六国遗民的兵器，却不能缴去六国遗民（特别是一班遗老遗少）的亡国恨；他能把一部分六国的贵族迁到辇毂之下加以严密的监视，却不能把全部的六国遗民同样处置。在旧楚国境内就流行着“楚虽三户，亡秦必楚”的谚语。当他二十九年东巡行到旧韩境的博浪沙（在今河南阳武县东南）中时，就有人拿着大铁椎向他狙击，中了副车，只差一点儿没把他击死。他大索凶手，竟不能得。

而且始皇只管“忧恤黔首”，他的一切丰功烈绩，乃是黔首的血泪造成的！谁给他去筑“驰道”，筑“直道”，凿运渠？是不用工资去雇的黔首！谁给他去冰山雪海的北边伐匈奴，修长城，守长城？谁给他去毒瘴严暑的南荒，平百越，戍新郡？谁给他运粮转饷，供给这两方的远征军？都是被鞭朴迫促着就道的黔首！赴北边的人，据说，死的十有六七；至于赴南越的，因为不服水土，情形只有更惨。人民被征发出行不论去从军，或去输运，就好像被牵去杀头一般，有的半途不堪虐待，自缢在路边的树上，这样的死尸沿路不断的陈列着。最初征发的是犯罪的官吏、“赘婿”和商贾；后来推广到曾经做过商贾的人；最后又推广到“闾左”——居住在里闾左边的人（赘婿大概是一种自己卖身的奴隶，即汉朝的赘子。商人尽先被征发是始皇压抑商人的手段之一。战国时代，法家和儒家的荀子，都认商人为不事生产而剥削农民的大蠹，主张重农抑商，这政策为始皇采用。琅琊刻石有“上农除末”之语。“闾左”在先征之列者，盖春秋战国以来，除楚国外习俗忌左，居住在闾左的，大抵是下等人家）。征发的不仅是男子，妇女也被用去运输；有一次南越方面请求三万个“无夫家”的女子去替军士缝补，始皇就批准了一万五千。计蒙恬带去北征的有三十万人，屠睢带去南征的有五十万人，后来添派的援兵和戍卒，及前后担任运输和其他力役的工人，当在两军的总数以上。为这两方面的军事，始皇至少摧残了二百万家。

这还不够。始皇生平有一种不可多得的嗜好——建筑的欣赏。他东征以来，每灭一国，便把它的宫殿图写下来，在咸阳渭水边的北阪照样起造。后来又嫌秦国旧有的朝宫（朝会群臣的大礼堂）太过狭陋，要在渭南的上林苑里另造一所，于三十五年动工。先在阿房山上作朝宫的前殿；东西广五百步，南北长五十丈，上层可以坐一万人，下层可以树五丈的大旗。从殿前筑一条大道，达到南山的极峰，在上面树立华表，当作朝宫的阙门；从殿后又筑一条大道，渡过渭水，通到咸阳。先时始皇即王位后，便开始在骊山建筑自己的陵墓，灭六国后拨了刑徒七十余万加入工作；到这时陵墓大半完成，乃分一部分工人到阿房去。这两处工程先后共用七十余万人，此外运送工粮和材料（材料的取给远至巴蜀荆楚）的伕役还不知数。这些却多半是无罪的黔首。

这还不够。上说种种空前的兵役和工程所需的粮饷和别项用费，除了向黔首身上出，还有什么来源？据说始皇时代的赋税，要取去人民收入的三分之二。这也许言之过甚，但秦人经济负担的酷重，却是可想见的了。

这还不够。苦役重税之上，又加以严酷而且滥用的刑罚。秦的刑法，自商鞅以后，在列国当中，已是最苛的了。像连坐、夷三族等花样，已是六国的人民所受不惯的。始皇更挟着虓虎的威势，去驭下临民。且看几件他杀人的故事。有一回他从山上望见丞相李斯随从的车骑太多，不高兴。李斯得知，以后便把车骑减少，始皇追究走漏消息的人不得，便把当时在跟前的人统统杀了。又东郡陨石上刻的字被发现后，始皇派御史去查办，不得罪人，便命把旁边的居民统统杀了。又一回，有两个方士不满意于始皇所为，暗地讪谤了他一顿逃去。始皇闻之大怒，又刺探得别的儒生对他也有不敬的话，便派御史去把咸阳的儒生都召来案问。他们互相指攀，希图免罪，结果牵涉了四百六十余人，始皇命统统的活埋了。这便是有名的“坑儒”事件。始皇的执法如此，经过他的选择和范示，郡县的官吏就很少不是酷吏了。

始皇的长子扶苏，却是一个蔼然仁者，对于始皇的暴行，大不谓然。当坑儒命令下时，曾替诸儒缓颊，说他们都是诵法孔子的善士，若绳以重法，恐天下不安。始皇大怒，把他派去北边监蒙恬的军。但二世皇帝的位，始皇还是留给他的。及三十七年七月，始皇巡行至沙丘（今河北平乡县东北）病笃，便写定遗书，召他回咸阳会葬，并嗣位。书未发而始皇死。书和玺印都在宦官赵高手。而始皇的死只有赵高、李斯和别几个宦官知道。赵高和蒙恬有仇隙，而蒙恬是太子的亲信，李斯也恐怕蒙恬夺去他的相位。于是赵李合谋，秘不发丧，一面把遗书毁了，另造两封伪诏，一传位给公子胡亥（当时从行而素与赵高亲昵的），一赐扶苏、蒙恬死。后一封诏书到达时，扶苏便要自杀，蒙恬却疑心它是假的，劝扶苏再去请示一遍，然后自杀不迟。扶苏说：“父亲要赐儿子死，还再请示什么？”立即自杀。

胡亥即二世皇帝位时，才二十一岁；他别的都远逊始皇，只有在残暴上是“跨灶”的。赵高以拥戴的首功最受宠信；他处处要营私，只有在残暴上是胡亥的真正助手。在始皇时代本已思乱的人民，此时便开始磨拳擦掌了。

第八章

秦汉之际

第一节　陈胜之起灭

二世皇帝元年七月，在旧楚境的蕲县大泽乡停留着附近被征发去防守渔阳的闾左兵九百人。适值大雨，道路不通。这队伍已无法如期达到指定的处所。照当时的法律，将校误期，要被处斩。有两位下级将校陈胜和吴广，便秘密图谋免死的办法。他们想当今的二世皇帝并不是依法当立的，当立的乃是公子扶苏，百姓多称赞他的贤惠，却不知道他已死；又从前楚国最后抗秦而死的名将项燕，亲爱士卒，很得民心，民间传说他还活着，假如冒称扶苏项燕起兵，响应的必定很多。他们去问卜，卜者猜到来意，连称大利；最后并说道，你们何不再向鬼神占卜一下？二人会意。

不几天，兵士买鱼，忽然在鱼肚里得着一小卷绢帛，上面写着朱字道："陈胜王"。晚间兵士又忽然发现附近树林中的神祠有了火光，同时怪声从那里传来，像狐狸作人语道："大楚兴，陈胜王。"这种怪声每每把兵士们从梦中惊醒。从此他们遇到陈胜每每指目着他窃窃私语。

有一天统领官喝醉了酒，吴广在旁，出言特别不逊。统领官大怒，鞭了他一顿，又把剑拔出。吴广素来很得兵士心，在旁的兵士都替他不平。他抢过了剑，把统领官杀掉。陈胜帮着他，把另外两个将官也结果了。陈、吴号召军中，大意说道："你们因为大雨，已误了期，误了期就要处斩。即使不处斩，去戍守长城，也是十有六七要死的。大丈夫不死便了，死就要成个大名。王侯相将难道是有种的吗？"在全军喧豗应和之下，陈吴二人以扶苏和项燕的名义树起革命的旗帜。军士袒着右臂，自号大楚。陈胜自立为将军，吴广为都尉。

旬日之间大泽乡、蕲县、陈城和附近若干县城，皆落在革命军之手。而革命军在进攻陈城之时已有车六七百乘，骑千余，步卒数万人了。陈城在战国末年曾一度为楚国都，革命军即以此为根据地。先是魏遗民大梁名士张耳、陈余为秦廷悬赏缉捕，变姓名隐居于陈。陈胜既入陈，二人进谒。是时陈中父老豪杰正议推陈胜为王。二人却劝陈胜暂勿称王，而立即领兵西进，同时派人立六国王室之后，以广树秦敌，使秦的兵力因敌多而分散，因分散而薄弱，然后乘虚入据咸阳，以号令诸侯，诸侯感再造之德，必然归服，如此则帝业可成。陈胜不听，遂受推戴为张楚王，都于陈，以吴广为"假王"（假有副贰之意）。

自陈胜发难后，素日痛恨秦吏的郡县，随着事变消息的传到，纷纷戕杀守长，起兵响应。特别是在旧楚境内，几千人成一夥的不可胜数。陈胜遣将招抚略地，分途进取。举其要者，计有六路：（1）符离人葛婴略蕲以东；（2）陈人武臣及张耳、陈余略赵地；（3）魏人周市略魏地；（4）吴广西击荥阳；（5）陈人周文（为一卜者，故项燕僚属）西进，向函谷关；（6）铚人宋留取道南阳向武关。

葛婴至东城，立襄强为楚王，后来闻得陈胜已立为张楚王，乃杀襄强，归陈覆命，陈胜诛之。

武臣到邯郸即自立为赵王，分命张耳、陈余为将相。陈胜闻讯大怒，把三人的家属拘捕，将加诛戮，继而听了谋士的劝谏，又把他们迁到宫中，而派人去给武臣等道贺，并请他们速即进兵关中。他们那里肯听，却派韩广去略取燕地。韩广至燕，旋即自立为燕王。

周市定了魏地，东进至齐，时齐王室之后田儋已自立为齐王，以兵拒之，市军败散，还归魏，魏人推戴他为王，他不肯，却要立魏王室之后魏咎，时咎在陈胜军中，市派人迎之，往返五次，陈胜才答应放他赴魏。

武臣之立在八月，韩广、田儋之立在九月。周文军越过函谷关到达戏亦在九月。戏离咸阳不到一百里，而此时周文的军队已增加到兵卒数十万、车千余乘了。东方变乱的真情，赵高一直瞒着二世，到这时已瞒不住了。可是秦廷有什么办法呢？帝国的军队几乎尽在北边和南越，急猝间调不回来，咸阳直是一座空城，只得赦免在骊山工作的刑徒，并解放奴隶所生的男子，派章邯带去应战。周文军来势虽盛，却经不起章邯一击便败走出关，章邯追至渑池，又大破之。周文自刎死，其军瓦解，这是二世二年十一月的事（秦以十月为岁首，二年十一月在是年正月之前，下仿此）。

章邯乘胜东下。先是吴广围荥阳不下，其部将田臧等私计，秦兵早晚要到，那时前后受敌，必无幸理，不如留少数军队看守住荥阳，而用全部精兵去迎击章邯；他们认为吴广骄不知兵，不足与谋，假托陈王的命令把他杀掉，并把他的首级传送至陈。陈王拜田臧为上将，并赐以楚令尹的印信。田臧迎击章邯于敖仓，一战败死。章邯进击至陈西，陈王出监战，军败遁走，他的御者某把他杀掉，拿他的首级去投降。这是十二月的事。

陈胜，字涉，少时在田间做工。有一次放下锄头叹气痴想了许久，却对一个同伴说道："有一天我富贵了，定不会忘记你。"那位同伴笑道："你做长工，怎样富贵法？"后来陈胜做了张楚王，这位同伴便去叩阍求见，阍人几乎要把他缚起来，凭他怎样解释总不肯给他传达。他等陈胜驾出，拦路叫喊，陈胜认得他，把他载归宫里。他看见殿堂深邃，帷帐重叠，不禁嚷道："夥颐！涉大哥为王！沉沉的！"楚人叫多为夥颐。由此"夥涉为王"，传为话柄。这客人出入王宫，扬扬自得，谈起陈胜的旧事，如数家珍。有人对陈胜说：这客人无知妄言，轻损王威，陈胜便把他杀掉。由此陈胜的故旧尽皆退避。

宋留已定南阳。南阳人闻陈胜死，复叛归于秦。宋留既无法入武关，东还至新蔡与秦军遇，解甲投降，秦又把他解到咸阳，车裂示众。

章邯既破陈胜，进击魏王咎于临济，围其城。六月，齐王田儋救临济，败死。同月魏咎自杀，临济降于秦。其后儋子市继立为齐王，咎弟豹继立为魏王。

第二节　项羽与巨鹿之战

项燕的先人累世做楚将，封于项，因以项为氏，而家于下相。项燕有子名项梁，梁有侄名项籍，字羽。项羽少时学书写，不成，弃去；学剑，又不成。项梁怒责他。他说：书写只可以记姓名罢了，剑是一人敌，也不值得学，要学万人敌！项梁于是教他兵法。他略通大意，再不深求。项梁曾因事杀人，带着项羽，逃匿于吴（今吴县，秦会稽郡治），吴中名士大夫都奉他为领袖，遇着地方有大徭役或大丧事，每请项梁主办，项梁暗中用兵法部勒宾客子弟，因此他的干才为人所知。项羽长成，身材魁岸，力能扛鼎，尤为吴中子弟所敬畏。

二世元年九月，会稽郡守和项梁商议起兵响应陈涉，打算派项梁和某人为将，是时某人逃匿山泽中。项梁说，只有他的侄子知道某人所在。说完，离座外出，对项羽嘱咐了一番，又走进来，请郡守传见项羽，使召某人。项羽进见后，项梁向他使个眼色，说道："可以了！"项羽拔剑，砍下郡守的头。项梁拿着郡守的首级，佩了他的印绶。项羽连杀了好几十人，阖署慑伏听命，共奉项梁为会稽守。项梁收召徒众，得八千人。项羽为裨将，时年二十四。

二世二年二月项梁叔侄率兵渡江而西。先是广陵人召平为陈胜取广陵不下，闻陈胜败走，秦兵将到，渡江至吴，假传陈胜之命，拜项梁为上柱国。项梁一路收纳豪杰，到了下邳（今江苏邳县）已有了六七万人。离下邳不远，在彭城之东，有秦嘉所领的一支义军，奉景驹（旧楚贵族景氏之后）为楚王。是时陈胜的下落，众尚不知。项梁声言秦嘉背叛陈王擅立景驹大逆不道，即进击之。秦嘉败死，军降，景驹走死。

既而项梁得知陈胜确实已死，乃从居巢老人范增之策，访得楚怀王之孙（名心）于牧场中，立以为王，仍号楚怀王，都于盱眙（安徽今县），项梁自号武信君。这是六月的事。

自四月至八月间，项梁军叔侄与秦军转战于今苏北、鲁南及豫东一带，连获大捷。项梁由此轻视秦军，时露骄色，部下宋义劝谏他道：战胜而将骄卒惰乃是败征；现在士卒已渐形怠懈，而秦兵日增，大可忧虑。项梁不以为意。九月章邯得到关中派来众盛的援兵之后，还击楚军，大破之于定陶，项梁战死。

章邯破项梁军，认为楚地无足忧虑，乃渡河击赵。先是赵地内乱，武臣被杀，张耳、陈余访得赵王室之后赵歇，继立为赵王，居信都。章邯入邯郸，迁其民于河内，夷其城郭。张耳与赵王走入巨鹿城，章邯使王离围之，而自军于巨鹿南。陈余北收兵于常山得数万人，军于巨鹿北。巨鹿城被围数月，粮乏兵单，危在旦夕，求援于陈余，而陈自以力薄非秦敌，按兵不肯动。

项梁死后，楚军集中于彭城附近，怀王亦移节于彭城。巨鹿围急，求救于诸侯，怀王拟派兵赴之。宋义自预言项梁之败而中，以知兵名于楚军。怀王召他来筹商，听了他的议论，大为赞赏，派他为援赵军的统帅，称上将军，以长安侯项羽为次将军，范增为末将。宋义行至安阳（河南今县），逗留四十六日不进，项羽主张急速渡河，与赵军内外夹击秦军。宋义却主张先让赵、秦决战；然后秦胜则乘其疲敝而击之，秦败则引兵西行，乘虚袭取咸阳。于是严申军令，禁止异动。宋义派其子某为齐相，大排筵席为其饯行。是时岁荒粮绌，又适值天寒大雨，士卒饥冻。项羽昌言军中，责备宋义但顾私图，不恤士卒，不忠楚王。一天早晨，项羽朝见宋义，就在帐中把他的头砍下，号令军中；说他通齐反楚，奉怀王令把他诛戮。诸将尽皆慑服，共推他为“假上将军”。项羽使人报告怀王，怀王就派他代为上将军。自杀了宋义之后，项羽威震楚国，名闻诸侯。

项羽既受了援赵军统帅之任，立即派二万人渡河救巨鹿，先锋连获小胜，陈余又请添兵。项羽于是率全军渡河。既渡，凿沉船只，破毁釜甑，焚烧房舍，令士卒每人只带三日粮，示以决死无归还之心。既至巨鹿，反围王离，九战秦军，绝其粮道，大破之，王离被虏，其部下要将战死或自杀。这是二世三年十二月的事。先是诸侯援军营于巨鹿城外的，不下十几个壁垒，都不敢出战。及楚军开始进攻，诸侯军将领皆从壁上观看。楚兵无不以一当十，呐喊声动天地，诸侯军士卒无不心惊胆震。项羽既破秦军，召见诸侯军将领，他们将入辕门，个个膝行而前，不敢抬头瞧望。于是项羽成了联军的统帅，诸侯军将领皆隶他麾下。

是时章邯尚军于巨鹿南，外见迫于项羽，内受二世的责备，又见疾于赵高，陷入进退维谷之境。陈余乘机投书给他，说道：

> 白起为秦将，南征鄢郢，北阬马服（马服谓赵将马服君赵奢之子括，此指长平之战），攻城略地，不可胜计，而竟赐死。蒙恬为秦将，北逐戎人，开榆中地数千里，竟斩阳周。何者？功多，秦不能尽封，因以法诛之。今将军为秦将三岁矣，所亡失以十万数，而诸侯并起，滋益多。彼赵高素谀日久，今事急，亦恐二世诛之，故欲以法诛将军以塞责，使人更代将军，以脱其祸。夫将军居外久，多内隙，有功亦诛，无功亦诛。且天之亡秦，无愚智皆知之。今将军内不能直谏，外为亡国将，孤特独立，而欲常存，岂不哀哉！将军何不还兵，与诸侯为纵，约共攻秦，分王其地，南面称孤，此孰与身伏铁质、妻子为戮乎？

章邯得书，心中更加狐疑，秘密派人和项羽议降。议未成，项羽连接进击章邯军，大破之。章邯遂决意投降。项羽以军中粮绌，许之。二世三年七月，章邯与项羽相会于洹水南殷墟上（即今安阳殷墟），立盟定约。章邯与项羽言及赵高事，为之泪下。

第三节　刘邦之起与关中之陷

当怀王派定了宋义等北上援赵之际，又派砀郡长武安侯刘邦西行略地，向关中进发。

刘邦，字季，泗川郡沛县（江苏今县）人。家世寒微。从少即不肯学习生产技艺。壮年做了本县的泗水亭长（秦制若干户为一里，十里为一亭，十亭为一乡）。他使酒好色，却和易近人，疏财乐施，县署的属吏，常给他嘻嘻哈哈的大开玩笑。有一次县长的旧友吕公来沛县作客，县中属吏都去拜贺，萧何替他收礼，声明贺礼不满千钱的坐在堂下。刘季骗阍人道："贺礼万钱！"实在不名一钱。阍人领了他进来，吕公一见，看了他的相貌大为惊讶，特加敬重。萧何笑道："刘季只会吹牛，本领有限。"刘季满不在乎地据了上位，嘲弄座客，言语之间，一点也没有屈服。酒罢，吕公暗中使眼色留他。客散之后，吕公对他说，生平喜欢看相，看过的相也不少，从未见过他这样好的相貌，望他自爱。就在这一次叙会中，吕公把女儿许嫁了给他，后来吕婆虽严重抗议也无效。

秦朝初年征各地刑徒赴骊山工作。沛县的刑徒，由泗水亭长押去。这些刑徒半路逃脱了许多。刘季预计到得骊山时，他们势必跑个精光。行至丰县西泽中，停下痛饮；半夜，把剩下的刑徒通通放了，自己也准备逃亡。刑徒中有十几个壮汉要跟随他。刘季于是领了这班人匿在芒、砀两县的山泽岩石之间。他们所以维持生活的方法似乎是不很名誉的，所以历史上没有交代。

陈胜发难后，沛县令打算响应。县吏萧何和曹参替他计议道，他以秦吏背秦，恐怕沛中子弟不服，不如把本县逃亡在外壮士召来，可得几百人，有他们相助，众人就不敢不听命了。于是派樊哙去招刘季。这樊哙是刘季的党羽，以屠狗为业。刘季率领着部下约莫一百人，跟着樊哙回来，沛令反悔，闭城不纳，并打算把萧、曹二人杀掉。二人跳城投奔刘季。刘季射书城上，劝县人诛沛令起事，否则城破之后，以屠城对付，县人遂共杀沛令，开城相迎。刘季受父老的推戴为沛公，收县中子弟得二三千人。这是二世元年九月的事。此后七个月内刘季转战于今独山湖以西苏、鲁两省相接之境，先后取沛、丰、砀（皆江苏今县）做根据地。替刘季守丰的部将叛而附魏，刘季攻他不下，走去留县求助于景驹。他始终没有得景驹的帮助，却在留县遇到了张良。张良原是韩国的贵公子，其先人五世相韩，亡国后散家财谋报国仇。秦始皇在博浪沙遇刺，那凶手就是他所买的。这时他领了一百多个少年，想投景驹，遇了刘季，情投意合，便以众相从。后来楚怀王既立，张良说动了项梁，更立故韩公子韩成为韩王，只得辞别刘季，往佐韩王。

景驹败死后，刘季往见项梁，项梁给他补充五千人。他得了这援助，才于二世二年四月把丰县攻下。从此刘季归附了项梁。他和项羽似乎很相得，两人总是共领一军出战或同当一面，像是形影不离的。据说当怀王派刘季西行时项羽也请求同往，只是怀王左右的老将们极力反对；以为项羽慓悍残暴，是屠城的能手；关中人民，久苦苛政，可以德服；他一去，反失人心；惟有刘季，忠厚长者，可胜宣抚之任；怀王因此不许项羽和刘季偕行。

宋义、项羽等北上救赵之军和刘季西进之军，同于二世二年闰九月（当时称后九月）分途出发。刘季转战于今豫东豫南，取道南阳以向武关。这时秦军的主力被吸在河北，这一路的楚军并未遇着劲敌。刘季从洛阳南下，复与张良相会。先是，张良同了韩王领兵千余，西略韩地，取了数城，又被秦军夺回，只得在颍川一带作游击战。至是，领兵与刘季合，占领了韩地十余城。刘季令韩王留守阳翟，而同了张良前进，略南阳郡。郡守兵败，退守宛城。刘季便越过宛城而西。张良谏道：现在虽急于入关，但关中兵尚众，且凭险相拒，若不攻下宛城，腹背受敌，这是危道。刘季便半夜隐匿旗帜，绕道回军，黎明，围宛城三匝。南阳守以城降，刘季封他为殷侯。由此西至武关，一路所经城邑纷纷迎降。二世三年八月武关陷。是月，赵高弑二世，使人来约降，刘季等以为诈，继进。九月峣关陷。刘季初欲急攻峣关。张良以为守将乃屠户之子，可以利动。于是楚军一面派人先行，预备五万人的餐食，并在山上多树旗帜为疑兵；一面派人拿重宝去说守将，守将果然变志，愿和楚军同入咸阳。刘季将要答应他，张良以为只是守将要反，怕士卒不从，不从可危，不如乘其怠懈进击。刘季依计遂破峣关。是月秦军再战于蓝田南，复大败。次月刘季入咸阳。先是赵高既弑二世，继立其侄子婴，贬去帝号，称秦王，子婴又袭杀赵高。至是，子婴以绳系颈，乘素车白马，捧着皇帝的玺印，迎接刘季于霸上（长安东十三里）的轵道旁。

秦历以九月为岁终，而秦历可说是终于二世三年九月。后此五十四个月，即四年半，刘季乃即皇帝位，汉朝乃开始。中间纪事，系年系月，甚成问题。若用公元，年次固可约略相附，但月份则尚无正确的对照。汉人以二世三年之后为汉元年；汉初沿秦历法，以十月为岁首，故以汉元年十月接秦二世三年九月。但此时尚无汉朝，何有汉年？今别无善法，只得依之。

第四节　项羽在关中

刘季到了咸阳，看着堂皇的宫殿，缛丽的帷帐和无数的美女、狗马、珍宝，便住下不肯出。奈不得樊哙和张良苦劝婉谏，才把宫中的财宝和府库封起，退驻霸上，以等待各方的领袖来共同处分。他又把父老召来，宣布废除秦朝的苛法，只约法三章：“杀人者死，伤人及盗抵罪。”人民大喜，纷纷送上牛羊来犒军，刘季一概辞谢不受。

项羽既定河北，率楚军诸侯军及秦降军西向关中，行至新安，闻秦降卒有怨声，虑其为变，尽坑之。

当初怀王曾与诸将约，谁先入关中，即以其地封他为王。刘邦因此以关中的主人自居。而项羽西进之前已封了章邯为雍王（秦地古称雍州），大有否认怀王初约之意。刘季闻讯，派兵守函谷关，拒外军入境，同时征关中人民入伍，以扩充实力。

项羽至函谷关，不得入，大怒，攻破之。进驻鸿门，与刘季军相距只四十里。是时外军四十万，号百万；内军十万，号二十万。项羽大飨军士预备进攻。项羽的叔父项伯曾受张良救命之恩，半夜去给张良通消息，劝张良快跟他走。张良却替他和刘季拉拢。刘季会项伯一见如故，杯酒交欢，约为婚姻。刘季道：“我入关以来，秋毫不敢有所沾染，簿籍吏民，封闭府库，以等待项将军。派人守关，只是警备盗贼。日夜盼望项将军到，那里敢反？”恳求项伯代为解释。项伯答应，并约他次早亲到鸿门营中来。

项羽听了项伯的话，芥蒂已消，又见刘邦亲到，反而高兴起来，留他宴饮。项羽、项伯坐西，范增坐北，刘季坐南，张良坐东。范增主张剪除刘季最力，席间屡次递眼色给项羽，同时举起所佩的玉玦。项羽默然不应。范增出去，一会又入来。随后不久，项庄入来奉酒祝寿。奉毕说道：“君王和沛公饮酒，军营里没有什么可以助兴的，让我来舞剑！”项羽说：“好！”他便舞起剑来。项伯亦拔剑起舞。项庄屡屡逼近刘季，项伯屡屡掩护着刘季。正对舞间，张良出去，一会又入来。随后，门外喧嚷声起，一人带剑持盾闯进来，鼓起眼睛钉着项羽。项羽按剑翘身（时席地坐）问：“做什么？”张良说：“那是沛公的骖乘樊哙。”项羽说：“壮士！赏他酒！”是一大杯。樊哙拜谢了，一口喝干。项羽说：“赏他一个猪肩！”那是生的。樊哙把盾覆在地上，把猪肩放在盾上，拔剑切肉便啖。项羽问他可还能饮不，他说：“臣死也不避，何况杯酒？”接着他痛陈刘季的功劳，力数项羽的不是。项羽无话可答，只请他坐，他便挨张良坐下。自从樊哙闯入，舞剑停止。樊哙坐下不久，刘季说要如厕走开，张良跟着他。过了许久，张良单独回来，带好些玉器。张良作礼道：“沛公很抱歉，因饮酒过多，不能亲来告辞。托下臣带了白璧一对献与大王（项羽），玉斗（酒器）一对献与大将军（范增）。”项羽问沛公在那里，张良说：“他听说大王有意责难他，已回营去了。”项羽收下白璧，放在几上。范增把玉斗放在地下，拔剑撞个粉碎。

随后项羽入咸阳，屠城，杀子婴，烧秦宫室，收财宝妇女，然后发号施令，分割天下。他尊怀王为义帝，却只给他湘江上游弹丸之地，都于郴（今县）。自立为西楚霸王，占旧楚、魏地九郡，都于彭城；此外他封立了十八个王国，列表如下：

王号	姓名	原来地位	国都	领地	附注
汉王	刘季		南郑	汉中、巴蜀	
雍王	章邯	秦降将	废丘	咸阳以西	三人共分关中地，三国合称三秦。
塞王	司马欣	章邯部下长史	栎阳	咸阳以东至河	
翟王	董翳	章邯部下都尉	高奴	上郡	
西魏王	魏豹	魏王	平阳	河东	
河南王	申阳	张耳部将，先定河南	洛阳	河南郡	
韩王	韩成	韩王	阳翟	韩地若干郡	
殷王	司马卬	赵将，先定河内	朝歌	河内	
代王	赵歇	赵王		代郡	
常山王	张耳	赵相，从项羽入关	襄国	赵地大部分	
九江王	英布	项羽部将	六	九江郡一带	后降刘季，封淮南王。
衡山王	吴芮	百越君长，从入关	邾	楚地一部分	
临江王	共敖	怀王柱国	江陵	楚地一部分	死于汉三年；子尉嗣，四年十二月为汉所虏。
辽东王	韩广	燕王		辽东	后拒臧荼，为所杀。
燕王	臧荼	燕将，从项羽入关	蓟	燕地大部分	
胶东王	田市	齐王	即墨	齐地一部分	
齐王	田都	齐将	临淄	齐地大部分	
济北王	田安	齐王室后，项羽部将	博阳	齐地一部分	

我们看这表便可知道，其中那些是不会悦服项羽的宰割的人。刘季指望割据关中而只得到僻远的汉中、巴蜀，不用说了。魏豹由魏王而缩为西魏王，赵歇由赵王而缩为代王，田市由齐王而缩为胶东王，韩广由燕王而缩为辽东王，都是受了黜降。此外项羽在瓜分天下时所树的敌人，不见于表中的还有故齐相田荣和故赵将陈余。当初田儋战死后，齐人立田假为王，田荣（田儋弟）逐田假更立儋子田市而专齐政。田假走依项梁，由此田荣与项氏有隙。项羽以齐地分王田市、田都、田安，而田荣无分。田荣怎肯甘心？陈余本与张耳为“刎颈交”。

巨鹿之围，张求援于陈，而陈竟以利害的计较，按兵不动。两人从此成仇。但两人的“革命功绩”，实不相上下。项羽因张耳相从入关以赵地的大部分封他为常山王，而仅以南皮等三县之地封陈余为侯。陈余由此深怨项羽。

第五节　楚汉之战及其结局

汉元年四月，在咸阳新受封的诸王分别就国。张良辞别刘季，往佐韩王，却送刘季到褒中，临别，劝他烧绝所过栈道，示无北还之心，刘季依计。

五月，田荣发兵拒田都，击走之。田荣留田市，不让他赴胶东。田市惧怕项羽，逃亡就国。田荣追杀之，而自立为齐王。是时昌邑人彭越（以盗贼起）聚众万余人于巨野，无所属。田荣给他将军印，使攻济北。越击杀济北王。于是田荣尽有全齐之地。彭越又进击楚军，大破之。陈余请得田荣的助兵，并尽发南皮三县兵，共袭常山，张耳败逃。二年十月陈余迎故赵王歇于代，复立为赵王。于是齐赵地尽反楚。是月义帝在就国途次，为项羽命人袭杀于江中。

刘季乘齐变于元年八月突入关中。章邯兵败，被围于废丘（二年六月废丘始陷，章邯自杀）。塞王、翟王皆降汉。先是项羽挟韩王成归彭城，不使就国，继废之为侯，继又杀之。于是张良逃就刘季于关中。刘季以故韩襄王（战国时）孙信为韩太尉，使共张良将兵取韩地。二年十一月，韩地既定，刘季立信为韩王。先是河南王申阳亦降汉。

项羽权衡西北两方敌人的轻重，决定首先击齐。二年正月，大败田荣于城阳。田荣遁逃，为人民所杀。项羽坑田荣降卒。提兵北进，一路毁城放火，掳掠妇女。齐人怨叛。荣弟田横，收散兵，得数万人，复反城阳。项羽还战，竟相持不下。刘季乘齐楚相斗之际东进，降西魏王豹，虏殷王卬，为义帝发丧，率诸侯兵五十六万伐楚，遂入彭城。项羽以精兵三万人还战，汉军大溃，被挤落谷水和泗水死的据说有十余万人。再战灵壁东，汉军又溃，被挤落睢水死的据说也有十余万人，睢水几乎被死尸填塞了。楚军围了刘季三匝。适值大风从西北起，折树发屋，飞沙走石，阴霾蔽天，白昼昏黑。楚军逆着飓风，顿时散乱，刘季才得带了几十骑遁走。但项羽一去齐，田横复定齐地，立田荣子田广为王。刘季收聚散卒，又得萧何征调关中壮丁转运关中粮食来援，固守荥阳、成皋（并在今河南成皋县境，荥阳在东，成皋在西），军势复振。先是魏王豹于汉军败后，复叛归楚。汉使淮阴人韩信击之。九月，韩信俘魏王豹，定魏地。

此后战争的发展，可分为三个阶段。

第一阶段尽汉三年九月。在这一阶段，汉正面大败，而侧面猛进。在正面，汉失荥阳、成皋。刘季先后从荥阳、成皋突围先遁。其出荥阳时，将军纪信假扮着他，从东门出，以诳楚军，他才得从西门逃走，纪信因此被烧杀。在侧面，韩信取赵。先是，张耳败走，投奔汉。刘季微时曾为张耳客，因善待之。及会诸侯兵伐楚，求助于赵，陈余以汉杀张耳为条件。刘季把一个貌似张耳的人杀了，拿首级送去，陈余才派兵相助。后来陈余闻得张耳未死，便绝汉。汉使韩信击赵，杀陈余。在这阶段，还有两件大事可记。其一，楚将九江王英布先已离心，又受了汉所遣辩士的诱说，遂举九江降汉。英布旋被项羽击败，只身逃入汉，但项羽已失去一有力的臂助了。其二，项羽中了汉的反间计，对一向最得力的谋臣范增起了猜疑，范增愤而告退，归近彭城，疽发背死。

第二阶段尽汉四年九月。在这一阶段，韩信南下取齐，楚军援齐大败，韩信遂定齐地；而彭越（于田荣死后归汉）为汉守魏地，时出游兵断楚粮道，荥阳、成皋的楚军大窘；项羽抽军自领回击彭越，汉乘机收复成皋，并进围荥阳。项羽引兵还广武（在荥阳附近，荥泽与汜水之间），与汉相持数月。项羽以前方粮绌后方又受韩信的抄袭，想和汉决一死战，而汉按兵不出，只得与汉约和。约定楚汉平分天下，以鸿沟（在广武荥泽间）为界准，其东属楚，其西属汉；楚放还前所掳汉王之父及妻。约成，项羽便罢兵东归。

以下入最后阶级。初时刘季也打算罢兵西归，张良等力劝乘势灭楚。五年十月，汉追击项羽军于固陵（今河南淮阳县西北），大败之。刘季约韩信、彭越会师，而二人不至。先是韩信既定齐，自请立为齐王，刘季忍怒许之；彭越只拜魏相国。至是张良献计：韩信故乡在楚，指望做楚王；彭越据魏地亦指望做魏王；若能牺牲楚、魏地的一部分，许与他们，他们必然效命。刘季依计，二人立即会师。十一月，汉遣别将渡淮围寿春，又诱降楚舒城守将，使以舒屠六。十二月，项羽至垓下（今安徽灵璧县东南），兵少食尽，汉军围之数重。项羽率八百余骑溃围而出，所当辟易；到了长江西岸的乌江（今安徽和县东北乌江浦）只剩下二十六骑。乌江渡口单摆着一只小船。乌江亭长请他立即下渡。说道："江东虽小，也有几千里地，几十万人；现在只有这一只船，汉兵即使追来，也无法飞渡。"项羽说："我当初领江东子弟八千，渡江西去，如今无一人归还，即使江东父老怜恤我，奉我为王，我也有何面目再见他们？他们即使不说话，难道我不问心有愧？"于是把所乘的骓马赏给了亭长，令他先走。自与从人步行，持短兵接战。他连接杀了几百人，身上受了十几伤，然后拔剑自刎。

五年正月，汉王立韩信为楚王，领淮北，都下邳；立彭越为梁王，领魏地，都定陶。随后，诸侯向汉王上了一封献进书如下：

> 楚王韩信，韩王信，淮南王英布，梁王彭越，故衡山王吴芮（项羽所立，旋废之），赵王张敖（汉立张耳为赵王，先是已死，其子敖嗣），燕王臧荼昧死再拜言：大王陛下，先时秦为无道，天下诛之，大王先得秦王，定关中，于天下功最多。存亡定危，救败继绝，以安万民，功盛德厚，又加惠于诸侯王，有功者使得立社稷。地分已定，而位号比拟无上下之分，大王功德之著于后世不宣。昧死再拜上皇帝尊号。

刘季经过一番逊让之后，于二月即皇帝位于定陶附近的汜水之北。是月封吴芮为长沙王，领长沙、象郡、桂林、南海四郡；又封故粤王无诸（秦所废，后从诸侯伐秦）为闽粤王，领闽中地。初定都洛阳，五月迁都于长安。

刘季做了七年皇帝（前二〇二至前一九五年）而死，庙号太祖高皇帝（《广阳杂记》卷二：“考得高祖起沛年四十八，崩时年六十三。”不知何据）。

第九章

大汉帝国的发展

第一节 纯郡县制的重建

刘邦即帝位之初，除封了七个异姓的“诸侯王”外，又陆续封了一百三十多个功臣为“列侯”。汉朝的封君，主要的就是这诸侯王和列侯两级。在汉初，这两级的差异是很大的。第一，王国的境土“多者百余城，少者乃三四十县”；这七个王国合起来就占了“天下”的一大半。但侯国却很少有大过一县的。刘邦序次功臣，以萧何为首，而萧何初受封为酂侯时，只食邑八千户；后来刘邦想起从前徭役咸阳时，萧何多送了二百钱的赆，又加封给他二千户；后来萧何做到相国，又加封五千户；合共才一万五千户。终汉之世，也绝少有超过四万户的列侯。第二，诸侯王除享受本国的租税和徭役外，又握着本国政权的大部分。王国的官制是和中央一样的。汉代的官制大抵抄袭秦朝。中央有丞相，王国也有之；中央有御史大夫，王国也有之；中央有太尉，王国则有中尉。王国的官吏，除丞相外，皆由诸侯王任免。但列侯在本“国”，只享受额定若干户的租税和徭役（譬如某列侯食五千户，而该国的民户超过此数，则余户的租税仍归中央），并没有统治权。他们有的住长安，有的在别处做官，多不在本国。侯国的“相”实际是中央所派地方官，和非封区里的县令或县长相等（汉制万户以上的县置令，万户以下的县置长）。他替列侯征收租税，却不臣属于列侯。在封君当中，朝廷所须防备的只有诸侯王，列侯在政治上是无足轻重的。

最初，诸侯王都是异姓的。异姓诸侯王的存在，并非刘邦所甘愿。不过他们在新朝成立之前都早已据地为王。假如刘邦灭项之后，不肯承认他们既得的地位，他们在自危之下，联合起来，和刘邦对抗，刘邦能否做得成皇帝，还未可知。所以当刘邦向群臣询问自己所以成功的原因，就有人答道：

> 陛下慢而侮人，项羽仁而爱人。然陛下使人攻城略地，所降下者，因以予之，与天下同利也。项羽妒贤嫉能，有功者害之，贤者疑之，战胜而不予人功，得地而不予人利，此所以失天下也。

不过刘邦在未做皇帝之前，固能“与天下同利”；做了皇帝之后，就不然了。他在帝位未坐稳之前，不能把残余的割据势力一网打尽；在帝位既坐稳之后，却可以把他们各个击破。他最初所封诸王，除了仅有众二万五千户的长沙王外，后来都被他解决了。假如刘邦有意重振前朝的纯郡县制度，他很可以把异姓诸侯王的国土陆续收归中央。此时纯郡县制度恢复的主要障碍似乎只是心理的。秦行纯郡县制十五年而亡，周行“封建”享祀八百，这个当头的历史教训，使得刘邦和他的谋臣认“封建”制为天经地义。异姓的“诸侯王”逐渐为刘邦的兄弟子侄所替代，到后来，他立誓：“非刘氏而王者天下共击之。”不过汉初的“封建”制和周代的“封建”制，名目虽同，实则大异。在周代，邦畿和藩国都包涵着无数政长而兼地主的小封君；但在汉初，邦畿和藩国已郡县化了。而且后来朝廷对藩国的控制也严得多：藩国的兵符掌在朝廷所派的丞相手，诸王侯非得他的同意不能发兵。

在高帝看来，清一色的刘家天下比之宗室和异姓杂封的周朝，应当稳固得多了。但事实却不然。他死后不到二十年，中央对诸侯王国的驾驭，已成为问题。文帝初即位的六年间，济北王和淮南王先后叛变。虽然他们旋即被灭，但拥有五十余城的吴王濞又露出不臣的形迹。他收容中央和别国的逃犯，用为爪牙；又倚恃自己镕山为钱、煮海为盐的富力，把国内的赋税免掉，以收买人心。适值吴太子入朝，和皇太子（即后日的景帝）赌博，争吵起来，给皇太子当场用博局格杀了，从此吴王濞称病不朝，一面加紧的“积金钱，修兵革，聚谷食”。文帝六年，聪明盖世的洛阳少年贾谊（时为梁王太傅）上了有名的《治安策》，认为时事有“可为痛哭者一，可为流涕者一（今本作可为流涕者二，据夏炘《贾谊政事疏考朴》改），可为长太息者六。”其“可为痛哭者一”便是诸侯王的强大难制。他比喻道：“天下之势，方病大瘇，一胫之大几如腰，一指之大几如股。”他开的医方是“众建诸侯而少其力”，那就是说，分诸侯王的土地，以封他们的兄弟或子孙，这一来诸侯王的数目增多，势力却减少。后来文帝分齐国为六，淮南国为三，就是这政策一部分的实现。齐和淮南被分之前，颍川人晁错提出了一个更强硬的办法，就是把诸侯王土地的大部分削归中央。这个提议，宽仁的文帝没有理会，但他的儿子景帝继位后，便立即采用了。临到削及吴国，吴王濞便勾结胶东、胶西、济南、菑川（四国皆从齐分出）、楚、赵等，和吴共七国，举兵作反。这一反却是汉朝政制的大转机。中央军在三个月内把乱事平定。景帝乘着战胜的余威，把藩国一切官吏的任免权收归朝廷，同时把藩国的官吏大加裁减，把它的丞相改名为相。经过这次的改革后，诸侯王名虽封君，实为食禄的闲员；藩国虽名封区，实则中央直辖的郡县了。往后二千余年中，所行的“封建制”多是如此。

景帝死，武帝继位，更双管齐下地去强干弱枝。他把贾谊的分化政策，极力推行。从此诸侯王剩余的经济特权也大大减缩，他们的食邑最多不过十余城，下至蕞尔的侯国，武帝也不肯放过，每借微罪把它们废掉。汉制，皇帝以八月在宗庙举行大祭，叫做“饮酎”，届时王侯要献金助祭，叫做“酎金”。武帝一朝，列侯因为酎金成色恶劣或斤两不够而失去爵位的，就有一百多人。

景、武之际是汉代统治权集中到极的时期，也是国家的富力发展到极的时期。

秦代十五年间空前的工役和远征已弄到民穷财尽。接着八年的苦战（光算楚汉之争，就有“大战七十，小战四十”），好比在羸瘵的身上更加剜戕。这还不够。高帝还定三秦的次年，关中闹了一场大饥荒，人民相食，死去大半。及至天下平定，回顾从前的名都大邑，多已半付蒿莱。它们的户口往往什去七八。高帝即位后二年，行过曲逆，登城眺望，极赞这县的壮伟，以为在所历的都邑中，只有洛阳可与相比，但一问户数，则秦时本有三万，乱后只余五千。这时不独一般人民无蓄积可言，连将相有的也得坐牛车，皇帝也无力置备纯一色的驷马。

好在此后六七十年间，国家大部分享着不断的和平，而当权的又大都是“黄老”的信徒，守着省事息民的政策。经这长期的培养，社会又从苏复而趋于繁荣。当武帝即位的初年，据同时史家司马迁的观察，“非遇水旱之灾，民则人给家足。都鄙廪庾皆满，而府库余货财。京师之钱累巨万，贯朽而不可校（计算）。太仓之粟，陈陈相因，充溢露积于外，至腐败不可食。众庶街巷有马，阡陌之间（马聚）成群”。

政权集中，内患完全消灭；民力绰裕，财政又不成问题，这正是大有为之时。恰好武帝是个大有为之主。

第二节　秦汉之际中国与外族

在叙述武帝之所以为“武”的事业以前，我们得回溯秦末以来中国边境上的变动。

当秦始皇时，匈奴既受中国的压迫，同时它东边的东胡和西边的月氏（亦一游牧民族，在今敦煌至天山间，其秦以前的历史全无可考。《管子 · 揆度篇》和《逸周书 · 王会篇》中的禺氏，疑即此族），均甚强盛。因此匈奴只得北向外蒙古方面退缩。但秦汉之际的内乱和汉初国力的疲敝，又给匈奴以复振的机会。适值这时匈奴出了一个枭雄的头领冒顿单于。冒顿杀父而即单于位约略和刘邦称帝同时。他把三十万的控弦之士套上铁一般的纪律，向四邻攻略：东边，他灭了东胡，拓地至朝鲜界；北边，服属了丁零（匈奴的别种）等五小国；南边，他不独恢复蒙恬所取河套地，并且侵入今甘肃平凉至陕西肤施一带；西边，他灭了月氏，把国境伸入汉人所谓“西域”中（即今新疆及其以西和以北一带）。这西域包涵三十多个小国，其中一大部分不久也成了匈奴的臣属，匈奴在西域设了一个“僮仆都尉”去统辖它们，并且向他们征收赋税。冒顿死于文帝六年（前一七四年），是时匈奴已俨然一大帝国，内分三部：单于直辖中部，和汉的代郡、云中郡相接；单于之下有左右贤王，分统左右两部；左部居东方，和上谷以东的边郡相接；右部居西方，和上郡以西的边郡及氐羌（在今青海境）相接。胡俗尚左，左贤王常以太子充任。

匈奴的土地虽广，大部分是沙碛或卤泽，不生五谷，而除新占领的月氏境外，草木也不十分丰盛，因此牲畜不会十分蕃息。他们的人口还比不上中国的一大郡。当匈奴境内人口达到饱和的程度以后，生活的艰难，使他们不得不以劫掠中国为一种副业。而且就算没有生活的压迫，汉人的酒谷和彩缯，对于他们，也是莫大的引诱。匈奴的人数虽寡，但人人在马背上过活，全国皆是精兵。这是中国人所做不到的。光靠人口的量，汉人显然压不倒匈奴。至于两方战斗的本领，号称“智囊”的晁错曾作过精细的比较。他以为匈奴有三种长技：

1. 上下山阪，出入溪涧，中国之马弗如也。

2. 险道倾仄，且驰且射，中国之骑（兵）弗如也。

3. 风雨疲劳，饥渴不困，中国之人弗如也。

但中国却有五种长技：

1. 平原易地，轻车突骑，则匈奴之众易挠乱也。

2. 劲弩长戟，射疏（广阔）及远，则匈奴之弓弗能格也。

3. 坚甲利刃，长短相杂，游弩往来，什伍俱前，则匈奴之兵（器）弗能当也。

4. 材官（骑射之兵）驺（骤）发，矢道同的，则匈奴之革笥木荐弗能支也。

5. 下马地斗，剑戟相接，去就相薄，则匈奴之足弗能给也。

这是不错的。中国的长技比匈奴还多，那么，汉人对付匈奴应当自始便不成问题了。可是汉人要有效地运用自己的长技，比之匈奴，困难得多。匈奴因为是游牧的民族，没有城郭宫室的牵累，“来如兽聚，去如鸟散”，到处可以栖息。他们简直用不着什么防线。但中国则从辽东到陇西（辽宁至甘肃）都是对匈奴的防线，而光靠长城并不足以限住他们的马足。若是沿边的要塞皆长驻重兵，那是财政所不容许的。若临时派援，则汉兵到时，匈奴已远飏，汉兵要追及他们，难于捉影。但等汉兵归去，他们又卷土重来。所以对付匈奴，只有两种可取的办法：一是一劳永逸的大张挞伐，拼个你死我活；二是以重赏厚酬，招民实边（因为匈奴的寇掠，边地的居民几乎逃光），同时把全体边民练成劲旅。前一种办法，武帝以前没有人敢采。后一种办法是晁错献给文帝的，文帝也称善，但没有彻底实行。汉初七八十年间对匈奴的一贯政策是忍辱修好，而结果殊不讨好。当高帝在平城给冒顿围了七昼七夜，狼狈逃归后，刘敬献了一道创千古奇闻的外交妙计：把嫡长公主嫁给单于，赔上丰富的妆奁，并且约定以后每年以匈奴所需的汉产若干奉送，以为和好的条件；这一来匈奴既顾着翁婿之情，又贪着礼物，就不便和中国捣乱了。高帝想不出更好的办法，只舍不得公主，于是用了同宗一个不幸的女儿去替代。不过单于们所希罕的毋宁是“蘖酒万石，稷米五千斛，杂缯万匹”之类，而不是托名公主，未必娇妍的汉女。所以从高帝初年到武帝初年间共修了七次“和亲”，而遣“公主”的只有三次。和亲使单于可以不用寇掠而得到汉人的财物。但他并不以此为满足，他手下没得到礼物或“公主”的将士们更不能满足。每度和亲大抵只维持三几年的和平。而堂堂中国反向胡儿纳币进女，已是够丢脸了，贾谊所谓“可为流涕”的事，就是指此。

上面讲的，是汉初七八十年间西北两方面的边疆状况，让我们再看其他方面的。

在东北方面，是时朝鲜半岛上，国族还很纷纭；其中较大而与中国关系较密的是北部的朝鲜和南部的真番。真番在为燕所征之前无史可稽。朝鲜约自周初以来，燕、齐的人民或因亡命，或因生计所迫，移殖日众；至迟到了秦汉之际，朝鲜在种族上及文化上皆已与诸夏为一体，在语言上和北燕属同一区域。在战国末期（确年无考）燕国破胡的英雄秦开（即副荆轲入秦的秦舞阳的祖父）曾攻朝鲜，取地二千余里。不久，朝鲜和真番皆成了燕的属地，燕人为置官吏。秦灭燕后，于大同江外空地筑障以为界，对朝鲜控制稍弛，朝鲜名虽臣服于秦，实不赴朝会。汉朝初立，更无远略，把东北界缩到大同江。高帝死时，燕王卢绾率叛众逃入匈奴，燕地大乱，燕人卫满聚党千余人，渡大同江，居秦故塞，收容燕、齐的亡命之徒；继灭朝鲜，据其地为王，并降服真番及其他邻近的东夷小国。箕子的国祀，经八百余年，至此乃绝，卫满沿着朝鲜向来的地位，很恭顺的对汉称臣，约定各保边不相犯，同时半岛上的蛮夷君长要来朝见汉天子时，朝鲜不加阻碍。但到了卫满的孙右渠（与武帝同时），便再不和汉朝客气，一方面极力招诱逃亡的汉人，一方面禁止邻国的君长朝汉。

在南方，当秦末的内乱，闽越和西南夷，均恢复自主；南越则为故龙川县（属南海郡）令真定（赵）人赵佗所割据。汉兴，两越均隶藩封。但南越自高帝死后已叛服不常，闽越当武帝初年亦开始侵边。而西南夷则直至武帝通使之时，还没有取消独立。

以上一切边境内外的异族当中，足以为中国大患的只有匈奴。武帝对外也以匈奴为主要目标。其灭朝鲜有一部分为的是“断匈奴左臂”；其通西域全是为“断匈奴右臂”。

第三节　武帝开拓事业的四时期

武帝一朝对待外族的经过，可分为四期。

（一）第一期包括他初即位的六年（前一四一至前一三六年），这是承袭文、景以来保境安民政策的时期。武帝即位，才十六岁，太皇太后窦氏掌握着朝政。这位老太太是一个坚决的“黄老”信徒。有她和一班持重老臣的掣肘，武帝只得把勃勃的雄心暂时按捺下去。当建元三年（前一三八年），闽越围攻东瓯（今浙江东南部），武帝就对严助说："太尉不足与计，吾新即位，不欲出虎符发兵郡国。"结果，派严助持"节"去向会稽太守请兵，"节"并不是发兵的正式徽识，严助几乎碰了钉子。在这一期里，汉对匈奴不但继续和亲，而且馈赠格外丰富，关市的贸易也格外起劲；可是武帝报仇雪耻的计划早已决定了。他派张骞去通使西域就在即位的初二年间。

（二）第二期从建元六年窦太后之死至元狩四年大将军霍去病之兵临瀚海，凡十六年（前一三五至前一一九年），这是专力排击匈奴的时期。

窦氏之死，给汉朝历史划一新阶段。她所镇抑着的几支历史暗流，等她死后，便一齐迸涌，构成卷括时代的新潮。自她死后，在学术界里，黄老退位，儒家的正统确立；政府从率旧无为变而发奋兴作，从对人民消极放任变而为积极干涉。这些暂且按下不表。现在要注意的是汉廷的对外政策从软弱变而为强硬。她死后的次年，武帝便派重兵去屯北边；是年考试公卿荐举"贤良"，所发的问题之一，便是"周之成、康……德及鸟兽，教通四海，海外肃慎……氐、羌徕服。……呜呼，何施而臻此欤"？次年，便向匈奴寻衅，使人诈降诱单于入塞，同时在马邑伏兵三十万骑，要把单于和他的主力一举聚歼。这阴谋没有成功，但一场狠斗从此开始。

晁错的估量是不错的。只要汉廷把决心立定，把力量集中，匈奴绝不是中国的敌手。计在这一期内，汉兵凡九次出塞挞伐匈奴，前后斩虏总在十五万人以上，只最后元狩四年（前一一九年）的一次，也是最猛烈的一次，就斩虏了八九万人。先是元狩二年（前一二一年），匈奴左地的昆邪王惨败于霍去病将军之手，单于大怒，要加诛戮，他便投降汉朝，带领去的军士号称十万，实数也有四万多。光在人口方面，匈奴在这一期内，已受了致命的打击（匈奴比不得中国，中国便遭受同数目的耗折也不算一回事。计汉初匈奴有控弦之士三十万，后来纵有增加，在此期内壮丁的耗折总在全数一半以上）。在土地方面，匈奴在这一期内所受的损失也同样的大。秦末再度沦陷于匈奴的河套一带（当时称为"河南"）给将军卫青恢复了。武帝用《诗经》中赞美周宣王征伐猃狁“出车彭彭，城彼朔方”的典故，把新得的河套地置为朔方郡；以厚酬召募人民十万，移去充实它；又扩大前时蒙恬所筑凭黄河为天险的边塞。从此畿辅才不受匈奴的威吓。后昆邪王降汉，又献上今甘肃西北的“走廊地带”（中包括月氏旧地，为匈奴国中最肥美的一片地），武帝把这片地设为武威、酒泉两郡（后来又从中分出张掖、敦煌两郡，募民充实之）。从此匈奴和氐羌（在今青海境）隔绝，从此中国和西域乃得直接交通，从此中国自北地郡以西的戍卒减去一半。后来匈奴有一首歌谣，纪念这一次的损失道（依汉人所译）：

亡我祁连山，
使我六畜不蕃息！
失我焉支（燕支）山，
使我妇女无颜色！

最后在元狩四年的一役，匈奴远遁至瀚海以北，汉把自朔方渡河以西至武威一带地（今宁夏南部，介于绥远和甘肃间地）也占领了，并且在这里开渠屯田，驻吏卒五六万人（惟未置为郡县），更渐渐的向北蚕食。是年武帝募民七十余万充实朔方以南一带的边境。

（三）元狩五年至太初三年，凡十七年（前一一八至前一〇二年）间，是武帝对外的第三期。在这一期内，匈奴既受重创，需要休息，不常来侵寇；武帝也把开拓事业转向别方：先后征服了南越、西南夷、朝鲜，皆收为郡县；从巴蜀开道通西南夷，役数万人；戡定闽越，迁其种族的一大部分于江淮之间，并且首次把国威播入西域。

西域在战国时是一神话的境地，屈原在《招魂》里描写道：

西方之害，流沙千里些！
旋入雷渊，靡散而不可止些！
幸而得脱，其外旷宇些！
赤蚁若象，玄蠭若壶些！
五谷不生，丛菅是食些！

其土烂人，求水无所得些！

一直到张骞出使之时，汉人还相信那里的昆仑山，为日月隐藏之所，其上有仙人西王母的宫殿和苑囿。对这神话的境界武帝首先作有计划的开拓。武帝在即位之初，早已留意西域。先时月氏国给匈奴灭了以后，一部分的人众逃入西域，占据了塞国（今伊犁一带），驱逐了塞王，另建一新国，是为大月氏（余众留敦煌、祁连间为匈奴役属的叫做小月氏），对于匈奴，时图报复。武帝从匈奴降者的口中得到这消息，便想联络月氏，募人去和它通使。汉中人张骞应募。这使事是一件很大的冒险。是时汉与西域间的交通孔道还是在匈奴掌握中，而西域诸国多受匈奴的命令。张骞未入西域，便为匈奴所获，拘留了十多年；他苦心保存着所持的使“节”，终于率众逃脱。这十多年中，西域起了一大变化。先前有一个游牧民族，叫做乌孙的，在故月氏国东，给月氏灭了。他们投奔匈奴，被收容着，至是，受了匈奴的资助，向新月氏国猛攻。月氏人被迫作第二次的逃亡，又找到一个富厚而文弱的国家——大夏（今阿富汗斯坦）——把它鸠居雀巢地占据了；遗下塞国的旧境为乌孙所有。张骞到大夏时，月氏人已给舒服的日子软化了，再不想报仇；张骞留居年余，不得要领而返，复为匈奴所获，幸而过了年余，单于死，匈奴内乱，得间逃归。骞为人坚忍、宽大、诚信，甚为蛮夷所爱服。他出国时同行的有一百多人，去了十三年，仅他和一个胡奴堂邑父得还。这胡奴在路上给他射鸟兽充饥，否则他已经绝粮死了。

张骞自西域归还，是轰动朝野的大事。他给汉人的政治、商业和文化开了一道大门；后来印度佛教的输入，就是取道西域的。这我国史上空前的大探险，不久成了许多神话的挂钉。《张骞出关志》《海外异物记》等类夸诞的书，纷纷的堆到他名下。这些可惜现在都失传了。

张骞第二次出使是在元狩四年，匈奴新败后。这回的目的是乌孙。原来乌孙自居塞地，国势陡强，再不肯朝事匈奴，匈奴派兵讨它，不胜，从此结下仇隙。张骞向武帝献计：用厚赂诱乌孙来归旧地（敦煌、祁连间），并嫁给公主，结为同盟，以断“匈奴右臂”；乌孙既归附，则在它西边大夏（即新月氏）等国皆可收为外藩。武帝以为然，因派张骞再度出使。这回的场面比前次阔绰得多。受张骞统率的副使和将士共有三百多人，每人马二匹，带去牛羊以万数，金币价值“巨万”（万万）。骞至乌孙，未达目的，于元鼎二年（前一一五年）归还，过了年余便死。但乌孙也派了一行数十人跟他往汉朝报谢。这是西域人第一次来到汉朝的京都，窥见汉朝的伟大。骞死后不久，他派往别些国的副使也陆续领了报聘的夷人回来；而武帝继续派往西域的使者也相望于道，每年多的十几趟，少的也五六趟，每一行大的几百人，小的也百多人；携带的礼物也大致同张骞时一般。于时请求出使西域，或应募前往西域，成了郡国英豪或市井无赖的一条新辟的出路。西域的土产，如葡萄、苜蓿、石榴等植物；音乐如摩诃、兜勒等曲调，成了一时的风尚。乌孙的使人归去，宣传所见所闻，乌孙由此重汉；匈奴闻它通汉，要讨伐它。乌孙恐惧，乃于元封中（前一一〇至前一〇五年）实行和汉室联婚，结为兄弟。但匈奴闻讯，也把一个女儿送来，乌孙王也不敢拒却，也就一箭贯双雕地做了两个敌国的女婿。中国在西域占优势乃是元封三年至太初三年（前一〇八至前一〇二年）间对西域的两次用兵以后的事。第一次用兵是因为当路的楼兰、姑师两小国，受不了经过汉使的需索和骚扰，勾通匈奴，攻劫汉使；结果，楼兰王被擒，国为藩属；姑师兵败国破，虽尚崛强，其后十八年（前九〇年）终被武帝征服。第二次用兵因为大宛国隐匿着良马，不肯奉献；结果在四年苦战之后，汉兵包围大宛的都城，迫得大宛贵人把国王杀了投降。楼兰、姑师尚近汉边，大宛则深入西域的中心。大宛服，而汉的声威振撼西域，大宛以东的小国纷纷遣派子弟，随着凯旋军入汉朝贡，并留以为质。于是汉自敦煌至罗布泊之间沿路设“亭”（驿站）；又在渠犁国驻屯田兵数百人，以供给使者。

自汉结乌孙，破楼兰，降大宛，匈奴渐渐感到西顾之忧。初时东胡为匈奴所灭后，其余众分为两部：一部分退保鲜卑山，因号为鲜卑；一部分退保乌桓山，因号乌桓（二山所在，不能确指，总在辽东塞外远北之地）。汉灭朝鲜后，又招来乌桓，让它们居住在辽东、辽西、右北平、渔阳、上谷五郡的塞外。从此匈奴又有东顾之忧。元封六年（前一〇五年）左右，匈奴大约因为避与乌桓冲突，向西退缩；右部从前和朝鲜、辽东相接的，变成和云中郡相当对；定襄以东，无复烽警，汉对匈奴的防线减短了一半。

武帝开拓事业，也即汉朝的开拓事业，在这第三期，已登峰造极。计在前一期和这一期里，他先后辟置了二十五新郡；此外他征服而未列郡的土地尚有闽越、西域的一部分，和朔方以西、武威以东一带的故匈奴地。最后一批的新郡，即由朝鲜所分的乐浪、临屯、玄菟、真番四郡（四郡占朝鲜半岛偏北的大部分及辽宁省的一部分。此外在半岛的南部尚有马韩、弁韩、辰韩三族谓之三韩，包涵七十八国，皆臣属于汉），置于元封三年（前一〇八年）。越二年，武帝把手自扩张了一倍有余的大帝国，重加调整，除畿辅及外藩，分为十三州；每州设一个督察专员，叫做“刺史”。这是我国政治制度史上一个重要的转变。

刺史的制度，渊源于秦朝各郡的监御史。汉初，这一官废了；有时丞相遣使巡察郡国，那不是常置的职官。刺史的性质略同监御史，而所监察的区域扩大了。秦时监御史的职权不可得而详。西汉刺史的职权是以“六条”察事，举劾郡国的守相。那“六条”是：

1. 强宗豪右田宅逾制，以强凌弱，以众暴寡。

2. 二千石（即食禄“二千石”的官，指郡国的守相）不奉诏书，遵承典制，倍公向私，旁诏牟利，侵渔百姓，聚敛为奸。

3. 二千石不恤疑狱，风厉杀人，怒则任刑，喜则淫赏，烦扰刻暴，剥截黎元，为百姓所疾；山崩石裂，妖祥讹言。

4. 二千石选署不平，苟阿所爱，蔽贤宠顽。

5. 二千石子弟恃怙荣势，请托所监。

6. 二千石违公下比，阿附豪强，通行货赂，割损政令。

第一和第六条的对象都是“强宗豪右”——即横行乡曲的地主。这一流人在当时社会上的重要和武帝对他们的注意可以想见了。

（四）武帝对外的第四期——包括他最后的十五年（前一〇一至前八七年）。在这一期，匈奴巨创稍愈，又来寇边。而中国经了三四十年的征战，国力已稍疲竭，屡次出师报复，屡次失利。最后，在征和三年（前九〇年）的一役，竟全军尽覆，主帅也投降了。祸不单行，是年武帝又遭家庭的惨变，太子冤死。次年，有人请求在西域轮台国添设一个屯田区，武帝在心灰意冷之余，便以一道忏悔的诏书结束他一生的开拓事业，略谓：

> 前有司奏，欲益民赋三十（每口三十钱）助边用。是重困老弱孤独也。而今又请遣卒田轮台！……乃者贰师（李广利）败，军士死略离散，悲痛常在朕心。今请远田轮台，欲起亭隧，是扰劳天下，非所以优民也。今朕不忍闻。……当今务在禁苛暴，止擅赋，力本农，修马复令（马复令谓许民因养马以免徭役之令），以补缺，毋乏武备而已。

又二年，武帝死。

不过这一期中匈奴的猖獗只是“回光返照”的开始。在武帝死后三十四年内（前八六至前五三年），匈奴天灾人祸，外患内忧，纷至沓来，弄成它向汉稽首称臣为止。其间重要的打击凡三次。第一次（前七二年），匈奴受汉和乌孙夹攻，人畜的丧亡已到了损及元气的程度；单于怨乌孙，自将数万骑去报复，值天大雪，一日深丈余，全军几尽冻死；于是乌孙从西面，乌桓从东面，丁零又从北面，同时交侵，人民死去什三，畜产死去什五；诸属国一时瓦解。又一次（前六八年）闹大饥荒，据说人畜死去什六七。最后一次，国内大乱，始则五单于争立，终则呼韩邪与郅支两单于对抗；两单于争着款塞纳降，为汉属国，并遣子入侍。后来郅支为汉西域都护所杀，匈奴重复统一，但终西汉之世，臣服中国不改。跟着匈奴的独立而丧失的是它在西域的一切宗主权。它的“僮仆都尉”给汉朝的西域都护替代了。都护驻乌垒国都（今新疆库车），其下有都尉分驻三十余国。

第四节　武帝的新经济政策

武帝的开拓事业，论范围，论时间，都比秦始皇的加倍；费用自然也加倍。军需和边事有关的种种工程费，募民实边费（徙民衣食仰给县官数年，政府假与产业），犒赏和给养降胡费，使节所携和来朝蛮夷所受的遗赂——这些不用说了。光是在元朔五六年间（前一二四至前一二三年）对匈奴的两次胜利，“斩捕首虏”的酬赏就用去黄金二十余万斤。武帝又厉行水利的建设，先后在关中凿渠六系：其中重要的是从长安引渭水傍南山下至黄河，长三百余里的运渠；为郑国渠支派的“六辅渠”和连接泾渭长二百余里的白公渠。又尝凿渠通褒水和斜水，长五百余里，以联络关中和汉中；可惜渠成而水多湍石，不能供漕运之用。这些和其他不可胜述的水利工程，又是财政上一大例外的支出。加以武帝笃信幽冥，有神必祭，大礼盛典，几无虚岁。又学始皇，喜出外巡行，却比始皇使用更豪爽。元封元年第一次出巡，并登封泰山，所过赏赐，就用去帛百余万匹，钱以“巨万”计。可是武帝时代的人民，除商贾外，并不曾感觉赋税负担的重增。这真仿佛是一件奇迹。

汉朝的赋税是例外地轻的，在武帝以前只有四项。一是田租：自景帝以后确定为三十税一。二是算赋和口赋：每人从十五岁至五十六岁年纳百二十钱，商人与奴婢加倍，这叫做算赋；每人从三岁至十四岁的，年纳二十钱，这叫做口赋。三是郡国收来贡给皇帝的献费：每人年纳六十三钱。四是市租：专为工商人而设的。这些赋税当中，只有口赋武帝加增了三钱，其余的他不曾加增过分文。此外他只添了两种新税，一是舟车税：民有的轺（小车）车纳一算（百二十钱），商人加倍；船五丈以上一算。二是工商的货物税：商家的货品，抽价值的百分之六（缗钱二千而一算），工业的出品减半，这叫做“算缗钱”（货物的价值听纳税者自己报告，报不实或匿不报的，罚戍边一年，财产没收，告发的赏给没收财产的一半，这叫做“告缗”）。无论当时悭吝的商人怎样叫苦连天（据说当时中产以上的商人大抵因“告缗”破家），这两种新税总不能算什么“横征暴敛”。

那么武帝开边的巨费大部分从何而出呢？除了增税，除了鬻爵（民买爵可以免役除罪，武帝前已然。武帝更设“武功爵”，买至五级的可以补官），除了募民入财为“郎”，入奴婢免役；除了没收违犯新税法的商人的财产（据说政府因“告缗”所得，财产以亿计，奴婢以万计；田，大县数百顷，小县百多顷；宅亦如之）外，武帝的生财大道有二：新货币政策的施行和国营工商业的创立。

（一）武帝最初的货币政策，是发行成本低而定价高的新币。以白鹿皮方尺，边加绘绣，为皮币，当四十万钱，限王侯宗室朝觐聘享必须用作礼物。又创铸银锡合金的货币大小凡三种：龙文，图形，重八两三的当三千；马文，方形的当五百；龟文，椭圆形的当三百。又把钱改轻，令县官镕销“半两钱”，更铸“三铢钱”；后因三铢钱轻小易假，令更铸“五铢钱”。又由中央发行一种“赤仄钱”（赤铜做边的），以一当五，限赋税非赤仄钱不收。但银币和赤仄钱，因为低折太甚，终于废弃。而其他的钱币，因为盗铸者众，量增价贱。于是武帝实行币制的彻底改革。一方面集中货币发行权，禁各地方政府铸钱；一方面统一法币，由中央另铸新钱，把从前各地方所造质量参差的旧钱收回镕销。因为新钱的质量均高，小规模的盗铸无利可图，盗铸之风亦息。汉朝的币制到这时才达到健全的地步。集中货币发行权和统一法币的主张是贾谊首先提出的。

（二）武帝一朝所创的国家企业可分为两类：一、国营专利的实业；二、国营非专利的商业。

国营专利的实业，包括盐铁和酒。酒的专利办法是由政府开店制造出售，这叫做“榷酤”。盐的专利办法是由“盐官”备“牢盆”等类煮盐器具，给盐商使用，而抽很重的税，同时严禁民间私造煮盐器具。铁的专利办法是由政府在各地设“铁官”主办铁矿的采冶及铁器的铸造和售卖。盐铁官多用旧日的盐铁大贾充当。

国营非专利的商业有两种。其一是行于各地方的。以前郡国每年对皇帝各要贡献若干土产。这些贡品有的因为道路遥远，还不够抵偿运费，有的半途坏损了。有人给武帝出了一条妙计：让这些贡品不要直运京师，就拿来做货本，设官经理，运去行市最高的地方卖了，得钱归公。这叫做“均输”。其二是行于京师的。武帝在长安设了一所可以叫做“国立贸易局”，网罗天下货物，“贱则买，贵则卖”。这叫做“平准”。当时许多商人之被这贸易局打倒是可想见的。

均输、平准和盐铁专利终西汉之世不变。惟榷酤罢于武帝死后六年（前八一年）。是年郡国所举的“贤良文学”议并罢盐铁专卖。主持这些国营实业的桑弘羊和他们作了一次大辩论。这辩论的记录便是现存的《盐铁论》。

第十章

汉初的学术与政治

第一节　道家学说的全盛及其影响

汉初在武帝前的六七十年是道家思想的全盛时代，帝国的政治和经济都受它深刻的影响。

为什么道家会在这时有这么大的势力呢？

道家学说的开始广布是在战国末年。接着从秦始皇到汉高祖的一个时期的历史恰好是道家学说最好的注脚，好像是特为马上证实道家的教训而设的。老子说：“法令滋章，盗贼多有。”秦朝就是法令滋章而结果盗贼多有。老子说：“民不畏死，奈何以死惧之？”秦朝就是以死惧民而弄到民不畏死。老子说：“飘风不终朝，骤雨不终日。”秦始皇和楚项羽就都以飘风骤雨的武功震撼一世，而他们所造成的势力都不终朝日。老子说：“为者败之，执者失之。”秦始皇就是最“有为”的，而转眼间秦朝败亡；项羽就是一个“战胜而不予人功，得地而不予人利”的坚执者，终于连头颅也失掉。老子说：“柔弱胜刚强。”刘邦就是以柔弱胜项羽至刚至强。老子说“自胜者强”，刘邦的强处就在能“自胜”。他本来是一个“酒色财气”的人，但入了咸阳之后，因群臣的劝谏，竟能“财帛无所取，妇女无所幸”，并且对项羽低首下心。老子说：“将欲歙之，必固张之；将欲弱之，必固强之；将欲夺之，必固与之。”刘邦所以成帝业的阴谋，大抵类此。他始则装聋作聩，听项羽为所欲为；继则侧击旁敲，力避和他正面冲突；终于一举把他歼灭。他始则弃关中给项羽的部将，并且于入汉中后，烧毁栈道，示无还心；继则弃关东给韩信、英布，以树项羽的死敌；而终于席卷天下。像这样的例，这里还不能尽举。道家的学说在战国末年既已流行，始皇的焚书，并不能把简短精警的五千言从学人的记忆中毁去。他们当战事平息、痛定思痛之际，把这五千言细加回味，怎能不警觉它是一部天发的神谶。况且当时朝野上下都是锋镝余生，劳极思息；道家“清静无为”的政策正是合口的味，而且是对症的药。我们若注意，当第一次欧洲大战后，于道家学说素无历史因缘而且只能从译本中得到朦胧认识的德国青年，尚且会对老子发生狂热的崇拜，一时《道德经》的译本有十余种（连解释的书共有四五十种）之多；便知汉初黄老思想之成为支配的势力是事有必至的了。

第一个黄老思想之有力的提倡者，是高祖的功臣曹参。他做齐国的丞相时，听得胶西有一位盖公，精通黄老学说，就用厚币请了来，把自己的正房让给他住，常去请教；果然任职九年，人民安集，时称贤相。后来汉丞相萧何死了，曹参被调去继任。他一切遵照旧规，把好出风头的属员都免了职，换用了朴讷的人。他自己天天饮酒，无所事事，有人想劝他做点事，他等那人来时就请他喝酒，那人正想说话时，便敬上一杯，直灌到醉了，那人终没有说话的机会。丞相府的后园，靠近府吏的宿舍，他们常常饮酒，呼叫和歌唱的声音闹得人不得安静。府吏讨厌了，请丞相去游园，让他听听那种声音，好加以制止；那知他反在园中摆起酒来，一样的呼叫和歌唱，竟同隔墙的吏人们相应答。继曹参的汉相是另一个高帝的功臣陈平。他虽然不像曹参一般装懒，也是一个黄老信徒。第二个黄老思想之有力的提倡者是文帝的皇后窦氏。她自己爱好《老子》不用说，并且令太子和外家的子弟都得读这书。有一次她向一位儒生问及这书，那儒生不识好歹，批评了一句，她便大怒，罚他到兽圈里打野猪，幸亏景帝暗地给他一把特别快的刀，他才不致丧命。她在朝廷中，供养了一位精通黄老学说的处士王生。有一次公卿大会，王生也在场，袜带解了，回头瞧着廷尉（最高执法官）张释之道："给我结袜！"释之跪着给他结了。后来王生解释道："吾老且贱，自度终无益于张廷尉；廷尉方（为）天下名臣，吾故聊使结袜，欲以重之。"（事在景帝时）一位黄老大师的青睐，能增重公卿的声价，则当时道家地位可想而知了。

文帝对于黄老学说的热心，虽不及他的皇后；但他一生行事，确是守着道家的"三宝"——"一曰慈，二曰俭，三曰不为天下先"。他慈，他废除"收孥相坐"（罪及家属）的律令；废除"诽谤沃言之罪"；废除"肉刑"（残毁人体的刑）；废除"秘祝"（掌移过于臣下的巫祝）。他首颁养老令，每月以米和酒肉赐给八十岁以上的人；他甚至把人民的田赋完全免掉（后景帝时恢复）。他俭，他身穿厚缯，有时着草鞋上殿；他最宠爱的慎夫人衣不拖地，帷帐无文绣。有次他想造一座露台，匠人估价需百金，他便道这是中人十家之产，停止不造。他不肯为天下先，所以一任北边的烽火直逼到甘泉；所以酿成淮南王长、济北王兴居的叛变；所以养成吴王濞的跋扈，为日后七国之乱的张本。他的一朝，只有消极的改革，没有积极的兴建；只有保守，没有进取；只有对人民增加放任，没有增加干涉。不独他的一朝，整个汉初的六七十年也大抵如此。

但汉初，尤其是文帝时代，黄老思想之最重要的影响，还在经济方面。自从春秋以来，交通日渐进步，商业日渐发达，贸迁的范围日渐扩张，资本的聚集日渐雄厚，"素封之家"（素封者，谓无封君之名，而有封君之富）日渐增多，商人阶级在社会日占势力。战国时一部分的儒家（如荀子）和法家（如商鞅、韩非）对这新兴的阶级，都主张加以严厉的制裁；儒家从道德的观点，痛恶他们居奇垄断，括削农民；法家从政治的观点，痛恶他们不战不耕，减损国力。商鞅治秦，按照军功限制人民私有田土奴婢的数量和服饰居室的享用。这是对于商人的一大打击。但他这政策后来被持续到什么程度，还是问题。始皇曾给一个擅利丹穴的富孀筑女怀清台，又使牧畜大王乌氏倮岁时奉朝请，同于封君；他和大资本家是讲过交道的。但至少在灭六国后，他对于一般商人是采用法家的方略，他在琅琊刻石中的自豪语之一是“上农除末”。在兵役法上，他使商人和犯罪的官吏同被尽先征发。秦汉之际的大乱，对于资本家，与其说是摧残，毋宁说是解放；因为富人逃生，照例比贫民容易；而勾结将吏，趁火打劫，尤其是乱世资本家的惯技，这是最值得注意的事。高帝登极后第三年（前一九九年）便下令“贾人毋得衣锦绣绮縠絺纻罽，操兵，乘（车），骑马”（高帝又尝规定商人纳加倍的“算”赋，商人及其子孙不得为官吏，史不详在何年，当去此令不久或与同时）。假如大乱之后，富商大贾所余不多，则这样的诏令根本没有意义，决不会出现的。此时此令，表示连纯驷马车也坐不起的新兴统治阶级，对于在革命历程中屹立如山的“素封之家”，不免羡极生妒了。高帝此令在商人中间必然惹起很大的忿激。所以过后两年代相陈豨作反，手下的将帅全是商人。但高帝死后不几年，道家放任主义的潮流便把他的抑商政策压倒。关于商人服用之种种屈辱的限制给惠帝撤销了。“市井子孙，不得仕宦为吏”的禁令，虽在文景之世犹存，恐亦渐渐的有名无实。在武帝即位之初，十三岁为侍中，后来给武帝主持新经济政策的桑弘羊便是洛阳贾人子。道家放任主义，在经济上之重要的实施莫如文帝五年的取消“盗铸钱令”（此禁令至景帝中元六年始恢复）。于是富商大贾，人人可以自开“造币厂”，利用奴隶和贱值的佣工，入山采铜，无限制的把资本扩大。结果造成金融界的大混乱，通货膨胀，物价飞腾，人民和政府均受其害。

汉朝统一中国后，一方面废除旧日关口和桥梁的通过税，一方面开放山泽，听人民垦殖；这给工商业以一个空前的发展机会。而自战国晚期至西汉上半期是牛耕逐渐推行的时代。农村中给牛替代了的剩余人口，总有一部分向都市宣泄；这又是工商业发展之一种新的原动力。此诸因缘，加以政府的放任，使汉初六七十年间的工商业达到一个阶段，为此后直至“海通”以前我国工商业在质的方面大致没有超出过的。这时期工商界的状况，司马迁在《史记 · 货殖列传》里有很好的描写，据他的估计，是时通都大邑至少有三十几种企业，各在一定的规模内，可以使企业家每年的收入比得上食邑千户的封君（每户年收二百钱），计：

> 酤一岁千酿，醯酱千瓨，浆千甔，屠牛羊彘千皮，贩谷粜千钟，薪稾千车，船长千丈（诸船积长千丈），木千章，竹竿万个，其轺车百乘，牛车千辆，木器髹者千枚，铜器千钧，素木铁器若卮茜千石，马蹄躈千，牛千足，羊彘千双，僮手指千，筋角丹沙千斤，其帛絮细布千钧，文采千匹，榻布皮革千石，漆千斗，蘖曲盐豉千荅。鲐鮆千斤，鲰千石，鲍千钧，枣栗千石者三之，狐貂裘千皮，羔羊裘千石，旃席千具，佗果菜千钟，子贷金钱千贯。

富商往往同时是大地主，“专川泽之利，管山林之饶”，或抽岁收千分之五的田租。他们的生活，据晁错所说，是“衣必文采，食必粱肉。……因其富厚，交通王侯；力过吏势，以利相倾；千里游遨，冠盖相望，乘坚策肥，履丝曳缟”。据贾谊说，“白縠之表，薄纨之里”的黼绣，古时天子所服，“今富人大贾，嘉会召客者，以被墙”。

这时期先后产生了两项制度，无形中使富人成了一种特权阶级。一是买爵赎罪制，始于惠帝时；其制，人民出若干代价（初定钱六万，后有增减），买爵若干级，使得免死刑。于是有了钱的人，简直杀人不用偿命。二是“买复”制，始于文帝时；其制，人民纳粟若干（初定四千石），买爵若干级，便免终身的徭役。汉民的徭役有三种（应役的年限，有些时是从二十三岁到五十六岁，有些时从二十岁起）：一是充“更卒”，就是到本郡或本县或诸侯王府里服役，为期每年一月；但人民可以每次出钱三百替代，谓之“过更”。其次是充“正卒”，即服兵役。为期两年，第一年在京师或诸侯王府充卫士；第二年在郡国充材官，骑士（在庐江、浔阳、会稽等处则充楼船兵），在这期内习射御骑驰战阵。其次是戍边，每丁为期一年。除了在北方，边郡的人民不得“买复”外；在其他的地方，上说三种徭役，富人都可以免掉。

当时的儒者，本着儒家思想，对于骄奢的商贾自然主张制裁的。贾谊便是一例。他说，商贾剥蚀农民的结果，“饥寒切于民之肌肤。……国已屈矣，盗贼直须时耳！然而献计者曰，毋动为大耳！夫俗至大不敬也，至无等也，至冒上也，进计者犹曰，毋为！可为长太息者（此其）一也”。这里泄露一个重要的消息，当时得势的黄老派学者无形中竟成了商贾阶级的辩护士（司马迁推崇道家，而亦主张对商人放任。故曰：“善者因之，其次利导之，其次教诲之，其次整齐之，最下者与之争。”可为旁证）。这却不是因为他们拜金，或受了商人的津贴。道家要一切听任自然，富贾大商的兴起，并非由于任何预定的计划，也可以说是一种自然的现象，道家自然不主张干涉了。他们从没有梦想到人类可以控制自然而得到幸福。“清静无为”之教结果成了大腹贾的护身符！这诚非以少私寡欲为教的“老聃”所能梦想得到。但事实确是如此滑稽。

但到了黄老学说成为大腹贾的护身符时，黄老的势力就快到末日了。

第二节　儒家的正统地位之确立

儒家在汉朝成立之初，本已开始崭露头角。高帝的“从龙之彦”，固然多数像他自己一般是市井的无赖，但其中也颇有些知识分子。单讲儒者，就有曾著《新语》十一篇，时常强聒地给高帝讲说《诗》《书》的陆贾；有曾为秦博士，率领弟子百余人降汉的叔孙通；而高帝的少弟刘交（被封为楚王），乃是荀卿的再传弟子，《诗》学的名家。高帝即位后，叔孙通奉命和他的弟子，并招鲁国儒生三十多人，共同制作朝仪。先时，群臣都不懂什么君臣的礼节，他们在殿上会饮，往往争论功劳；醉了，就大叫起来，拔剑砍柱。朝仪既定，适值新年，长乐宫也正落成，群臣都到那边朝贺。天刚亮，他们按着等级，一班班的被谒者引进殿门，那时朝廷中早已排列了车骑，陈设了兵器，升了旗帜。殿上传一声“趋”，殿下的郎中们数百人就夹侍在阶陛的两旁；功臣、列侯、诸将军、军吏都向东站立；文官丞相以下都向西站立。于是皇帝坐了辇车出房，百官传呼警卫；从诸侯王以下，直到六百石的吏员依了次序奉贺，他们没一个不肃敬震恐的。到行礼完毕，又在殿上置酒，他们都低着头饮酒，没有一个敢喧哗失礼的。斟酒到第九次，谒者高唱“罢酒”，他们都肃静地退出。高帝叹道：“我到今天才知道皇帝的尊贵呢！”于是拜叔孙通为太常（掌宗庙礼仪，诸博士即在其属下，故亦名太常博士），赐金五百斤。他的助手各有酬庸，不在话下。高帝本来轻蔑儒者，初起兵时，有人戴了儒冠来见，总要把它解下来，撒一泡尿在里边。但经过这回教训，他对于儒者不能不另眼相看了。后来他行经鲁国境，竟以太牢祀孔子。

高帝死后，儒家在朝中一点势力的萌芽，虽然给道家压倒，但在文、景两朝，儒家做博士的也颇不少；儒家典籍置博士可考者有《诗》《春秋》《论语》《孟子》《尔雅》等。而诸侯王中如楚元王交、河间献王德皆提倡儒术，和朝廷之尊崇黄老，相映成趣。元王好《诗》，令诸子皆读《诗》；并拜旧同学申公等三位名儒为中大夫。献王兴修礼乐，征集儒籍，立《毛氏诗》《左氏春秋》博士；言行谨守儒规。山东的儒者多跟随着他。

武帝为太子时的少傅就是申公的弟子王臧，武帝受儒家的薰陶是有素的。他初即位时，辅政的丞相窦婴（窦太皇太后的侄子）和太尉田蚡（武帝的母舅），皆好儒术；他们乃推荐王臧为郎中令——掌宿宫殿门户的近臣，又推荐了王臧的同学赵绾为御史大夫。在这班儒家信徒的怂恿之下，武帝于即位的次年（建元元年）诏丞相、御史大夫、列侯、诸侯王相等荐举“贤良方正直言极谏之士”来朝廷应试。这次征举的意思无疑地是要网罗儒家的人才。颍川大儒董仲舒在这次廷试中上了著名的“天人三策”。在策尾，他总结道：

> 《春秋》大一统者，天地之常经，古今之通谊也。今师异道，人异论，百家殊方，指意不同，是以上无以持一统；法制数变，下不知所守。臣愚以为诸不在六艺之科、孔子之术者，皆绝其道，勿使并进。邪辟之说灭息，然后统纪可一，而法度可明，民知所从矣。

同时丞相卫绾也奏道：

所举贤良或治申、商、韩非、苏秦、张仪之言，乱国政，请皆罢。

这奏给武帝批准了。卫绾不敢指斥黄老，因为窦太皇太后的势力仍在，但仲舒所谓“诸不在六艺之科、孔子之术者”，则把黄老也包括在内了。当文景时代，太常博士有七十多人，治五经及“诸子百家”的均有。经董、卫的建议，武帝后来把不是治儒家五经的博士，一概罢黜了，这是建元五年（前一三六年）的事。

武帝又听王臧、赵绾的话，把申公用“安车蒲轮”招请了来，准备做一番制礼作乐的大事业，和举行一些当时儒者所鼓吹的盛大的宗教仪式。

儒家的张皇生事已够使窦老太太生气的了。更兼田蚡等，把窦氏宗室中无行的人，除了贵族的名籍，又勒令住在长安的列侯各归本国——住在长安的列侯大部分是外戚，且娶公主，不是窦老太太的女婿，便是她的孙婿，都向她诉怨。建元二年，赵绾又请武帝此后不要向窦太皇太后奏事。她忍无可忍，便找寻了赵绾、王臧的一些过失，迫得武帝把他们下狱，结果他们自杀。同时窦婴、田蚡也被免职，申公也被送回老家去了。但过了四年，窦老太太寿终内寝，田蚡起为丞相。儒家终底抬头而且从此稳坐了我国思想史中正统的宝座。

儒家之成为正统也是事有必至的。要巩固大帝国的统治权非统一思想不可，董仲舒已说得非常透彻。但拿什么做统一的标准呢？先秦的显学不外儒、墨、道、法。墨家太质朴，太刻苦了，和当时以养尊处优为天赋权利的统治阶级根本不协。法家原是秦自孝公以来国策的基础，秦始皇更把它的方术推行到“毫发无遗憾”。正唯如此，秦朝昙花般的寿命和秦民刻骨的怨苦，使法家此后永负恶名。贾谊在《过秦论》里，以“繁刑严诛，吏治刻深”为秦的一大罪状。这充分的代表了汉初的舆论。墨、法既然都没有被抬举的可能，剩下的只有儒、道了。道家虽曾煊赫一时，但那只是大骚乱后的反动。它在大众（尤其是从下层社会起来的统治阶级）的意识里是没有基础的，儒家却有之。大部分传统信仰，像尊天敬鬼的宗教和孝弟忠节的道德，虽经春秋战国的变局，并没有根本动摇，仍为大众的良心所倚托。道家对于这些信仰，非要推翻，便存轻视；但儒家对之，非积极拥护，便消极包容。和大众的意识相冰炭的思想系统是断难久据要津的。况且道家放任无为的政策，对于大帝国组织的巩固是无益而有损的。这种政策经文帝一朝的实验，流弊已不可掩。无论如何，在外族窥边，豪强乱法，而国力既充，百废待举的局面之下，“清静无为”的教训自然失却号召力。代道家而兴的自非儒家莫属。

第三节　儒家思想在武帝朝的影响

武帝虽然推崇儒家，却不是一个儒家的忠实信徒。他所最得力的人物，不是矩范一代的真儒董仲舒（仲舒应举后，即出为江都相，终身不在朝廷），也不是“曲学阿世”的伪儒公孙弘（虽然弘位至丞相）；而是“以峻文决理著”、“以鹰隼击杀显”的酷吏义纵、王温舒……之徒，是商人出身的搜括能手桑弘羊、孔仅等。在庙谟国计的大节上，他受儒家的影响甚小，儒家说，“远人不服，则修文德以来之”；他却倾全国的力量去开边，他对匈奴的积极政策，董仲舒是曾婉谏过的。儒家说，“国不以利为利，以义为利”，他的朝廷却“言利事析秋毫”。他的均输、平准和盐铁政策正是董仲舒所谓“与民争利业”，违反“天理”的。

不过除了形式上表章六艺、罢黜百家外，武帝也着实做了几件使当时儒者喝彩的事。

（一）是“受命”改制的实现。邹衍的“五德终始”说自战国末年以来已成了普遍的信仰，在汉初，这一派思想已完全给儒家吸收了过来，成了儒家的产业。秦朝倒了，新兴的汉朝应当属于什么德呢？当初高帝入关，见秦有青、黄、赤、白帝四个神祇的祠，却没有黑帝，便以黑帝自居。在五行中说黑是和水相配的，高帝遂以为汉朝继承了秦的水德，正朔服色等和“德”有关的制度，一仍旧贯。这倒是百忙中省事的办法。贾谊却以为汉革秦命，应当属于克水的土德，提议改正朔，易服色，并于礼乐、政制、官名有一番兴革，亲自草具方案。在当时的儒者看来，这种改革是新朝接受天命的表示，不可缺的大典。贾谊把草具的方案奏上文帝，但在道家“无为”主义的势力之下，未得施行。这方案的内容现在只知道“色尚黄，数用五”，这两点都给武帝采用了。为着“改正朔”，武帝又征集民间治历者凡十八派，二十余人，互相考较，终于采用浑天家（浑天家是想象天浑圆如鸡子，地是鸡子中黄，天空半覆地上，半绕地下的）落下闳等的测算，制定“太初历”。这历法的内容，详在《汉书 · 律历志》。这里单表它的两个要点。以前沿用的秦历以一年的长度为$365\frac{1}{4}$日，现在以一年的长度为$365\frac{385}{1569}$日，较精密得多。秦历“建亥”，现在改用“建寅”。这句话得加解释，古人以冬至所在月为子，次月为丑，余类推；建寅就是以寅月（冬至后第二个月）为岁首，余类推。相传夏历建寅，殷历建丑，周历建子。孔子主张“行夏之时”。太初历建寅（后来直至民国前相沿不改）就是实行孔子的话。

（二）是商人的裁抑。除了特别增加商人的捐税外（详前章），武帝又规定商人不得“名田”（即置田为产业）。“告缗令”（详前章）施行后，据说中产以上的商人大抵破家。

董仲舒曾对武帝建议裁抑富豪和救济农民的办法，他说道：

> 秦……用商鞅之法，改帝王之制，除井田，民得卖买（田）。富者田连阡陌，贫者无立锥之地。又专川泽之利，管山林之饶。荒淫越制，逾侈以相高。邑有人君之尊，里有公侯之富，小民安得不困？又加月为更卒，已，复为正（卒）一岁，屯戍一岁。力役三十倍于古，田租口赋盐铁之利二十倍于古。或耕豪民之田，见税什伍。故贫民常衣牛马之衣，而食犬彘之食。重以贪暴之吏，刑戮妄加。民愁无聊，亡逃山林，转为盗贼。赭衣半道，断狱岁以千万数。汉兴，循而未改。古井田法虽难猝行，宜少近古，限民名田（谓限制人民私有田地的数量），以赡不足，塞并兼（资产集中在少数富豪手中，当时叫做“并兼”或兼并）之路。盐铁皆归于民。去奴婢，除专杀之威（废除奴婢制度），薄赋敛，省徭役，以宽民力，然后可善治也。

这是第一次学者为农民向政府请命；这是封建制度消灭后农民生活的血史第一次被人用血写出。这血史并没有引起好大喜功的武帝多大的同情。但他禁商人名田的法令，似乎是受董仲舒“限民名田”的建议的影响。

（三）是教育的推广。在西周及春秋时代，王室和列国已有类似学校的机关，但只收贵族子弟。孟子“设为庠序”以教平民的理想，至武帝方始实现。先时秦朝以来的太常博士，本各领有弟子；但博士弟子的选择和任用，还没有定制，而他们各就博士家受业，也没有共同的校舍。建元元年，董仲舒对策，献议：“立大学以教于国，设庠序以化于邑。”后来武帝便于长安城外给博士弟子建筑校舍，名叫“太学”，规定博士弟子名额五十，由“太常择民年十八以上、仪状端正者”充当。这些正式弟子之外，又增设跟博士“受业如弟子”的旁听生（无定额），由郡国县官择“好文学，敬长上，肃政教，顺乡里，出入不悖”的少年充当。正式弟子和旁听生均每年考试一次，合格的按等第任用。于太常外，武帝又令天下郡国皆立学校。但这诏令实行到什么程度现在无从得知。先是，景帝末，蜀郡太守文翁在成都市中设立学校，招各县子弟入学；学生免除徭役，卒业的按成绩差使；平常治事，每选高材生在旁听遣，出行则带着他们，让传达教令。县邑人民见了这些学生都钦羡不置，争着送子弟入学。这是我国地方公立学校的创始。

第十一章

改制与“革命”

第一节　外戚王氏的专权

武帝死后，经昭帝和宣帝两朝，和平而繁荣的两朝，凡四十四年，而至元帝。

当元帝做太子时，他的爱妃夭死，临死时，自言死于非命，由妾婢诅咒所致。太子悲痛到极，许久不去接近宫里任何女人，长日精神恍惚的。宣帝很替他担心，叫皇后觅些女子，可以开解他的。皇后选了五人，等他来朝时，给他瞧见，并嘱近身的太监暗中探听太子的意思。太子本来没有把这五人看在眼里，怕拂母后意，勉强答道内中有一人可以，却没明说是谁。那太监见五人中独有一人穿着镶大红边的长褂，并且坐的挨近太子，认为就是她，照禀皇后，皇后便命人把她送到太子宫里。她叫做王政君，当年她就生了嫡皇孙，即后来的成帝。

元帝即位，王政君成了皇后，嫡皇孙成了太子。元帝晚年，太子耽于宴乐，很使他失望。而皇后又已失宠。他常想把太子废掉，而另立他新近所恋一个妃嫔的儿子。当他最后卧病时，这妃嫔母子常在他跟前，而皇后和太子难得和他见面；他屡次查问从前景帝易置太子的故事。是时皇后、太子和太子的长舅王凤，日夜忧惧，却束手无策，幸亏因一位大臣涕泣力谏，元帝竟息了心。

成帝之世，王凤四兄弟相继以“大司马”（大司马乃是当时最高的军政长官）的资格辅政。据王凤的同僚刘向在一封奏章里的观察：

> 王氏一姓，乘朱轮华毂者二十三人。青紫貂蝉，充盈幄内，鱼鳞左右。大将军（王凤）秉事用权，五侯（凤诸弟）骄奢僭盛，并作威福，击断自恣。……尚书九卿，刺史郡守，皆出其门。筦执枢机，朋党比周，称誉者登进，忤恨者诛伤。游谈者助之说，执政者为之言，排摈宗室，孤弱公族，其有智能者．尤非毁而不进。……兄弟据重，宗族盘互。历上古至秦汉，外戚僭贵，未有如王氏者也。

王凤诸弟继任时，虽然不能像他那样专权独断，但王家的势焰，并没有稍减。

王太后的兄弟共八人，惟独弟曼早死，没有封侯，太后很怜念他，他的寡妇住在宫里，抚育着幼子王莽。王氏众侯的公子，个个骄奢淫逸，只知讲究车马声伎。惟独王莽谦恭俭朴，勤学博览，交结贤俊，穿着得同儒生一般。他对寡母，对诸伯叔，对寡嫂孤侄，无不处处尽道，为人所不能为。王凤病，他在跟前侍候，亲自尝药，蓬头垢面，衣不解带，一连好几个月。王凤临死，特别把他托付给太后和成帝，其他诸伯叔也无不爱重他。他不久便被升擢到侍中（宿卫近臣）并封新都侯。他爵位愈尊，待人愈敬谨。散赀财车马衣裘，以赠送宾客，赡养名士，又广交名公巨卿。于是在朝的推荐他，在野的颂赞他，他隐然为一时人望所寄了。

成帝绥和元年（前八年）王莽的叔父大司马王根因病辞职，荐莽自代。这时莽才三十八岁。他虽位极人臣，自奉仍如寒素。有一回，他的母亲病，公卿列侯的夫人来问候，他的夫人出迎，衣不拖地（是时贵妇的衣服是拖地的），用粗布做“蔽膝”，来宾只当她是婢仆，问知是大司马夫人，无不吃惊。他把受赏赐所得的赀财完全散给寒士。

又延聘贤良，以充属吏。他的声誉随爵位而起。

次年三月，成帝死，绝后，以侄定陶王嗣位，是为哀帝。王政君虽然升级为太皇太后，王氏的权势却暂时为哀帝的祖母家傅氏和母家丁氏所压倒。是年七月，王莽称病去职。

第二节　哀帝朝的政治

王莽去职前一月，汉廷议行一大改革，这改革方案的主要条目如下：

（一）一切贵族，官吏及平民，“名田”（谓私有田土）皆不得过三十顷。三年后，过限的充公。

（二）商人皆不得“名田”为吏。

（三）诸侯王蓄奴婢不得过二百人，列侯公主不得过一百人，关内侯及吏民不得过三十人。年六十以上，十以下，不在数中。三年后过限的充公。

（四）官奴婢，年五十以上，解放为平民，宫人年三十以下，出嫁之。

（五）废除“任子令”。任子令的规定是，官吏二千石以上，任职满三年，得荫子弟一人为“郎”，即皇帝的侍从（这种特权的废除，宣帝时已有人主张）。

（六）增加三百石以下的官吏的俸禄。

这改革案的发动人师丹在建议里说道：

古之圣王莫不设井田，然后治乃可平。孝文皇帝承亡周乱秦兵革之后……民始充实，未有并兼，故不为民田及奴婢为限。今累世承平，豪富吏民，赀数巨万（谓万万），而贫弱愈困。盖君子为政贵因循而重改作；然所以有改者将以救急也。亦未可详，宜略为限。

我们把这些话和上一章所载董仲舒对武帝说的话对读，便可见一个时代要求的持续性。

这改革案和王莽的关系，史无明文，但从他日后在政治上的措施看来，他赞成这改革案是无可疑的。

这改革案奏上后，一时奴婢田地的价值大减。但丁、傅两家和哀帝的嬖臣董贤觉得它于自己不便，哀帝诏暂缓施行，这就等于把它判了无期徒刑。不久，哀帝赐董贤田二千顷，就把这改革案中最重要的项目宣告死刑。

董贤是我国历史中一个极奇特的脚色。哀帝即位时，他才十七岁，比哀帝少三岁。他生得异常姣好，哀帝做太子时早已倾心于他，即位后，依然时常与他同卧起。他们间有一件千古传为话柄的事，一日午睡，董贤枕着哀帝的衫袖，哀帝要下床，却怕惊醒了董贤，把衫袖剪断而起。他对董贤的赏赐，使得他死后董氏家产被籍没时，卖得四十三万万，这还不足为奇。董贤甫二十二岁，在政治上没有做过一点事，便被册为大司马，册文里并且用了“允执厥中”的典故，那是《书经》所载帝尧禅位于舜时说的话。这册文已够使朝野惊骇了。不久哀帝宴董贤父子，酒酣，从容对董贤说道：“吾欲法尧禅舜何如？”

哀帝想效法帝尧，原有特殊的历史背景。秦汉以来深入人心的“五德终始”说早已明示没有一个朝代能够永久。而自昭帝以来，汉运将终的感觉每每流露于儒生、方士之口。昭帝时有一位眭孟因天变上书，有一段说道：

> 先师董仲舒有言，虽有继体守文之君，不害圣人之受命。汉家尧后（谓汉高帝为帝尧的后裔）有传国之运，汉帝宜……求索贤人，禅以帝位，而退自封百里．如殷、周二王后，以承顺天命。

眭孟虽然以妖言伏诛，其后二十年，在宣帝时，有一位盖宽饶，亦以同类的言论送死。成帝时，大臣谷永因天变上书，也说道：“白气起东方，贱人将兴之征也；黄浊（尘）冒京师，王道微绝之应也。”稍后，亦在成帝时，方士甘忠可昌言：“汉家逢天地之大终，当更受命于天。”并且供献种种重更“受命于天”的法术。忠可虽以“假鬼神罔上惑众”死于狱中，他的弟子夏贺良又把他的一套向哀帝进献。原来哀帝即位后，久病无子。贺良用这类的话恫吓他：“汉运已经中衰，应当重新接受天命。成帝不应天命，所以绝嗣。如今陛下久病，天变屡次出现，这就是上天的谴告。”哀帝信了他的话，改建平二年（前五年）为“太初元将”元年，自号为“陈圣刘太平皇帝”，改刻漏百度为百二十度，并大赦天下。这些就是“更受天命”的法术。但是一切实行后，毫无效验。哀帝在计穷望绝之下，又被一种异常的情感所驱使，便自觉或不自觉地要实行眭孟的主张了。

哀帝册命董贤为大司马是在元寿元年（前二年）十二月。次年六月，他还没有“法尧禅舜”，便仓卒死了。

第三节　从王莽复起至称帝

王莽罢政后不久，被遣归“国”（即本封的新都，在今河南），闭门韬晦了三年。吏民上书替他讼冤的有一百多次。后来应举到朝廷考试的士人又在试策里大大讼赞王莽的功德。哀帝于是召他还京，陪侍太皇太后。他还京年余，而哀帝死。哀帝又是绝后，他的母后及祖母又皆已前死，大权又回到太皇太后手，这时她七十二岁了。王莽于哀帝死后不几日，以全朝几乎一致的推举，和太皇太后的诏令，复大司马职。是年九月，他才选了一个年方九岁的中山王做继任的皇帝，这时朝中已没有和王莽不协，或敢和王莽立异的人了。次年，王莽既进号太傅安汉公，位诸侯王上，太皇太后又从群臣的奏请，下诏道：

> 自今以来，惟封爵乃以闻。他事，安汉公、四辅平决。州牧（成帝末王莽为大司马时，罢刺史，于每州设长官，称州牧）、二千石及茂材吏初除奏事者，辄引入，至近署对安汉公，考故官，问新职，以知其称否。

平帝虽名为天子，连自己的母亲卫后也不得见面。她被禁锢在中山，因谋入长安，全家被诛灭，不久平帝亦郁郁而死。他一共做了五年傀儡。在这五年间，王莽行了不少的惠政和善政，举其要者如下：他大封宗室和功臣的后裔，前后不下二百人。他令官吏自“比二千石”以上，年老退休的，终身食原俸三分之一。值凶年，他献田三十顷，钱百万，以与贫民，同僚仿行的二百三十人。他在长安城中起了五条街，房屋二百所，给贫民居住。他立法，妇女非身自犯法，不受株连；男子八十以上七岁以下，非家犯大逆不道，被诏名捕，不得拘系。他赐天下鳏寡孤独及高年人以布帛。他在郡（王国同）县（侯国同）乡、聚（较乡为小）皆设公立学校；在郡的称“学”，在县的称“校”，每所置经师一人；在乡的称“庠”，在聚的称“序”，每所置《孝经》师一人（《孝经》是战国末出现的一部劝孝的书，托为孔子和弟子对话的记录）。他扩充太学，增加博士人数至每经五人；于五经之外又添立《乐经》；学生增加至万余人，又给太学建筑宏伟的校舍，其中学生宿舍就有万多间。他征求全国通知逸经、古记、天文、历算、乐律、文字训诂、医药、方技和以五经、《论语》、《孝经》、《尔雅》（秦汉间出现的讲训诂的书）教授的人，由地方官以优礼遣送到京；前后应征的凡数千人，皆令在殿庭上记述所学。他又曾奏上“吏民养生，送终，嫁娶，田宅，奴婢之品”；所谓“品”就是分等级的限制。董仲舒、师丹的建议他又打算实行。可惜这方案提出不久，适值卫氏之狱，又被搁起，后来不知何故，竟没有重提；其详细节目不得而考了。

讴歌和拥戴王莽的人自然不会缺少。当平帝选后，王莽拒绝把女儿参加候选时，就每日有千余人，包括平民、学生和官吏，守阙上书，“愿得公女为天下母”，结果他的女儿不待候选便直接做了皇后。当皇后正位后，群臣请求给他“大赏”时，就有八千多人上书附和。当他拒绝接受赏田时，就先后有吏民四十八万七千五百七十二人，上书朝廷，声言对他“宜亟加赏”。

在这时期，王莽处处以周公为榜样，朝野也以周公看待他。传说周公辅政时，有南方远夷越裳氏来献白雉，为周公功德及远的表征；是时也有益州塞外（今安南境）蛮夷，自称越裳氏，来献白雉和黑雉，其后四夷声言因慕义而来朝贡的络绎不断。周公“托号于周”，所以朝廷的公论要给王莽以安汉公的称号。周公位居总领百僚的太宰，所以朝廷的公论要为他特设“宰衡”一职，位在诸侯王之上（宰衡是兼采太宰和阿衡之号，商汤大臣伊尹，号阿衡，曾辅汤孙太甲）。周公的七个儿子都封为诸侯，所以朝廷的公论要把他的两个儿子（他原有四子，一因杀奴，为他迫令自杀；一因助卫氏，伏诛；后来又一因谋杀他，为他迫令自杀）都封侯。最后，传说周公当成王幼小时，曾暂时替代他做天子，谓之“居摄”，于是就有一位侯爵的宗室上书，说“今帝富于春秋，宜令安汉公行天子事，如周公”。这件想象的史事正要开始重演时，平帝病死，又是绝后。是月就有人奏称，武功县长淘井，得白石，上有丹漆写的文字：“告安汉公莽为皇帝。”王莽却经问卜和看相之后，选了一个最吉的两岁的宗室子婴，做平帝的后嗣，同时他受同僚的推戴和太皇太后勉强下的诏令，实行“居摄”。他令臣民称他为“摄皇帝”，他祭祀及朝见太皇太后时，自称“假皇帝”（假有代理之意，非言伪）。

在王莽“居摄”的头两年间，安众侯刘崇及东郡太守翟义先后起兵讨伐他，皆败死。第三年（公元八年），宣示天意要王莽做皇帝的“符命”接叠而起。是年十一月，王莽奏上太皇太后，请（许莽）：

> 共事神祇宗庙，奏言太皇太后，孝平皇后，皆（仍）称假皇帝，其号令天下，天下奏言事，毋言摄，以居摄三年为初始元年，漏刻以百二十为度，用应天命。臣莽夙夜养育，隆就孺子，令与周之成王比德；宣明太皇太后威德于万方，期于富而教之。孺子加元服，“复子明辟”（谓待子婴长大后，还他帝位），如周公故事。

次月，某日，黄昏时，有梓潼人哀章，穿着黄衣，拿了一个铜盒，送到汉高祖庙。盒里装着两卷东西：一卷题为《天帝行玺金匮图》，一卷题为《赤帝行玺刘邦传予黄帝金策书》。策书的大意是说王莽应为真天子，太皇太后应从天命。守庙的人奏闻王莽。次日一早王莽便到高庙拜受这铜盒，即所谓“金匮”，然后谒见太皇太后，然后还坐殿廷，下书道：

> 予以不德，托于皇初祖考黄帝之后，皇始祖考虞帝之苗裔，而太皇太后之末属。皇天上帝隆显大佑，成命统序，符契图文，金匮策书，神明诏告，属予以天下兆民。赤帝汉氏高皇帝之灵，承天命传国金策之书，予甚祇畏，敢不钦受？以戊辰直“定”（定是建除等十二日次之一），御王冠，即真天子位。定有天下之号曰“新”。其改正朔，易服色，变牺牲，殊徽帜，异器制。以十二月朔癸酉为始建国元年正月之朔。……

第四节　王莽的改革

王莽即真后，除了“改正朔，易服色……”等等外，还要改变全国的经济机构。他自从少年得志以来，可谓从心所欲，无不成为事实。现在他要依照先圣的启示，理性的唤召，为大众的福利和社会的正义，去推行一种新经济的制度，还会遇到不可克服的阻碍吗？孟子所提倡而认为曾经存在过的“井田”制度，时常闪烁于西汉通儒的心中。不过董仲舒和师丹都认为“井田”制“难猝行”，不得已而思其次，提出“限民名田”的办法。王莽在胜利和乐观、信古和自信之余，便完全看不见董仲舒和师丹所看见的困难了。他不但要实行“井田”制度，并且要同时改革奴隶的制度，始建国元年（公元九年）王莽下诏道：

> 古者设庐井八家，一夫一妇田百亩，什一而税，则国给民富而颂声作。此唐、虞之道，三代所遵行也。秦为无道……坏圣制，废井田，是以兼并起，贪鄙生，强者规田以千数，弱者曾无立锥之居。又置奴婢之市，与牛马同栏，制于民臣，专断其命（谓吏民得擅杀奴婢）。奸虐之人，因缘为利，至略卖人妻子。逆天心，悖人伦，谬于“天地之性人为贵”（语出《孝经》）之义。……汉氏减轻田租，

三十而税一，常有更赋，疲癃咸出。而豪民侵陵，分田劫假。厥名三十税一，实什税五也。父子夫妇，终年耕耘，所得不足以自存。故富者犬马余菽粟，骄而为邪；贫者不餍糟糠，穷而为奸。俱陷于辜，刑用不措。……今更名天下田曰王田，奴婢曰私属，皆不得卖买。其男口不盈八而田过一井者，分余田予九族邻里乡党。故无田，今当受田者如制度。致有非井田圣制，无法惑众者，投诸四裔，以御魑魅，如皇始祖考虞帝故事。

这道诏书亦宜与董仲舒请限民名田及废除奴婢的奏章对读。这道诏书所提出的改革，分析如下：

（一）田地国有，私人不得买卖（非耕种的土地，似不在此限）。

（二）男丁八口以下之家占田不得过一井，即九百亩。关于男丁八口以上之家无明文，似当以“八丁一井”的标准类推，有爵位食赏田的当不在此限。

（三）占田过限的人，分余田与宗族乡邻。

（四）无田的人，政府与田；所谓“如制度”，似是依“一夫一妇田百亩”的办法。有田不足此数的亦当由政府补足。

（五）现有的奴婢，不得买卖（但没有解放）。买卖自由人为奴婢，虽没有提及，当亦在禁止之列。现有的奴婢的子孙是否仍听其承袭为奴婢，亦没有明文。若是，则是王莽要用渐进的方法废奴；若否，则他并不是要完全废奴。

这道诏令实际上曾被施行到什么程度，不可确考，据说“坐卖买田宅奴婢……自诸侯卿大夫至于庶民，抵罪者不可胜数”。可惜这几句话太笼统了。这道诏令的推行所必当碰到的困难和阻碍是怎样，历史上亦没有记载。但是到了始建国四年，有一位中郎区博进谏道：

井田虽圣王法，其废久矣。……今欲违民心，追复千载绝迹，虽尧、舜复起，而无百年之渐，弗能行也。天下初定，万民新附，诚未可施行。

王莽听了他的话，便下诏：

> 诸名食王田，皆得卖之，勿拘以法。犯私买卖庶人者，且一切勿治。

这里只涉及上列的第一项及第五项的一部分。其余各节不知是否亦连带撤销。但我们要注意，他的解禁并不否认始建国元年的诏令在四年间所已造成的事实。

除了关于土地和奴婢的新法外，王莽在民生及财政上还有六种重要的兴革：

（一）国营专利事业的推广。武帝时国家已实行盐铁和酒的专卖，其后酒的专卖废于昭帝时；盐铁的专卖，元帝时废而旋复。王莽除恢复酒的专卖外，更推广国家独占的范围及于铜冶和名山大泽的资源的开采，同时厉禁人民私自铸钱。

关于这一项立法的用意，王莽曾有诏说道：

> 夫盐，食肴之将（将帅）；酒，百药之长，嘉会之好；铁，田农之本；名山大泽，饶衍之藏；五均赊贷，百姓所取平，仰以给赡；钱布铜冶，通行有无，备民用也。——此六者非编户齐民所能家作，必仰于市，虽贵数倍，不得不买。豪民富贾，即要（要挟）贫弱。先圣知其然也，故斡（谓由国家经营）之。

（二）国家放款的创始。人民因祭祀或丧事所需，得向政府借款，不取利息；还款期限，祭祀十日，丧事三月。人民因经营生业，得向政府借款，每年纳息不过纯净赢利的十分之一。

（三）国营“平价”贸易的创始。五谷布帛丝绵等类日常需用之物，遇滞销时，由政府照本收买。政府在各地算出这类货物每季的平均价格（各地不必同）。若货物的市价超过平均价，则政府照平均价出卖，若低过平均价，则听人民自相买卖。这制度虽然与武帝所行的平准法有点相似，但用意则极不相同，后者目的在政府赢利，前者则在维持一定的物价水准，便利消费者而防止商人的囤积居奇。

（四）荒弃土地税的创始。不耕的田和城郭中不种植的空地皆有税。

（五）处理无业游民的新法。无业的人每丁每年须缴纳布帛一匹，不能缴纳的由县官征服劳役，并供给其衣食。

（六）所得税的创始。对一切工商业（包括渔猎牧畜，巫医卜祝，旅店经营以至妇女之养蚕、纺织和缝补），取纯利十一分之一，叫做“贡”，政府收入的贡即为放款与人民的本钱。贡税与现代所得税的异点在前者没有累进的差别，亦没有免征的界限。

以上的制度，除铜冶的专利公布于始建国元年外，其余皆在始建国二年以后陆续公布，其被实际施行的程度和推行时所遇的困难和阻碍，历史上亦均无记载。铜冶的专利弛于始建国五年，山泽的专利弛于地皇三年（公元二二年），次年王莽便败死。

第五节　新朝的倾覆

王莽对于立法的效力有很深的信仰，他认为“制定天下自平”。除上述一切关于民生和财政的新法外，他对于中央和地方的官名官制，行政区域的划分，以及礼乐刑法无不有一番改革。他自即真以来，日夜和公卿大臣们引经据典地商讨理想的制度，议论连年不休。他沿着做大司马时的习惯，加以疑忌臣下，务要集权揽事，臣下只有唯诺敷衍，以求免咎。他虽然忙到每每通宵不眠，经常的行政事务，如官吏的遴选、讼狱的判决等却没有受到充分的理会。有些县甚至几年没有县长，缺职一直被兼代着。地方官吏之多不得人是无足怪的。更兼他派往各地的镇守将军，“绣衣执法”，以及络绎于道的种种巡察督劝的使者又多是贪残之辈，与地方官吏相缘为奸。在这样的情形之下，即使利民的良法，也很容易变成病民。何况像贡税和荒地税本属苛细。国家专利的事业禁民私营。像铸钱和铜冶，犯者邻里连坐，这又给奸吏以虐民的机会。

在王莽的无数改革中有一件本身甚微而影响甚大的，即王爵的废除，因此从前受汉朝册封为王的四夷的君长都要降号为侯，并且更换玺印。为着这事，朝鲜的高句骊、西南夷句町先后背叛。王莽对他们纯采高压政策。他派十二将，领甲卒三十万，十道并出，去伐匈奴。因为兵士和军用的征发的烦扰，内郡人民致有流亡为盗贼的，并州、平州尤甚。出征的军队屯集在北边，始终没有出击的机会。边地粮食不给，加以天灾，起大饥荒，人民相食，或流入内郡为奴婢。边地的屯军，生活困苦，又荼毒地方，五原、代郡，受祸尤甚；其人民多流为盗贼，数千人为一夥，转入旁郡，经一年多，才被平定。北边郡县却大半空虚了。为伐匈奴，强征高句骊的兵，结果高句骊亦叛，寇东北边。征句町的大军，十分之六七死于瘟疫，而到底没有得到决定的胜利。为给军用，赋敛益州人民财物，至于十收四五，益州因而虚耗。以上都是王莽即真以来八年间的事。

从新朝的第九年（是年莽六十二岁）至第十四年（公元一七至二二年）间，国内连年发生大规模的天灾；始而枯旱，继以飞蝗。受灾最重的地方是青、徐二州（今山东的东南部和江苏的北部）和荆州（今河南的南部和湖北的北部）。灾害的程度，除了表现于四方蜂起的饥民暴动外，还有二事可征：其一，山东饥民流入关中求食的就有数十万人；其二，王莽分遣使者往各地，教人民煮草木为“酪”，以代粮食，这种“酪”却被证明是无效的替代品。

暴动的饥民，起初只游掠求食，常盼年岁转好，得归故里；不敢攻右城邑，无文告旗帜，他们的魁帅亦没有尊号，他们有时俘获大吏也不敢杀害。因将吏剿抚无方，他们渐渐团聚，并和社会中本来不饥的枭悍分子结合，遂成为许多大股的叛党。其中最著者为萌芽于琅琊而蔓延于青、徐的“赤眉”（叛徒自赤其眉，以别于官军，故名）；和最初窟穴于绿林山（在今湖北当阳）而以荆州为活动范围的绿林贼。二者皆兴起于新朝的第九年。绿林贼后来分裂为下江兵和新市兵。

第十三年（即地皇二年，公元二一年），王莽遣太师羲仲景尚、更始将军王党将兵击青、徐。同时又遣将击句町，并令天下转输谷帛至北边的西河、五原、朔方和渔阳诸郡，每郡以百万数，预备大举伐匈奴。是年曾以剿贼立大功，领青、徐二州牧事的田况，上平贼策道：

盗贼始发，其原甚微，部吏伍人所能擒也。咎在长吏不为意，县欺其郡，郡欺朝廷，实百言十，实千言百。朝廷忽略，不辄督责，遂致延蔓连州。乃遣将率（率乃新朝将帅之称）多发使者，传相监趣（促）。郡县力事上官，应塞诘对。供酒食，具资用，以救断斩。不给（暇）复忧盗贼，治官事。将率又不能躬率吏士，战则为贼所破，吏气浸伤，徒费百姓。前幸蒙赦令，贼欲解散，或反遮击，恐入山谷转相告语。故郡县降贼，皆更惊骇，恐见诈灭。因饥馑易动，旬日之间，更十余万人。此盗贼所以多之故也。今洛阳以东，米石二千。窃见诏书欲遣太师、更始将军（指羲仲景尚与王党）。二人爪牙重臣，多从人众，道上空竭；少则无以威视远方。宜急选牧尹以下，明其赏罚。收合离乡、小国、无城郭者，徙其老弱，置大城中，积藏谷食，并力固守。贼来攻城则不能下，所过无食，势不得群聚。如此招之必降，击之则灭。今空复多出将率，郡县苦之，反甚于贼。宜尽征还乘传诸使者，以休息郡县，委任臣况以二州盗贼，必平定之。

王莽不听，反免田况职，召还京师。

第十四年二月，羲仲景尚战死。四月，莽继派太师王匡和更始将军廉丹，将锐士十余万，往征青、徐。大军所过，百姓唱道：

宁逢赤眉，
不逢太师。
太师尚可；
更始杀我！

十月，廉丹战死，全国震动。十一月，下江、新市兵与平林、春陵兵联合。平林、春陵兵，皆以其兴起之地名，先后皆于是年兴起。春陵兵的领袖乃汉朝皇室的支裔，刘縯和刘秀两兄弟。

第十五年，二月，下江、新市等联军拥立刘玄为皇帝，改元更始。刘玄亦汉朝皇室的支裔，他即位之日，对群臣羞愧流汗，举手不能言语。是时联军攻宛城未下，他驻跸宛城下。三月王莽诏发郡国兵四十余万，号百万，会于洛阳，以司空王邑、司徒王寻为将。五月，二王率其兵十余万由洛阳向宛进发，路过昆阳，时昆阳已降于联军，二王首要把它收复。部将严尤献议道："今僭号的人在宛城下，宛城破，其他城邑自会望风降服，不用费力。"王邑道："百万大军，所过当灭，如今先屠此城，喋血而进，前歌后舞，岂不快哉！"于是纵兵围城数十重，城中请降，王邑不许。严尤又献计道：兵法上说"归师勿遏，围城为之阙"，可依此而行，使城中贼得路逃出，好惊怖宛下。王邑不听。先是当城尚未合围时，刘秀漏夜从城中逃出，请救兵。六月刘引救兵到，自将步骑千余为前锋。二王亦派兵迎击，却连战皆败。刘秀乃率敢死队三千人从城西水上冲官军的中坚。二王根本轻视他，自将万余人出阵，令其他营伍各守本部，不得擅动。二王战不利，大军又不敢擅来救援。二王阵乱，刘秀乘势猛攻，杀王寻。城中兵亦鼓噪而出，内外夹击，震呼动天地，官军大溃，互相践踏，伏尸百余里。是日风雷大作，雨下如注，近城的河川盛潦横溢，官兵溺死以万计，得脱的纷纷奔还本乡。王邑只领着残余的"长安勇敢"数千，遁归洛阳。消息所播，四方豪杰，风起云涌地举兵响应，旬月之间，遍于国中，他们大都杀掉州牧郡守，自称将军，用更始的年号，等候着新主的诏命。九月，响应更始的"革命"军入长安，城中市民亦起暴动相应，王莽被杀，手刃他的是一个商人。他的尸体被碎裂，他的首级被传送到宛。

做过王莽的"典乐大夫"的桓谭在所著《新论》里曾以汉高帝与王莽比较，指出王莽失败的原因，说道：

> 维王翁（即莽）之过绝世人有三焉：其智足以饰非夺是，辨能穷诘说士，威则震惧群下，又数阴中不快己者。故群臣莫能抗答其论，莫敢干犯匡谏，卒以致亡败。其不知大体之祸也。夫（知）帝王之大体者，则高帝是已。高帝曰：张良、萧何、韩信，此三子者，皆人杰也。吾能用之，故得天下。此其知大体之效也。王翁始秉国政，自以通明贤圣，而谓群下才智莫能出其上，是故举措兴事，辄欲自信任，不肯与诸明习者通……稀获其功效焉。故卒遇破亡。此

不知大体者也。高帝怀大智略，能自揆度。群臣制事定法，常谓曰：庳而勿高也，度吾所能行为之。宪度内疏，政合于时。故民臣乐悦，为世所思。此知大体者也。王翁嘉慕前圣之治……欲事事效古……而不知己之不能行其事。释近趋远，所尚非务。……此不知大体者也。高祖欲攻魏，乃使人窥视其国相，及诸将卒左右用事者。乃曰：此皆不如吾萧何、曹参、韩信、樊哙等，亦易与耳。遂往击破之。此知大体者也。王翁前欲北伐匈奴，及后东击青、徐众郡赤眉之徒，皆不择良将，但以世姓及信谨文吏，或遣亲属子孙素所爱好，或无权智将帅之用。猥使据军持众，当赴强敌。是以军合则损，士众散走。……（此）不知大体者也。

第六节　东汉的建立及其开国规模

新朝倒塌后，革命势力的分化和冲突，乘时割据者的起仆，和一切大规模和小规模的屠杀、破坏，这里都不暇陈述。总之，分裂和内战，继续了十四年，然后全中国统一于刘秀之手。

刘秀成就帝业的经过，大致如下。他起兵初年追随其兄刘縯之后。昆阳之战后不久，刘縯为更始所杀。时秀统兵在外。闻讯立即驰往宛城，向更始谢罪，沿途有人吊唁，他只自引咎，不交一句私语，他没有为刘縯服丧，饮食言笑，一如平常。更始于是拜他为破虏大将军，封武信侯。是年，更始入驻洛阳，即派他“行大司马事”，去安抚黄河以北的州郡。当他渡河时，除了手持的麾节外，几乎什么实力也没有。他收纳了归服的州郡，利用他们的兵力去平定拒命的州郡。在两年之间，他不独成黄河以北的主人，并且把势力伸到以南。在这期间，更始定都于长安，封他为萧王；他的势力一天天膨胀；更始开始怀疑他，召他还京了；他开始抗拒更始的命令了，他开始向更始旗下的将帅进攻了。最后，在更始三年六月，当赤眉迫近长安，更始危在旦夕的时候，他即皇帝位于鄗南，改元建武，仍以汉为国号（史家称刘秀以后的汉朝为后汉或东汉，而别称刘秀以前的汉朝为前汉或西汉）。先是，有一位儒生从关中带交他一卷“天书”，上面写着：

刘秀发兵捕不道，
四夷云集龙斗野；
四七之际火为主。

是年，赤眉入长安，更始降。接着，刘秀定都于洛阳。十二月，更始为赤眉所杀。赤眉到了建武三年春完全为刘秀所平定。至是，前汉疆域未归他统治的，只相当于今甘肃、四川的全部和河北、山东、江苏的各一小部分而已。这些版图缺角的补足，是他以后十年间从容绰裕的事业。

刘秀本是一个没有多大梦想的人。他少年虽曾游学京师，稍习经典，但他公开的愿望只是：

作官当作执金吾，
娶妻当娶阴丽华。

执金吾仿佛京城的警察厅长，是朝中的第三四等的官吏。阴丽华是南阳富家女，著名的美人，在刘秀起兵的次年，便成了他的妻室。他的起兵并不是抱着什么政治的理想。做了皇帝以后，心目中最大的政治问题似乎只是怎样巩固自己和子孙的权位而已。他在制度上的少数变革都是朝着这方向的。第一是中央官制的变革。在西汉初期，中央最高的官吏是辅佐君主总理庶政的丞相和掌军政的太尉、掌监察的御史大夫，共为三公。武帝废太尉设大司马，例由最高的统兵官“大将军”兼之。成帝把御史大夫改名为大司空，哀帝又把丞相改名为大司徒。在西汉末期，专政的外戚例居大司马、大将军之位，而大司徒遂形同虚设了。刘秀把大司徒、大司空的大字去掉，把大司马复称太尉，不让大将军兼领。同时他“愠数世之失权，忿强臣之窃命，矫枉过直，政不任下，虽置三公，备员而已”（东汉人仲长统语）。他把三公的主要职事移到本来替皇帝掌管文书出纳的尚书台。在官职的等级上，尚书台的地位是很低的。它的长官尚书令禄只千石，而三公禄各万石。他以为如此则有位的无权，有权的无位，可以杜绝臣下作威作福了。第二是地方官制的变革。西汉末年，把刺史改称为州牧，把他的秩禄从六百石增到二千石，但他的职权并没有改变。州牧没有一定的治所，每年周行所属郡国，年终亲赴京师陈奏。他若有所参劾，奏上之后，皇帝把案情发下三公，由三公派员去按验，然后决定黜罚。刘秀定制，州牧复称刺史，有固定治所，年终遣吏入奏，不用亲赴京师，他的参劾，不再经三公按验，而直接听候皇帝定夺。这一来三公的权减削而刺史的权提高了。第三是兵制的变革。刘秀在建武七年三月下了一道重要的诏令道：

> 今国有众军，并多精勇。宜且罢轻车、骑士、材官、楼船士……

这道诏令意义，东汉末名儒应劭（曾任泰山太守）解释道：

> （西汉）高祖命天下郡国选能引关蹶张、材力武猛者，以为轻车、骑士、材官、楼船。常以立秋后，讲肄课试，各有员数。平地用（轻）车、骑（士），山阻用材官，水泉用楼船。……今悉罢之。

这道诏令使得此后东汉的人民虽有服兵役的义务，却没有受军事训练的机会了。应劭又论及这变革的影响道：

> 自郡国罢材官、骑士之后，官无警备，实启寇心。一方有难，三面救之。发兴雷震……黔首嚣然。不及讲其射御……一旦驱之以即强敌，犹鸠鹊捕鹰鹯，豚羊弋豺虎。是以每战常负。……尔乃远征三边，殊俗之兵，非我族类，忿鸷纵横，多僵良善，以为己功，财货粪土。哀夫！民氓迁流之咎，见出在兹。“不教民战，是为弃之。”迹其祸败，岂虚也哉！

末段是说因为郡国兵不中用，边疆有事，每倚靠雇佣的外籍兵即所谓胡兵；而胡兵凶暴，蹂躏边民，又需索犒赏，费用浩繁。应劭还没有说到他所及见的一事：后来推翻汉朝的董卓，就是胡兵的领袖，凭藉胡兵而起的。

郡国材官、骑士等之罢，刘秀在诏书里明说的理由是中央军队已够强众，用不着他们。这显然不是真正的理由。在征兵制度之下，为国家的安全计，精强的兵士是岂会嫌多的？刘秀的变革无非以强干弱枝，预防反侧罢了。郡国练兵之可以为叛乱的资藉，他是亲自体验到的。他和刘縯当初起兵，本想借着立秋后本郡“都试”——即壮丁齐集受训的机会，以便号召，但因计谋泄露而提早发难。当他作上说的诏令时，这件故事岂能不在他心头？

附 录

汉帝国的中兴与衰亡

（一）

当新莽之世及建武初二十年间，匈奴不断侵扰中国的边境。但这时期匈奴的强梁只是他将届末日之前的“回光返照”。约在建武二十年以降，“匈奴中连年旱蝗，赤地数千里，草木尽枯，人畜饥疫，死耗大半”。二十四年，匈奴复分裂为南北。南单于复称“呼韩邪单于”，以所主南边八郡众四五万人降汉。汉朝听他们入居云中。其后南匈奴与北匈奴战失利，汉朝又让他们入居西河美稷（今山西汾县离石一带）。南单于派所部分驻北边的北地、朔方、五原、云中、定襄、雁门、西河及代八郡，为郡县侦逻耳目，以防北虏。汉廷在西河置官监督匈奴，并令西河长史领骑二千，驰刑五百人，以卫护匈奴，冬屯夏罢，岁以为常。这是建武二十六年（公元五〇年）的事。

直至明帝永平十六年（公元七三年）以前，东汉对匈奴一向取容忍羁縻的态度。是年，明帝始大发缘边兵，遣将分道出塞，会合南匈奴，挞击北虏。北虏闻风渡大沙漠远去，汉军未得和他们的主力接触。只取了伊吾卢的地方。不数年后，北匈奴内部复起分裂，党众离叛，南匈奴攻其前，丁零攻其后，西域攻其右，鲜卑攻其左，内忧外患之余，加以饥蝗。章和二年（公元八八年）章帝（东汉第三帝）死，和帝继位，窦太后临朝，南单于上书请求乘机灭北匈奴。适值窦太后兄窦宪犯了重罪，请求击匈奴赎死。乃拜窦宪为车骑将军，耿秉为副，将汉兵、南匈奴兵及其他外夷兵伐匈奴。次年，汉将所领的南匈奴兵与北单于战于稽落山，大破之，敌众溃散，降者八十一部二十余万人。宪等登燕然山，立石刻铭而还。铭文的作者即著《汉书》的班固，为东汉一大手笔，是役以中护军的资格从行。兹录铭文如下：

> 惟永元元年秋七月，有汉元舅曰车骑将军窦宪，寅亮圣明，登翼王室，纳于大麓，惟清缉熙。乃与执金吾耿秉，述职巡御，理兵于朔方。鹰扬之校，螭虎之士，爰该六师，暨南单于、东乌桓、西戎氐羌，侯王君长之群，骁骑三万。元戎轻武，长毂四分，云（一作雷）辎蔽路，万有三千余乘。勒以八阵，莅以威神。玄甲耀日，朱旗绛天。遂陵高阙，下鸡鹿，经碛卤，绝大漠，斩温禺以衅鼓，血尸逐以染锷。然后四校横徂，星流彗扫，萧条万里，野无遗寇，于是域灭区单，反旆而旋。考传验图，穷览其山川。遂逾涿邪，跨安侯，乘燕然，蹑冒顿之区落，焚老上之龙庭。上以摅高、文之宿愤，光祖宗之玄灵；下以安固后嗣，恢拓境宇，振大汉之天声。兹所谓一劳而久逸，暂费而永宁者也。乃遂封山刊石，昭铭上德。其辞曰：铄王师兮征荒裔，剿匈虐兮截海外，夐其邈兮亘地界，封神丘兮建隆嵑，熙帝载兮振万世。

次年，宪方遣班固等招降北匈奴，而南匈奴深入追击，北单于大败，受伤遁走，其阏氏及男女五人皆被虏。宪见北胡微弱，便想趁势把他灭掉。次年遣耿夔将精骑八百出居延塞，直奔北单于廷于金微山。汉兵凌厉无前，斩杀五千余级。单于领数骑逃亡，他的珍宝财畜尽为汉兵所得。夔等追至去塞五千余里而还。单于远走，当时汉人不知其下落。近今史家或疑四世纪末叶侵入欧洲而引起西方民族大移徙之"匈人"，其前身即此次北单于率以远遁之残众云。但据《后汉书·耿夔传》，是时从北单于逃亡的不过"数骑"，其后裔如何能成为偌大的势力？故吾人于此说不无疑问。北单于既走，其余众降汉，后复叛，为汉所破灭。

耿夔灭北匈奴之后三年，即永元六年（公元九四年），班超亦把西域完全平定。班超，平陵（今陕西兴平）人，班固之弟。超之始露头角是在永平十六年伐匈奴之役。是役超为“假司马”，领兵击伊吾卢，战于蒲类海，斩虏很多，因被朝廷赏识。东汉自取伊吾卢后，乃开始经营西域，因派班超往使鄯善（即楼兰）。班超初到，鄯善王敬礼备至，后来忽然疏懈，超料定北匈奴有人派来，鄯善王因而动摇，考问服侍的胡奴，果得其实。于是把他关起来，尽召随从的吏士三十六人共饮，酒酣，说道：“你们和我都身在绝域，想立大功以取富贵。现在虏使才到了几天，鄯善王的态度便大变，假如他奉令要把我们收送匈奴，又为之奈何？”吏士都道：“现今处在危亡之地，死生从司马。”班超便道：“不入虎穴，不得虎子。为今之计，只有趁夜放火袭攻虏使，他们不知我们人数多少，必然大起恐慌，可以杀尽。把虏使一行诛灭，鄯善破胆，便功成事立了。”是夜班超领众直奔虏舍，适值有大风。他令十人携鼓藏虏舍后，约定一见火起即擂鼓呐喊，其余的人尽持刀剑弓弩，夹门埋伏。于是乘风放火，前后鼓噪。虏众慌乱。班超亲手格杀三人，吏士斩虏使并从士三十余级，余下的一百人左右通通烧死。明日，班超传召鄯善王，拿虏使的首级给他看。鄯善全国震怖，即纳王子为质，归服汉朝。事变的经过奏上朝廷，朝廷便令超继续往使其他诸国，以竟前功，并要给他增兵。他说：原有的三十六人就够了，倘有不测，人多反而为累。

是时于阗新破莎车，雄霸天山南路，而服属匈奴，匈奴遣使监护之。超离鄯善，西至于阗，其王待他甚冷淡。于阗俗信巫。巫者说：神怒于阗王向汉，要他取汉使的騧马来献祭。他便向班超求马。超秘密探知这事的详情，便答应他，却要那巫者亲自来取。一会巫者果到，班超立即把他斩首，拿他的首级送给于阗王，并责备他。他早已知道班超在鄯善的伟绩，见了巫者血淋淋的首级，更加惶恐，便攻杀匈奴的使者而投降于班超。超厚赏王以下，优加抚慰。

永平十七年，汉使复置西域都护。是年班超去于阗，从间道至疏勒。先是，龟兹倚仗匈奴的威势，雄据天山北路，攻破疏勒，杀其王，而立龟兹人兜题以代之。超既至疏勒，先派属吏田虑去招兜题，并嘱咐他道：“兜题本非疏勒种，国人必不替他出死力，他若不降，便把他拘执。”兜题果然无意归降，田虑便乘他无备，把他缚了，他左右的人惊骇而散。班超赶到，召集疏勒将吏，宣布龟兹无道之状，改立旧王的侄子忠为王，疏勒人大悦。忠和官属请杀兜题，班超却把他放了，遣送回国。

永平十八年，明帝去世，章帝继位，龟兹和焉耆乘中国的大丧，攻杀都护陈睦，于是班超孤立无援。龟兹、姑墨屡次出兵攻疏勒，班超率着那三十几个吏士，协同疏勒王拒守了一年多。章帝初即位，见他势力单薄，怕蹈陈睦的覆辙，便召他回国，疏勒都尉见留他不住，拔刀自刎。他行到于阗，于阗的王侯以下号泣留他，抱住他的马脚。他于是复回疏勒。时疏勒已有两城降于龟兹，和尉头国连兵。班超捕斩叛徒，击破尉头，杀了六百多人，疏勒复安。

章帝建初三年（公元七八年），班超率领疏勒、唐居、于阗和拘弥兵一万人攻破了姑墨（时姑墨附龟兹，其王为龟兹所立）的石城，斩首七百级。班超想趁势平定西域诸国，上疏请兵。五年，朝廷派弛刑及应募千人来就。先是，莎车以为汉兵不出，降于龟兹，而疏勒都尉番辰亦反叛。援兵既至，超击番辰，大破之，斩首千余级，获生口甚众。超欲图龟兹，建议先联乌孙，朝廷从之。八年，拜超将兵长史。九年，又给他增兵八百。超于是征发疏勒、于阗兵击莎车。莎车秘密勾结疏勒王忠，啗以重利，忠遂反叛。超改立疏勒王，率效忠的疏勒人以攻忠，相持半年，而康居派精兵助忠，超不能下。是时月氏新和康居联婚，相亲善。超派人带了大批的锦帛送给月氏王，请他晓谕康居罢兵，果达目的。忠势穷，被执归国。其后三年，忠又借康居兵反，既而密与龟兹谋，遣使诈降于超。超知道他的奸谋，却装着答应他。他大喜，亲来会超，超暗中布置军队等待他。他到，设筵张乐款待他。正行了一轮酒，超呼吏把他缚起，拉去斩首。继击破他的部众，杀了七百多人，疏勒全定。次年，超征发于阗等国兵二万五千人复击莎车，而龟兹王遣左将军征发温宿、姑墨、尉头兵合五万人救莎车。超召集将校和于阗王等商议道："现在我们兵少，打不过敌人，计不如各自散去，于阗军从这里东归，本长史亦从这里西归，可等夜间听到鼓声便分途进发。"同时暗中把夺得的生口放了。龟兹得到这消息大喜，自领万骑在西界拦截班超，而命温宿王领八千骑在东界拦截于阗军。超探知他们已出发，密令诸部准备，于鸡鸣时突袭莎车营。敌军大乱四窜。追斩五千多级，获马畜财物无算。莎车穷蹙纳降，龟兹等各自散去。班超由此威震西域。

和帝永元二年（公元九〇年）超又定月氏。先是，月氏以助汉有功，因求汉公主，为超所拒绝，因怀怨恨。是年派其副王领兵七万攻超。超的部众自以人数单少，大为忧恐。超晓谕军士道："月氏兵虽多，但越过葱岭，经数千里而来，并无运输接济，何须忧惧呢？我们只要把粮食收藏起来，据城坚守，他们饥饿疲困，自会投降，不过几十天便了结。"月氏攻超不下，抄掠又无所得，超预料他们粮食将尽，必向龟兹求援。于是伏兵数百，在东界等候。果然遇到月氏派去龟兹的人马，带着无数的金银珠玉。伏兵把他们解决了。班超把使人的首级送给月氏副王。他看了大惊，派人请罪并求放他生还。班超答应了他。月氏由此慑服，每年纳贡。永元三年，即耿夔灭北匈奴的一年，龟兹、姑墨、温宿皆向班超投降。朝廷拜超为西域都护。超设都护府于龟兹，废其王拘送京师，而另立新王。是时西域五十多国，除焉耆、危须、尉犁因从前曾攻杀都护，怀着贰心外，其余尽皆归附汉朝。其后，永元六年这三国亦为班超所平定。

（二）

自北匈奴为耿夔击败，逃遁无踪，其部众瓦解，本居于辽西、辽东塞外的鲜卑，乘机而进，占取北匈奴的土地。是时北匈奴余众尚有十余万落，皆自号为鲜卑。鲜卑由此强盛，自和帝永元九年（公元九七年）至顺帝阳嘉二年（公元一三三年）凡三十七年间，平均每隔一年，入寇一次，先后杀渔阳、云中及代郡太守。此后鲜卑忽然敛迹了二十年，而檀石槐兴起。檀石槐在鲜卑民族史中的地位，仿佛匈奴的冒顿。他把散漫的鲜卑部落统一，尽取匈奴的旧地，建一大帝国，分为三部：东部从右北平至辽东，接夫余、濊貊；中部从右北平以西至上谷；西部从上谷以西至敦煌。每部置一大人主领。他南侵中国，北拒丁零，西击乌孙，东侵夫余以至倭国。他有一次俘了倭人一千多家，迁到“秦水”上，令他们捕鱼，以助粮食。他死于灵帝光和四年（公元一八一年），溯自桓帝永寿二年（公元一五六年），他开始寇掠云中以来，他为中国患凡二十二年。在这期间，鲜卑几于年年入寇；有时连结乌桓及南匈奴，为祸更烈。北边州郡东起辽东，西至酒泉，无不遭其蹂躏。桓帝延熹九年（公元一六六年），遣使持印绶封檀石槐为王，想同他讲和，给他拒绝。灵帝熹平六年（公元一七七年），曾派三万多骑，三路（高柳、云中、雁门）并进，讨伐鲜卑；结果，三路皆惨败，三将各率数十骑逃归，全军覆灭了十七八。汉廷对于鲜卑，盖已和战之策两穷。幸而檀石槐死后，鲜卑帝国旋即分散。

（原载《思想与时代》月刊第30期，1944年1）

宋朝的开国和开国规模

（一）

后周世宗以三十四岁的英年，抱着统一中国的雄心，而即帝位。他即位不到一个月，北汉主刘崇联合契丹入寇，他便要去亲征。做了四朝元老的长乐老冯道极力谏阻。世宗说：从前唐太宗创业，不是常常亲征的吗？我怕什么？冯道却说：唐太宗是不可轻易学的。世宗又说：刘崇乌合之众，王师一加，便好比泰山压卵。冯道却怀疑道：不知道陛下作得泰山么？世宗看他的老面，不便发作，只不理睬，径自决定亲征。周军在高平（即今山西高平）遇到敌人。两军才开始交锋，周军的右翼不战而遁，左翼亦受牵动，眼见全军就要瓦解。世宗亲自骑马赶上前线督战，并且领队冲锋，周军因而复振，反把敌军击溃，杀到僵尸弃甲满填山谷。在凯旋道中，世宗齐集将校，大排筵席来庆祝，那些临阵先逃的将校也行无所事的在座。世宗突然声数他们的罪状，喝令他们跪下受刑。说着，壮士们便动手，把七十多个将校霎时斩讫，然后论功行赏。接着他率军乘胜直取太原，却无功而还。

经这一役，世宗深深感觉到他的军队的不健全。回到汴京后不久，便着手整军。这里我们应当略述后周的军制。像唐末以来一般，这时州郡兵为藩镇所私有，皇室不能轻意调遣。皇室所有的军队即所谓禁军。禁军分为两部：一，殿前军；二，侍卫亲军。两部之上，不置总帅。侍卫亲军虽名为亲，其实比较和皇帝亲近的却是殿前军。侍卫亲军分马步两军，而殿前军则无这样的分别；大约前者是量多于后者，而后者则质优于前者。世宗一方面改编全部禁军，汰弱留强；一方面向国内各地召募豪杰，不拘良民或草寇，以充实禁军，他把应募的召集到阙下，亲自试阅，挑选武艺特别出众，身材特别魁伟的，都拨入殿前军。

世宗不独具有军事的天才，也具有政治的头脑。他奖励垦荒，均定田赋；他曾为经济的理由，废除国内大部分的寺院，并迫令大部分的僧道还俗。他以雷霆的威力推行他的政令；虽贤能有功的人也每因小过而被戮。但他并不师心自用。他在即位次年的求言诏中甚至有这样的反省："自临宸极，已过周星。至于刑政取舍之间，国家措置之事，岂能尽是？须有未周。朕犹自知，人岂不察？而在位者未有一人指朕躬之过失，食禄者曾无一言论时政之是非！"他又曾令近臣二十余人，各作"为君难为臣不易论"一篇和"平边策"一篇，供他省览。"平边"是他一生的大愿。可惜他的平边事业只做到南取南唐的淮南江北之地，西取后蜀的秦、凤、阶、成四州，北从契丹收复瀛、莫二州，便赍志而殁，在位还不到六年，遗下二个七岁以下的幼儿和臣下对他威过于恩的感想。

世宗死于显德六年（公元九五九年）六月，在临死的一星期内，他把朝内外重要的文武职官，大加更动。更动的经过，这里不必详述；单讲他对禁军的措置。殿前军的最高长官是正副都点检；其次是都指挥使。侍卫亲军的最高长官是正副部指挥使；其次是都虞候。世宗对禁军要职的最后"人事异动"，可用表显示如下：

	职位	原任	更定	附注
殿前军	都点检	张永德	赵匡胤	
	副都点检	慕容延钊	慕容延钊	此据《旧五代史·周恭帝纪》,《宋史》本传误
	都指挥使	赵匡胤	石守信	

	职位	原任	更定	附注
侍卫军	都指挥使	李重进	李重进	
	副都指挥使	未详（或缺员）	韩通	
	都虞候	韩通		

其中最可注意的是张永德的解除兵柄和赵匡胤的超擢。张永德是周太祖的驸马（世宗是周太祖的内侄兼养子），智勇善战，声望久隆，显然世宗不放心他。赵匡胤是洛阳人，与其父弘殷俱出身投军校，在周太祖时，已同隶禁军。高平之役，匡胤始露头角，旋拜殿前都虞候；其后二年，以从征淮南功，始升殿前都指挥使。他虽然年纪略长于张永德（世宗死时匡胤三十四岁），勋望却远在永德之下。但他至少有以下的几件事，给世宗很深的印象。他从征淮南时，有一次驻兵某城，半夜，他的父亲率兵来到城下，传令开城。他说："父子固然是至亲，但城门的启闭乃是王事。"一直让他的父亲等到天亮。从征淮南后，有人告他偷运了几车财宝回来，世宗派人去检查，打开箱笼，尽是书籍，一共有几千卷，此外更无他物。原来他为人沉默寡言，嗜好淡薄，只是爱书，在军中是时常手不释卷的。南唐对后周称臣讲好后，想离间世宗对他的信任，尝派人送他白银三千两，他全数缴呈内府。从殿前都点检的破格超升，可见在这"易君如置棋"的时代，世宗替他身后的七岁幼儿打算，认为在军界中再没有比赵匡胤更忠实可靠的人了。

（二）

世宗死后半年，在显德七年的元旦，朝廷忽然接到北边的奏报，说北汉又联合契丹入寇。怎样应付呢？禁军的四巨头中，李重进（侍卫都指挥使，周太祖的外甥）是时已领兵出镇扬州；绰号"韩瞠眼"的韩通（侍卫副都指挥使）虽然对皇室特别忠勤，却是一个毫无智谋的老粗，难以独当一面。宰相范质等不假思索，便决定派赵匡胤和慕容延钊（副都点检）出去御敌。

初二日，慕容延钊领前锋先行。是日都城中突然喧传明天大军出发的时候，就要册立赵点检做天子。但有智识的人多认为这是无根的谣言。先前也有人上书给范质说赵匡胤不稳，要加提防；韩通的儿子，绰号韩橐驼的，也劝乃父及早设法把赵匡胤除掉。但是他做都点检才半年，毫无不臣的痕迹，谁能以小人之心度君子之腹呢？但这一天不知从何而来的关于他的谣言，却布遍了都城，有钱的人家纷纷搬运细软，出城躲避。他们怕什么？稍为年长的人都记得：恰恰十年前，也是北边奏报契丹入寇，也是派兵出征；约莫一个月后，出征的军队掉头回来，统兵的人就做了皇帝（即周太祖），他给部下放了三天假，整个都城几乎被抢掠一空。现在旧戏又要重演了罢？

初三日，赵匡胤领大军出发。城中安然无事，谣言平息。

初四日上午，出发的军队竟回城了！谣言竟成事实了！据说队伍到了陈桥，当天晚上军士忽然哗变，非要赵点检做天子不可，他只得将就。但出乎大家意料之外的，这回军士却严守秩序，秋毫无犯。在整个变局中，都城里只发生过一次小小的暴行。是日早朝还未散，韩通在内庭闻变，仓皇奔跑回家，打算调兵抵抗，半路给一个军校追逐着，才到家，来不及关门便被杀死；那军校把他全家也屠杀了。都城中已没有赵匡胤的敌人了。一切仪文从略。是日傍晚，赵匡胤即皇帝位。因为他曾领过宋州节度使的职衔，定国号为宋；他便是宋太祖。

在外的后周将帅中，不附宋太祖的，唯有镇守扬州一带的李重进和镇守潞州一带的李筠。四月，李筠结合北汉（占今山西全省除东南隅及雁门关以北）首先发难。李重进闻讯，派人去和他联络，准备响应。那位使人却偷到汴京，把扬州方面的虚实告诉了宋太祖，并受了密旨，回去力劝重进不可轻举。重进听信了他，按兵不动。北汉和后周原是死对头，而李筠口口声声忠于后周，双方貌合神离。他又不肯用谋士的计策：急行乘虚西出怀孟，占领洛阳为根据，以争天下；却困守一隅，坐待挨打；结果，不到三个月，兵败城破，赴火而死。九月，李重进在进退两难的情势下勉强起兵。他求援于南唐，南唐反把他的请求报告宋朝。他还未发动，亲信已有跳城归宋的。他在狐疑中，不问皂白，把三十多个将校一时杀掉。三个月内，扬州也陷落，他举家自焚而死。

（三）

宋太祖既统一了后周的领土，进一步便着手统一中国。是时在中国境内割据自主的区域，除宋以外大小有八，兹按其后来归入宋朝的次序，列表如下：

区域	今地	统治者名义	入宋年
荆南	湖北江陵以西及四川峡道	宋荆南节度使	九六三
湖南	略当湖南省	宋武平节度使	九六三
蜀	四川省除峡道	称帝	九六五
南汉	两广全部及湖南一部分	称帝	九六六
南唐	苏皖的长江以南区、湖北东南部（包武昌）、江西全部及福建西部	称唐主奉宋正朔	九七五
闽南	福建漳泉一带	唐清源节度使	九七八
吴越	浙江全部、福建东北部及江苏苏松区	称吴越王奉宋正朔	九七八
北汉	山西全省除东南隅及雁门关以北	称帝	九七九

太祖的统一工作，大致上遵守着“图难于其易”的原则。荆南、湖南皆地狭兵寡，不足以抗拒北朝，过去只因中原多故，或因北朝把它们置作后图，所以暂得苟全。太祖却首先向它们下手。他乘湖南内乱，遣军假道荆南去讨伐，宋军既到了荆南，却先把它灭掉，然后下湖南，既定两湖，便西溯长江，南下阁道，两路取蜀，蜀主孟昶是一纨袴少年，他的溺器也用七宝装成。他的命运，可用他的一个爱妃（花蕊夫人）的一首诗来交代：

君王城上竖降旗，妾在深宫那得知！

十四万人齐解甲，宁无一个是男儿？

这些解甲的军士中，至少有二万七千被屠，而宋兵入蜀的只有三万。次取南汉。南汉主刘𬬮比孟昶更糟，是一变态的胡涂虫，成日家只在后宫同波斯女之类胡缠，国事委托给宦官；仅有的一二忠臣良将，因随便的几句谗言，便重则族诛，轻则赐死。他最后的办法是把珍宝和妃嫔载入巨舶，准备浮海。这些巨舶却给宦官盗走，他只得素衣白马，叩首乞降。次合吴越夹攻南唐。南唐主李煜是一绝世的艺术天才。在中国文学史中，五代是词的时代，而李煜（即李后主）的词，凄清婉丽，纯粹自然，为五代冠。读者在任何词的选本中都可以碰到他的作品。他不独爱文学，也爱音乐，书画，以及其他一切雅玩；也爱佛理，更爱女人。在一切这些爱好的沉溺中，军事政治俗务的照顾只是他的余力之余了。他遇着宋太祖，正是秀才遇着兵，其命运无待龟蓍。以下是他在被俘入汴途中所作的词：

帘外雨潺潺，春意阑珊。罗衾不耐五更寒。梦里不知身是客，一晌贪欢。独自莫凭栏！无限江山，别时容易见时难。流水落花春去也，天上人间！

和李煜的文雅相称，宋军在南唐也最文明，至少在它的都城（今南京）是如此。“曹彬下江南，不妄杀一人”，历史上传为美谈。但江州城（今九江）为李煜坚守不降，后来陷落，全城被屠，横尸三万七千。

南唐亡后次年，太祖便死，寿仅五十，遗下吴越、闽南和北汉的收拾工作给他的继承者——他的胞弟赵匡义，即宋太宗。吴越王钱俶一向以对宋的恭顺和贿赂作他的地位的保障。南唐亡后，他亲自入朝。临归太祖交给他一个黄包袱，嘱咐他，在路上拆看。及拆阅，尽是群臣请扣留他的奏章。他为之感激涕零。太宗即位后，他又来朝，适值闽南的割据者自动把土地献纳，他恐惧，上表，请除去王号和其他种种优礼，同时求归。这回却归不得了！他只得照闽南的办法，也把土地献纳。最后，宋朝可以用全副精神和全部力量图谋北汉了。北汉地域虽小，却是一个顽敌，因它背后有契丹的支持。自从太祖即位以来，它曾屡次东侵，太祖也曾屡加讨伐——有二次兵临太原（北汉都城）城下，其中一次太祖并且亲征。但太祖终于把它放过了。太祖是有意暂时放过它的。他有这样的考虑：北汉北接契丹，西接西夏；北汉本身并不怎样可怕，它存在，还可以替宋朝作西北的缓冲；它若亡，宋朝和这两大敌的接触面便大大增加，那是国防上一个难题。但这难题可暂避而不能终免。吴越归地后不到一年，太宗便大举亲征北汉。契丹照例派兵去救。前军到达白马岭（今山西盂县东北），与宋军只隔一涧。主帅主张等后军到齐然后决战，监军却要尽先急击，主帅拗不过他，结果契丹军渡涧未半，为宋军所乘，大溃，监军及五将战死，士卒死伤无算。宋军进围太原城。在统一事业中，这是九仞为山的最后一篑之功了。军士冒犯矢石，奋勇争先地登城，甚至使太宗怕死伤过多，传令缓进。半月，城陷，北汉主出降。太宗下令毁太原城，尽迁其居民于榆次，军士放火烧城，老幼奔赴城门不及，烧死了许多（唐、五代之太原在今太原西南三十里，太宗毁太原城后，移其州治，即今太原省会）。

（四）

太祖太宗两朝对五代制度的因革损益，兹分三项述之如下：（一）军制与国防，（二）官制与科举，（三）国计与民生。

五代是军阀的世界。在稍大的割据区域内，又分为许多小割据区，即“节度使”的管区。节度使在其管区内尽揽兵、财、刑、政的大权，读者从不久以前四川“防区”的情形，便可以推想五代的情形。太祖一方面把地方兵即所谓厢兵的精锐，尽量选送到京师，以充禁军；又令厢兵此后停止教练。这一来厢兵便有兵之名无兵之实了。厢兵的编制是每一指挥管四五百人；每大州有指挥使十余员，次六七员，又次三四员；每州有一马步军都指挥使，总领本州的厢兵，而直隶于中央的侍卫司，即侍卫亲军的统率处。在另一方面，太祖把节度使的行政和财权，逐渐移归以文臣充任的州县官。这一来“节度使”在宋朝便成为一种荣誉的空衔了。

禁军的组织，大体上仍后周之旧，惟殿前正副都点检二职经太祖废除；殿前和侍卫的正副都指挥使在太宗时亦缺而不置，后沿为例，因此侍卫军的马步两军无所统属而与殿前军鼎立，宋人合称之为“三衙”。禁军的数目太祖时约有二十万，太宗时增至三十六万。禁军约有一半驻屯京城及其附近；其余一半则分戍边境和内地的若干重镇（禁军外戍分布的详情是一尚待探究的问题）。其一半在内而集中，另一半在外而分散；这样，内力永远可以制外，而尾大不掉的局面便无法造成了。太祖又创“更戍法”：外戍各地的禁军，每一或二年更调一次，这一来，禁军可以常常练习行军的劳苦而免怠惰；同时镇守各地的统帅不随戍兵而更动，因此“兵无常帅，帅无常师”，军队便无法成为将官的私有了。

厢军和禁军都是雇佣的军队。为防止兵士逃走，他们脸上都刺着字。此制创自后梁，通行于五代，而宋朝因之。兵士大多数是有家室的。厢兵的饷给较薄，不够他们养家，故多营他业。禁兵的饷给较优，大抵勉强可够养家。据后来仁宗庆历间一位财政大臣（张方平）的报告，禁军的饷给：“通人员长行（长行大约是伕役之类），用中等例（禁军分等级，各等级的饷类不同）：每人约料钱（每月）五百，月粮两石五斗，春冬衣䌷绢六匹，绵十二两，随衣钱三千。……准例（实发）六折。”另外每三年南郊，大赏一次，禁兵均每人可得十五千左右。除厢、禁军外，在河北、河东（今山西及陕西）等边地，又有由农家壮丁组成的民兵；平时农隙受军事训练，有事时以助守御，而不支官饷。

这里我们应当涉及一个和军制有关的问题，即首都位置的问题。宋都汴梁在一大平原中间，四边全无险阻可资屏蔽，这是战略上很不利的地形。太祖曾打算西迁洛阳，后来的谋臣也每以这首都的地位为虑。为什么迁都之议始终没有实行，一直到了金人第一次兵临汴梁城下之后，宋帝仍死守这地方等金人第二次到来，而束手就缚呢？我们若从宋朝军制的根本原则，从主要外敌的所在，从经济地理的形势各方面着想，便知道宋都有不能离开汴梁的理由。第一，在重内轻外的原则下，禁军的一半以上和禁军家属的大部分集中在京畿，因此军粮的供应和储蓄为一大问题。随着禁军数量的增加，后来中央政府所需要于外给的漕粮，每年增至六七百万石，而京畿的民食犹不在内。在这样情形下，并在当时运输能力的限制下，政治的重心非和现成的经济的重心合一不可。自从唐末以来，一方面因为政治势力由西而东移，一方面因为关中叠经大乱的摧毁和水利交通的失理，汉唐盛时关中盆地的经济繁荣和人口密度也移于“华北平原”。汴梁正是这大平原的交通枢纽，经唐五代以来的经营，连渠四达，又有大运河以通长江；宋朝统一后交通上的人为限制扫除，它便随着成为全国的经济中心了。第二，宋朝的主要外敌是在东北，它的边防重地是中山（今河北定县）、河间、太原三镇，而在重内轻外的原则下，平时兵力只能集中在京畿，而不能集在其他任何地点；因此都城非建筑在接近边防重镇且便于策应边防重镇的地点不可。汴梁正适合这条件。

（五）

中央政府的组织，大体上沿袭后周。唐代三省和御史台的躯壳仍然保存，但三省的大部分重要职权，或实际上废除，如门下省的封驳（封谓封还诏书，暂不行下；驳谓驳正台议），或移到以下几个另外添设的机关：（1）枢密院（创始于后唐）掌军政，与宰相（即“同中书门下平章事”）所主的政事堂对立，并在禁中，合称二府。院的长官（或称枢密使，或知枢密院事，或签书枢密院事）的地位也与宰相抗衡。（2）三司使司（创始于后唐）掌财政，三司使下辖盐铁、度支和户部三使，宋初以参知政事（即副宰相，太祖时创置）或宰相兼领，后置专使。（3）审官院（不知创于何时，后分为审官东院与流内铨）掌中下级文官的铨选，其上级文官的铨选则归中书省。（4）三班院（不知创于何时，后分为审官西院与三班院）掌中下级武官的铨选，其上级武官的铨选则归枢密院。（5）审刑院（创始于太宗时）主覆核刑部奏上的重案。枢密院分宰相及兵部之权，三司便分户部之权，审官院分吏部之权，三班院再分兵部之权，审刑院分刑部之权。

地方行政的区域有三级，自下而上是：（1）县；（2）府，州，军，监，通称为郡；（3）路。在郡的四类中，府是经济上或军事上最重要的区域，其数目最少，其面积却最大；通常州所管辖的县数较府为少；军次之，至多只三县，少则一县；监则尽皆只占一县；设监的地方必定是矿冶工业或国家铸钱工厂等所在的地方，监的长官兼管这些工业的课税和工厂的事务。宋初在郡县制度上有两项重要的变革。一是郡设通判（大郡二员，小郡一员，不满万户的郡不设），以为郡长官的副贰；郡长官的命令须要他副署方能生效；同时他可以向皇帝上奏，报告本郡官吏的良劣和职事的修废。因为通判的权柄这样大，郡的长官就很不好做。宋人有一传为话柄的故事如下：有一杭州人，极好食蟹；他做京朝官做腻了，请求外放州官（宋朝京官得请求外放并且指明所要的郡县），有人问他要那一州。他说我要有蟹食而没有通判的任何一州。二是县尉（县尉制始于汉朝）的恢复。在五代，每县盗贼的缉捕和有关的案件，由驻镇的军校管理，县政府无从过问，宋初把这职归还县政府，复设县尉以司之。路的划分在宋代几经更改，这里不必详述。太宗完成统一后将全国分为十路，其后陆续于各路设一转运使，除总领本路财赋外，并得考核官吏，纠察刑狱，兴利除弊；实于一路之事无所不管。后来到真宗（太宗子）时，觉得转运使的权太大，不放心，又于每路设一提点刑狱司，将转运使纠察刑狱之权移付之。宋人称转运使司为漕司，提点刑狱司为监司。

宋在变法以前的科举制度，大体上沿袭唐朝进士科独尊以后的规模。但有以下的更革：（1）唐朝每年一举进士，每举以一二十人为常，至多不过三四十人；宋朝每四年一举进士，在太宗时每举常一二百人，后来有多至五六百人的。（2）唐朝进士考试不弥封，不糊名，考官亦不专凭试卷去取，而可以参考举子平日的声誉。因此举子在考试之前，照例把自己的诗赋或其他著作向权要投献，望他们赏识，延誉，以至推荐。宋朝自真宗（一说太宗）时，定糊名制以后，试官于举子只能凭试卷去取了。（3）唐朝进士经礼部录取后，即算及第。宋朝则礼部录取后，还要到殿庭覆，由皇帝亲自出题，这叫做“殿试”。及第与否和及第的等次，是在殿试决定的（仁宗某年以后，殿试只定等次，不关去取）。（4）唐朝进士及第后，如想出仕，还要经吏部再定期考选。“吏部之选，十不及一”，因此许多及第的进士等到头白也得不到一官。宋朝的进士，一经及第，即行授职，名次高的可以得到通判、知县或其他同等级官职。（5）宋朝特定宗室不得参与科试。

从上面所述科举制度的更革，已可以看出宋朝对士大夫的特别优待。但宋朝士大夫所受的优待还不止此。像“官户”免役免税及中上级官吏“任子”（子孙不经“选举”，特准宦仕）的特权，固然沿自前代（汉代），但宋朝官吏“任子”的权利特别大。台省官六品以上，它官五品以上，每三年南郊大礼时，都有一次“任子”的机会，每次品级最底的荫子或孙一人；品级最高的可荫六人，不拘宗人、外戚、门客，以至“医人”（家庭医生）。此处大臣致仕时有“致仕恩泽”可荫若干人，死后有“遗表恩泽”可荫若干人。因为科举名额之多，仕途限制之宽和恩荫之广，宋朝的闲职冗官特别多，且日增无已，到后来官俸的供给竟成为财政上的大问题了。更有一由小可以见大的优待士大夫的制度，太祖于每州创立一“公使库”，专以款待旅行中的士大夫。据一个曾受其惠的人的记录：“公使库……遇过客（自然不是寻常的过客）必馆置供馈……使人无旅寓之叹。此盖古人传食诸侯之义。下至吏卒（随从）批支口食之类，以济其乏食。承平时士大夫造朝，不赍粮，节用者犹有余以还家。归途礼数如前，但少损。”太祖还有一个远更重大的优待士大夫的立法。他在太庙藏一传诸子孙的密约：“誓不杀大臣及言事官”。规定以后每一皇帝于即位之前，在严重的仪式下，独自开阅这誓约。这誓约对宋代政治的影响，读者以后将会看到。

（六）

宋初财政收入的详细节目，太过繁琐，这里不能尽述，举其重要的如下：（1）“两税”（分夏秋两季征纳的田赋和资产税）沿唐旧制，而大致仍五代加重的额数，约为唐代的六倍。其中田赋一项，通常每亩产谷十五石而抽一斗（依当时度量），但因为逃税的结果（上官册的田只占实垦田实额约十分之三），大多数豪强或显达田主实纳的田赋远较上设的比率为轻。（2）政府专卖的物品，除沿自唐季的盐、茶、酒，沿自五代的矾外，又有自外海输入的香料。此外苛税之沿自五代的有（3）通过税（即近代的厘金），每关抽货价的百分之二（现款亦照抽）；又有（4）身丁钱，即人头税。此税只行于江淮以南，迄于闽广（四川除外），因为五代以来本是如此。这种税的负担，加上别的原因，使得这区域的贫民无法维持他们所不能不继续孳生的人口，因而盛行杀婴的习俗。宋朝大文豪苏东坡于这习俗有一段很深刻的描写。他写给一位鄂州知州的一封信道：

> 昨……王殿直天麟见过……言鄂岳间田野小人，例只养二男一女。过此，辄死之。尤讳养女。……辄以冷水浸杀之。其父母亦不忍，率常闭目背面，以手按之水盆中，咿嘤良久乃死。……天麟每闻其侧近有此，辄驰救之，量与衣服饮食，全活者非一。……鄂人有秦光亨者，今已及第，为安州司法。方其在母也，其舅陈遵梦一小儿挽其衣，若有所诉。比两夕辄见之，其状甚急。遵独念其姊有娠将产，而意不乐多子。岂其应是乎？驰往省之，则儿已在水盆中矣。救之得免。

这是宋朝的黄金时代的一斑。

人民除赋税的负担外，还有差役的负担。差役有四种：一是押运官物，二是督征赋税，三是逐捕盗贼，四是在州县衙门供使唤或管杂务。民户分九等，上四等服役，下五等免役。押运（即所谓衙前）和督赋（即所谓里正），最是苦差，当者要负赔偿损失的责任，每至倾家荡产，并且坐牢。宋朝名将韩琦当知并州时，在一封论及役法的奏疏里有这样的描写：

> 州县生民之苦，无重于里正衙前。自兵兴以来，残剥尤甚，至有孀母改嫁，亲族分居。或弃田与人，以免上等。或非命求死，以就单丁。规图百端，苟脱沟壑之患。

这是宋朝的黄金时代的又一斑。

在五代，一方面军阀横行，一方面豪强的兼并也变本加厉。军阀是给太祖兄弟以和平的手段解决了，但豪强的兼并并不妨碍他们的政权，所以他们也熟视无睹。宋初豪强兼并的程度有下列几事为证：

（1）在太宗淳化四年至至道元年（公元九九三至九九五年）间，四川成都附近发生一次贫民（也许大部分是农民）的大暴动。他们的领袖李顺的口号，据宋朝国史的记载，是“吾恨贫富不均，吾为汝均之”！他们把官吏杀掉，拿来示众。他们把富人的财产，除了足供养家的一部分外，尽数充公，拿来赈济贫困。他们竟“号令严明，所到一无所犯”。但他们终于一败涂地。

（2）同时在四川盛行着一种沿自五代的“旁户”制度。旁户是隶属于豪家的贫户，豪家所领的旁户，每有数千之多。他们向领主纳租外，并供领主役使，如奴隶一般。当李顺乱起时，有些豪家反率领旁户去响应他。后来事定，太宗想把旁户制度废除，终因怕引起更大的扰乱而止。

（3）同时在江淮以南迄于闽广（即身丁钱制施行的区域），又有一沿自五代的特殊法律：佃户非得田主的许可并给予凭证，不许迁移。这一来，佃户便成了附着于田土的农奴，如欧洲中古时代的情形。这特殊的法律到太宗的孙仁宗时始行废除。仁宗之所以为“仁”，于此可见。

（原载《思想与时代》月刊第 4 期，1941 年 11 月）

北宋的外患与变法

（一）

自从石晋末年（公元九四七年），契丹退出汴梁后，它的极盛时代已成过去。白马岭之战使太宗觉得契丹易与。太原攻下之后，他便要一劳永逸地乘胜直取燕云。这十六州的国防要区一天不收回，他的帝国一天不能算是“金瓯无缺”。但是他的部下，上自大将下至兵卒都指望太原攻下之后，可以暂息汗马之劳，同时得到一笔重赏，回家去享享太平福。太宗却不这样想。将士有了资财，那里还肯卖力去打仗？不如等燕云收复后才给他们一起颁赏也不迟。而将士贪赏求逸的隐衷又怎能向皇帝表示？在迅速的“宸断”之下，太宗便领着充满了失望心情的军队向东北进发。一路所经，易州和涿州的契丹官将先后以城降。不到一月便抵达幽州城（今北平）下。附近的契丹官将又络绎来降。宋军围幽州城三匝。城内空虚，自分无幸，契丹主也准备放弃这重镇。独有一大将（舍利郎君），自告奋勇，请兵赴援，他领兵贪夜兼程，从间道兜到宋军的后方，席卷而北。宋军仓卒应战于今北平西直门外的高梁桥（下为高梁河）一带，立时大败，四散逃窜。幸而契丹主帅受了重伤，不能穷追。败军复集后找寻太宗不得，只当他已死。正议拥戴太祖的儿子继位间，却发现了他，只身乘驴车遁归，大腿上中了两箭。十八年后他就因这伤口的发作而死。

高梁桥之战（太平兴国四年，公元九七九年）以后，宋辽边境上的冲突，断断续续的拖了二十几年，彼此都无大进展（京戏中有名的“杨家将”就是在这时代出现的）。太宗于死前三年（公元九九四年），正当李顺乱事未平之际，曾两次遣使往契丹议和，都为所拒绝。真宗咸平六年（公元一〇〇三年），宋殿前都虞候王继忠孤军力战，为契丹所俘。他本是真宗藩邸的亲信，骁勇著名。契丹摄政太后萧氏，很器重他，授以高官，配以贵女。他既荷新宠，又感旧恩，一心要促成宋辽的和好。萧后和她朝中的领袖们对于边境的拉锯战，也未尝不感厌倦。但怎肯平白休兵？次年，他们率领倾国的军队南下，同时由王继忠出面与宋朝通书约和，真宗用宰相寇准的定策，一面严密布置守御，并亲至澶渊（今河北濮阳县西南）督师，一面遣使赴契丹议和。契丹攻瀛州城不下，而其进迫澶渊的前锋的统帅（即去年擒王继忠者）又中伏弩死，两方且战且议的结果便是所谓“澶渊之盟”。构和的条件载于两方交换的誓书内，兹将宋方的誓书录下：

> 维景德元年，岁次甲辰，十二月庚辰朔，七日丙戌，大宋皇帝谨致誓书于大契丹皇帝阙下：共遵成信，虔奉欢盟，以风土之宜，助军旅之费。每岁以绢二十万匹，银一十万两，更不差使臣专往北朝，只令三司差人搬送至雄州交割。沿边州军，务守疆界；两地人户，不得交侵。或有盗贼逋逃，彼此无令停匿；至于垄亩稼穑，南北勿纵惊骚。所有两朝城池，并可依旧存守，淘濠完葺，一切如常。即不得创筑城隍，开拔河道。誓书之外，各无所求。必务协同，庶存悠久。自此保安黎献，慎守封陲。质于天地神祇，告于宗庙社稷。子孙共守，传之无穷。有渝此盟，不克享国。昭昭天鉴，当共殛之！……

据说，宋方的使人临行时，真宗吩咐他道：若不得已，许与契丹的岁币，不妨添到一百万。寇准却把使人召来，对他说：虽有御旨，若许过三十万，我便砍你的头。其后使人定约回来，真宗正在幕内用膳，不及召见，先差太监去探问。使人在幕外，不便扬声，只把三个指头向额上一点，那太监当为三百万禀报，真宗听了道：太多，也罢，姑且了事。

（二）

澶渊之盟后，宋朝边境保持了三十年完全的和平，而有西夏赵元昊之患。西夏原初的地域大略包括今陕北的无定河以西、延水之北和绥远的鄂尔多斯。这区域在唐以来为羌族所散布。唐末，这区域的守将拓跋氏（北魏之后）割据自主，传世至宋。太宗时，西夏叛而复附，附而复叛；澶渊之盟前一年，西夏攻占灵州（今宁夏灵武县西南），盟后二年，又复就抚。是时西夏之于宋边，还不过是癣疥之患。至仁宗明道元年（公元一〇三二年），赵元昊（赵是太宗时赐姓）继位，而形势大变。元昊从少就是一个异凡的人物，不独精娴武事，并且通蕃（盖指藏族）汉文字，从法律书，兵书，以至佛典，无所不读；又能绘画，能出新意创制器物。他劝其父不要臣属中国。其父说："我们三十年来，周身锦绮，都是宋朝所赐，怎好负恩？"他说："穿兽皮，勤力牧畜，是蕃人的天性。大丈夫要为王为霸，锦绮算什么？"在继位之前，他曾领兵西征回鹘，连取了甘州和西凉月（并在今甘肃省河西地）。既继位，模仿宋朝制度，改革政府组织。自创西夏字根，命人演成西夏文字，又命人拿来译《孝经》、《尔雅》、《论语》等书（西夏文译的佛经和其他西夏文书现在还有留存）。他有蕃汉兵十五六万，仍都兴州（今宁夏省会）；西取回鹘的沙、瓜、肃三州（并在今甘肃河西），东南寇宋。他继位之初已私自改元，第七年（公元一〇三八年），便正式称帝，定国号为大夏。此后，宋在今陕西黄河近岸，延水流域，以迄甘肃的环县、庆阳、泾川、固原一带的边境上，和西夏展开四年的苦战。宋方的主要将帅是安阳人韩琦和苏州人范仲淹。范之参预这次军事，原是由韩的举荐，但初时二人的战略根本不同。韩主张集中兵力，深入进攻，一举击破敌主力。他也知道这是冒险的事，但他以为"大凡用兵，当置胜败于度外"。范却以为"承平岁久，无宿将精兵，一旦兴深入之谋，国之安危，未可知也"；"为今之计，宜严戒边城，使持久可守；实关内（即关中），使无虚可乘；若寇至边城，清野不与大战。关中稍实，（敌）岂敢深入？二三年间，彼自困弱"。他又主张军事与外交并用，亲自作书，劝元昊罢兵称臣，时人多以他为怯。庆历元年（公元一〇四一年），韩琦巡边至镇戎军（今甘肃固原），派兵数万，深入敌后，窥取羊牧隆城（今甘肃隆德附近）。所遣的统领官贪利轻进，陷入敌人的大包围中，全军尽覆。兵士阵亡的，据当时边庭低折的报告，也有一万零三百人。这是宋与西夏战役中最惨的败仗，中外为之震撼。契丹乘这机会，蠢蠢欲动，次年便向宋朝提出割地的要求。宋朝只得增加岁币银十万两，绢十万匹（加原额三分之二），以为宽免割地的代价。经这一役的教训，韩琦只得接受范仲淹的清野固守政策。从此二人同心协力，作持久计。二人皆名重一时，人心归向，又皆号令严明，爱抚士卒，对近边的羌人部落，也推诚相与，恩威并用；士卒用命，羌人感畏，边境渐安。边民为之歌唱道：

军中有一韩，西贼闻之心胆寒！
军中有一范，西贼闻之惊破胆！

这两位使西贼“心胆寒”、“惊破胆”的大将可都不是雄赳赳的武夫，而是温雅雍容的儒者。那羌人尊称为“龙图老子”（因为他带“龙图阁直学士”衔）的范公，并且是一代的作手，他这时在军中的歌咏，为宋人所传诵的，兹录一首如下：

塞上秋来风景异，衡阳雁去无留意。四面边声连角起，千嶂里，长烟落日孤城闭。　　浊酒一杯家万里，燕然未勒归无计。羌管悠悠霜满地，人不寐，将军白发征夫泪。

宋朝虽守住了西北边境，却谈不到犁庭扫穴。因为宋取防堵的战略，需要兵力特别多。自对西夏用兵以来，禁军从四十余万增至八十余万，军队的维持费自然照这比率增加，而战时的非常支出还不算。政府虽把税收入增到无可再增（例如以较真宗景德时，商税酒税皆增四倍余，盐税增一倍余），仍不敷甚巨，只得把太祖太宗以来的储蓄，拿来支用。到西夏事定时，“百年之积，惟存空簿”了。朝廷对元昊自始就没有关闭和平的路，只要罢兵称臣，在相当限度内，银绢是不吝惜的。元昊见宋边无隙可乘，又适值国内发生严重的天灾，便于庆历三年遣使来讲和。两方所争的只是元昊称呼，来使所持元昊的文书自称“男邦尼定国兀卒上书父大宋皇帝”。兀卒是他自取的名，意思是“我的祖宗”。继后他的文书，竟直用汉译作“吾祖”。但这不过是一种讨价的刁难，次年元昊便答应取消这个怪名，而对国内自称夏国主，对宋称臣，宋朝则答应每年“赐”他绢十万匹，银七万两，茶四万斤。和议成后四年，元昊因为占夺新娶的媳妇，为其子所杀，年四十六。

（三）

范仲淹自从读书应举时，便“以天下为己任”。他常说：“士当先天下之忧而忧，后天下之乐而乐。”远在仁宗天圣三年，即元昊僭号之前十三年，当他任大理寺丞（年三十七，登进士第后十年）时，他已看见国家隐伏的危机，上书朝廷，倡言改革。书中最精警的一段道：

> 圣人之有天下也，文经之，武纬之，此二道者，天下之大柄也……相济而行，不可斯须而去焉。……《道经》曰：“祸兮福所倚，福兮祸所伏。”又曰：“防之于未萌，治之于未乱。”圣人当祸而知祸，在治而防乱。……我国家……自真宗皇帝之初，犹有旧将旧兵，多经战敌，四夷之患，足以御防。今天下休兵余二十载。昔之战者，今已老矣。今之少者，未知战事，人不知战，国不虑危，岂圣人之意哉？而况守在四夷，不可不虑。古来和好，鲜克始终。……今自京至边，并无关险。其或恩信不守，衅端忽作，戎马一纵，信宿千里。若边少名将，则惧而不守，或守而不战，或战而无功，再扣澶渊，岂必寻好？未知果有几将，可代长城？伏望圣慈……与大臣论武于朝，以保天下。先命大臣密举忠义有谋之人，授以方略，委以边任；次命武臣密举壮勇出群之士，任以武事，迁其等差……列于

> 边塞，足备非常。……至于尘埃之间，岂无壮士？宜复唐之武举，则英雄之辈，愿在彀中。此圣人居安虑危之备，备而无用，国家之福也。

除了国防整顿外，仲淹于官吏的选任，人才的储养，直谏之奖励，文风浮薄之救正，君德之修省，皆有所规陈。但他这封富于预言性的奏书，竟未曾发生一点实际的影响。

庆历三年，当元昊使来，西事大定之后，仲淹被召入朝为枢密副使，旋任参知政事。一时朝野倾心属目。他于就职的次月，上了一封“万言书”，条陈兴革事宜十项。这十项中除关于民生的两项（厚农桑，减徭役）外，其余大旨不出天圣三年的建议的范围，不过比从前更为周详，更为具体罢了。现在把其中比较最重要的六项归入四纲领，节述如下：（一）关于国防建设的，恢复唐朝的府兵制：“先于畿内并近辅州府召募强壮之人，充京畿卫士，得五万人，以助正兵，足为强盛，三时务农……一时教战。……候京畿近辅召募卫兵已成次第，然后诸道效此渐可施行。”（二）关于民生的。（甲）厚农桑：“请每岁之秋，降敕下诸路转运司，令辖下州军吏民各言农桑之间可兴之利，可去之害，或合开河渠，或筑堤堰坡塘之类，并委本州运选官计定工料，每岁于二月间兴役半月而罢，仍具功绩闻奏。”（乙）减徭役：省并户口虚少的县份，使这些县民繁重的徭役可以减轻（因人民须服役于县衙，县多户少，则役重）。（三）关于科举制度的：“请诸路州郡有学校处奏举通经有道之士，专于教授，务在兴行。……重定外郡发解条约，须是履行无恶、艺业及等者方得解荐，更不弥封试卷。……其考较进士，以策论高、词赋次者为优等，策论平、词赋优者为次等。诸科，经旨通者为优等，墨义通者为次等。……进士，诸科，并以优等及第者放选注官，次等及第者守本科选限。”（四）关于用人行政的。（甲）明黜陟：是时成例，“文资三年一迁，武职五年一迁，谓之磨勘。……虽愚暗鄙猥，人莫齿之，而……坐至卿监丞郎者历历皆是”。仲淹请严定考绩之法，使无功不擢，有善必赏。（乙）抑侥幸：自真宗以后，恩荫愈滥，“两省至知杂御史以上每遇（三）年南郊并（每年）圣节（皇帝生日）各奏子充京官，少卿监奏一子充试衔……其大两省等官……复更（例外）每岁奏荐。……假有任学士以上官，经二十年者则一家兄弟子孙出京官二十人，仍接次升朝”。仲淹请废圣节恩荫之例，其余恩荫的优待，亦大加减损。

仲淹任参知政事不满一年，便在怨谤丛集之下，不安于位而去。他所提出的改革方案中，复府兵一项，因其他大臣一致反对，谈不到实施；变科举一项，已完全实行，但他去职后不久旧制又被恢复；其他各项，若不是未及着手，便是才开了一点端绪，便因他的去职而停息。他去职后，出巡西北边，其后历知州郡，八年而殁（公元一〇五三年），谥文正。

仲淹字希文，二岁丧父，其母携他改嫁长山（在今山东）朱氏。初从朱姓，名说。至二十九岁，给复本姓，定今名。年二十一，中“学究”科。继后读书于长山的山寺中，这时他的生活很清苦，每日煮一锅粥，划为四块，早晚取两块，加上几茎荠菜和一些盐便算一餐。年二十三，得知自己的身世，立即带着琴剑，离开朱家。其母派人追及他，他说：“十年后，等我中了第，再来迎接母亲。”他投入南京（宋以商丘为南京）的府立学舍，在学舍中更加贫乏，有时连饘粥也不饱，夜间被盖不够，就和衣而睡。真宗巡幸南京，学舍生徒皆往观看，他独不出。南京留守的儿子和他同学，见他的情形和留守谈及，留守命人送了他好些肴馔，他收下，却一直等到腐败也不一动。留守的儿子问故，他说：“并非不感谢厚意，可是食粥已久，安之若素，一旦享受了这佳肴，以后吃粥还吃得下么？”年二十七，登进士第。初仕为广德军司理参军（法官），常为断狱事和郡长官争是非。长官每盛怒临他，他一点也不摇动，归去便把和长官往来辩论的话记在屏风上，等到满任，整副屏风都写满了。后来知开封府时，有一宦官，倚势作威，中外畏惧，他独抗疏弹劾；自知此事危险，疏上之后，嘱咐诸儿子，他若不幸，以后他们不可做官，但在他墓旁设馆，教书度日。他虽显贵，常以节约表率家人；非宴客，食不重肉。每夜就寝前，自计一日间自奉的费用和所做的事；若觉得两者可以相当，便熟睡，否则终夜不安，次日必设法做一有益于人的事以为抵补。他为次子娶妇，听说妇家以纱罗给她做帷幔，便怒道："罗绮岂是做帷幔之物？我家一向清俭，怎得乱我家法？若敢拿来我家，必把它当众烧掉。"他的起人景慕的遗闻轶事，可以写一本书，这里选择的只代表他的不移于贫贱，不淫于富贵，不屈于威武的性格，即孟子所谓"大丈夫"的性格。

仲淹死后八年，当仁宗嘉祐五年，王安石（时年四十）自江东提点刑狱，任满应召，赴阙也上了一封"万言书"，他也觉得国家的现状非变革不可，但他认为变法的先决问题是人才的问题。照他的人才的标准，这时无论在中央或在地方，在位或在野，都缺乏人才。"今以一路数千里之间，能推行朝廷之法令知其所缓急，而一切能使民以修其职事者甚少，而不才苟简贪鄙下人至不可胜数。……朝廷每一令下，其意虽善，在位者尤不能推行，使膏泽加于民，而吏辄缘之为奸，以扰百姓。"为什么人才这样缺乏呢？他以为由于"教之、养之、取之、任之"不得其道。什么是"教之"之道呢？他以为国家应自都城以至乡镇，遍设学校，凡优秀的青年都取入学校，由国家供养；严选教师，教以"朝廷礼乐刑政之事"。所谓"刑政"之事，包括军事。"先王之时，士之所学者文武之道也。士之才有……大小。……至于武事则随其才之大小无有不学者也。故其大者居则为六官之卿，出则为六军之将也。其次则比、闾、族、党之师，亦皆卒两师旅之帅也。"什么是"养之"之道呢？他以为国家于取入学校和仕于政府的士人，应当"饶之以财，约之以礼（自婚、丧、祭、养、燕享，以至服食器用皆有定制），裁之以法"。什么是"取之"之道呢？他说："取人必于乡党，于庠序，使众人推其所谓贤能，书之以告于上而察之，（试之此事）诚贤能也，然后随其德之大小，才之高下而官使之。"至于"任之"之道，则任期要久，职责要专，并待以严格的考绩之法。简单地说：要变法，积极方面当从政治和军事教育的普及化做起；消极方面当首先废除以文辞和记诵取士的科举制度。他认为这是逼切的需要。他警告仁宗以下面一类故事：

昔晋武帝，趣过目前而不为子孙长远之谋。当时在位亦皆偷合

> 苟容，而风俗荡然，弃礼义，捐法制。上下同失，莫以为非。有识者固知其将必乱矣。而其后果海内大扰，中国列于夷狄者二百余年。

但他这封书的效果和三十五年前（天圣三年）范仲淹所上的那封书一样。

（四）

仁宗在位四十二年，无子，以从侄继，是为英宗。英宗在位四年，其子继，是为神宗。

神宗即位时才二十岁（以足岁计还未满十九）。他做皇子时，谦恭好学，优礼宾师，很得士林的称誉。他是感觉异常敏锐的人。他即位之初，和朝臣谈到太宗的死状，至于堕泪。他立志要兴振中国，收复燕云的失地，湔雪祖宗的耻辱。以稚年临御，承积弱之后，而发奋图强，在这一点上，他和汉武帝正相符同（他继位时比武帝长三四岁）。他一生的事业也似乎隐隐以武帝为榜样。但他的福命不如武帝：武帝寿六十九，他寿仅三十八。他所处的时代也和武帝所处的大不相同。武帝初年，当长期休息之后，公家的财力绰裕盈溢；而神宗即位时，不独府库虚竭，国计也濒于入不敷出了。武帝承景帝深文酷法、繁刑严诛的余风，其时主威赫铄，法为国是，令出必行；而宋太祖“誓不杀大臣及言事官”的家法和真、仁两朝过度的宽柔，浸假造成政治上一种变态的离心力；以敌视当权为勇敢，以反对法令为高超，以言事得罪为无上的光荣。政府每有什么出乎故常的施为，必遭受四方八面寻瑕抵隙的攻击，直至它被打消为止。范仲淹的改革就在这样的空气里失败的。英宗朝因为追尊皇帝本生父的名号的小小问题（即所谓“濮议”，英宗本生父原为濮王），笔舌的战争就闹得天翻地覆。到神宗即位时，这种政治上的变态的离心力久已积重难返了。再者汉初去春秋战国“军事中心”的时代不久，尚武之风未泯，右文之政未兴，故将才易求，斗士易得，图强易效。宋初惩五季军人恣横之弊，一意崇文抑武，三衙实际的长官爵不过四品至六品，唐朝的武举制度也废而不行，军为世贱，士耻言兵，结果良将勇士，两皆寥落，神宗朝重大的战役，多委之宦者李宪，其时军事人材的缺乏可想见了。

神宗做皇子时，对王安石久已心仪神往。他即位时，安石方以前知制诰的资格，闲住在金陵。他正月即位，闰三月便命安石知江宁府，九月便命安石为翰林学士；其后三年间，安石遂历参知政事而至宰相。这王安石是江南西路临川县人。其父历知韶州及江宁府通判。他少年时代的优裕顺适和范仲淹恰成对照。据说他的“眼睛如龙”，读书过目不忘。他二十四岁便登进士第，本取第一，因赋卷中语犯忌讳改置第四。可是他一生从没有和人谈及这件得意的失意事。他的诗文在文学史上都属第一流，并且为当代文宗欧阳修深所心折。欧初识他时，赠他的诗有“翰林风月三千首，吏部文章二百年”之句，直以李白、韩愈相拟。他不独以文名，德行、政事也无不为侪辈所推服。他官知制诰时，他的夫人给他买了一个妾，那是当时达官应有的事。安石见了她，就问：“那里来的女子？”答道：“夫人叫我来伺候舍人的。”问她的来历：原来她的丈夫是一个军校，因运米损失，家产入官，还不够赔，便把她卖掉，得价九十万钱。安石立即命人把她的丈夫找来，让他们复为夫妇。他官知制诰后，居母丧，年已四十余，却尽极哀毁，在厅堂里以槁秸席地，坐卧其上。有一天，某知府给他送一封信，那差人看了他的样子，只当他是一个老仆，叫他递入内宅。他在槁席上拿了信就拆。那差人嚷骂道：“舍人的信，院子也拆得的么？”左右告诉差人那就是舍人！他于书卷外，一切嗜欲都异常淡薄，对衣食住都漠不关心。后来毁他的人便说他“囚首垢面而谈诗书”。他于荣禄也未曾表现过一点兴趣。宋朝的“养馆职”（“三馆”是国家的图书馆和史馆）是朝廷储才待用的机关，地位极清高，也是仕宦上进必由之路。照例进士名列前茅的，初仕任满后可以请求考试馆职。他却不去请求。再经两任（三年一任）外官之后，大臣荐他去考试馆职，他也不赴。再历一任外官之后，朝廷直接授他馆职，他也不就。再经一任外官之后，朝廷又授他以更高的馆职，他于屡辞之后，才勉强俯就。但他不是没有办事的才能。他在政治上的好处后来的史家极力埋没，但我们于他早年的政绩还可以找得一例：他知鄞县任满后，县人就给建立生祠。这样一个德行、文章、政事的全人，他在仕途他愈懒于进取，朝野的有心人愈盼望进取。当他给仁宗上“万言书”的时候，他久已声满天下。可是到了他由江宁知府，而翰林学士，而参加政事，而宰相，一直猛跳的时候；到了天爵和人爵极备于他一身的时候；先进和后进的同僚，包括那正人君子的领袖司马光，都不免对他侧目而视了。

（五）

我们读史有时可于异中见同。汉武帝初年，财政和军备都没有问题，所以他的事业的第一步是开边；到了后来因兵事的耗费，财政不足，才施行新经济政策。神宗即位时的情形正正相反。所以他的事业的第一步是经济、军事，以至教育上种种建设和改革；后来这些兴革有了相当成效，才着手开边。两人事业的程序是“易地则皆然”的。

神宗在王安石的辅导下所行的新法，现在择其重要的，分经济、军事、教育三类，每类依颁行的次序述之如下。

一、经济

（甲）青苗法（熙宁二年九月颁布）　其法：各地方政府，每年二次举行放款，听人民自由请贷（第一等户每次所贷不得过钱十五贯，以下递减），半年为期，取息二分。这种贷款叫做“青苗钱”，因每年第一次散放是在苗青的时候。此法初行时，官吏邀功，每强迫富人称贷，这叫做抑配，后立法严禁。二分的利息，现在看来，似乎不轻，但在当时，因为通货稀少，民间的利息很高，以五分为常，甚至有一年倍本的。此法固然是政府的生财之道，也是感觉青黄不接之苦的农民的一大福音。以重利盘剥为业的豪强对此法的痛恨是很容易了解的，但司马光所代表的一班士大夫对此法之原则上的反对是比较不容易了解的。

（乙）农田利害条约（熙宁二年十一月颁布）　这法令原文的节

略如下：

> 凡有能知土地所宜种植之法，及修复陂湖河港；或元无陂塘、圩埠、堤堰、沟洫，而可以创修；或水利可及众，而为人所擅有；或田去河港不远，为地界所隔，可以均济流通者。县有废田旷土，可纠合兴修。大川沟渎，浅塞荒秽，合行浚导。及坡塘堰埭，可以取水灌溉，若废坏可兴治者。各述所见，编为图籍，上之有司。其土田迫大川，数经水害；或地势汙下，雨潦所钟；要在修筑圩埠、堤防之类，以障水涝；或疏导沟洫、畎浍，以泄积水。县不能办，州为遣官。事关数州，具奏取旨。民修水利，许贷常平钱谷给用。

这法令的实效是：截至熙宁九年止，全国兴修的水利田共三十六万余项。但反对党在这事实下注上一句道："民给役劳扰。"

（丙）募役法（熙宁三年十二月颁布）　其法要点：是令本来有徭役义务的人民，输钱代替，这叫做"免役钱"；官户（即仕宦之家）、寺观、女户等等，本来没有徭役义务的也令出"助役钱"，其数比免役钱减半。免役和助役钱的征收率，按各地方政府雇役的需要和资产的等级（分五等）而定；于免役和助役钱的本项外，加征二分，叫做免役或助役宽剩钱，此款原定以备凶荒之用，后来解归国库。募役法对平民是有史以来一大解放，惟官户不免因之蒙受一点小小的损失，其遭受士大夫的反对是势有必至的。

募役法为安石经济政策中最先急的项目。安石曾对神宗说（熙宁四年二月）："今所以未举事者，凡以财不足，故臣以理财为方今先急，未暇理财而先举事，则事难济。臣固尝论天下事如弈棋，以下子先后当否为胜负，又论理财以农事为急，农以去其疾苦、抑兼并、便趣农为急，此臣所以汲汲于差役之法也。"

（丁）市易法（熙宁五年三月颁布）　此即汉武帝时的平准法的扩大。平准法只行于京师，市易法则推行于京师以外。隶属于京师市易务的分支市易务，设置于下列各处：杭州，黔川（今四川彭水县），成都，广州，郓州（今山东东平县西北）。反对党反对此法的理由是："与商贾争利。"

二、军事

（甲）保甲法　此法实即旧有乡兵制的改良和扩大，其实行有四个重要的步骤。第一步（熙宁三年十二月）：编民户十家为一保，五保为一大保，十大保为一都保；保有保长，大保有大保长，都保有都保正和副都保正，各选本组织内材勇为众所服的主户（地主或自耕农）人丁充当；家有两丁以上的，选一人为保丁，两丁以外的余丁亦选其壮勇的充保丁；每大保每夜轮派五人警盗，同保有犯强盗、杀人、放火等等重罪而知情不举的坐罪，保内有容留强盗三人以上过三日以上者，其邻舍虽不知情亦坐罪。此法先行于畿内，以次推及全国。第二步（熙宁四年）：奖励畿内保丁习武，每年于农隙分地举行会试，试骑步射法，上等的当授官职，以次至四等予赏有差。第三步（熙宁五年）：许畿内主户保丁"上番"（即赴各县巡检司服巡警之役），十日一换；月给口粮和薪菜钱。第四步（元丰二年至四年）：予保甲长及保丁以严格的武艺教练，先以禁军的教头教大保长，三年艺成，乃以大保长为教头，教保丁。此法先行于畿内，次及河北、河东、陕西三路。到了熙宁四年，这三路共有受训完毕的保丁约七十万人。第四步的开始施行已在王安石去位后三年。

与保甲法约略同时实行的是募兵的裁减，但所裁减的，厢兵居多（其数不详），禁兵较少。计禁军总数在英宗末年为六十六万余，在熙宁间为五十六万余，在元丰间为六十一万余。

在安石的军事计划中，保甲法原是恢复府兵制以代替募兵制的准备。在施行保甲法第一步之前，安石已与神宗讲论府兵之制，打算以渐复行之。关于此事，安石在所撰《熙宁奏对日录》中曾有记载，此书已佚（此书百二十卷为我国历史文件中稀有之宝，佚去太可惜，幸大部分已为李焘采入《续通鉴长编》中，但经删修，本来面目已失，惟宋人陈瓘《四明尊尧集》引五十余则，可于此见其内容一斑），兹据朱熹所引，摘录如下：

余……为上言募兵之害，终不可经久。佥以为如此。

余曰：今养兵虽多，及用则患少，以民与兵为两故也。又五代祸乱之虞，终不能去；以此等皆本无赖奸猾之人故也。

上因问府兵之制曰：何处言府兵最备？

余曰：李邺侯传言之详备。

上曰：府兵与租庸调法相须否？

余曰：今上番供役，则以衣粮给之，则无贫富皆可以入卫出戍。虽未有租庸调法，亦可为也。但义勇不须刺手背。刺手背何补于制御之实？今既以良民为之，当以礼义奖养。刺手背但使其不乐，而实无补也。又择其乡间豪杰为之将校，量加奖拔，则人自悦服。今募兵为宿卫，乃有积官至刺史防团者。移此与彼，固无不可。况不至如此费官禄，已足使人乐为之。陛下审择近臣，使皆有政事之材，则他时可令分将此等军。今募兵出于无赖之人，尚可为军厢主，则近臣以上岂不可及此辈？此乃先王成法，社稷之大计也。

上良以为然。

随后安石即奏上记载唐府兵法最详的邺侯家传。此奏原稿曾为朱熹所藏。朱熹说："（予）独爱其纸尾三行，语气凌厉，笔势低昂，尚有以见其跨越古今、斡旋宇宙之意。疑此非小故也。"又说："抑公此纸，词气激烈，笔势低昂，高视一时，下陋千古，而版本文集所载，乃更为卑顺容悦之意，是必自疑其亢厉已甚，而抑损之，其虑深矣。然论其实似不若此纸之云，发于邂逅感触之初，尤足以见其胸怀本趣之为快也。夫以荆公之得神祖，可谓千载之一时矣，顾乃低徊若此，而犹未免有郁郁之怀。君臣之际，功名之会，呜呼难哉！"

神宗到底认府兵制为不可复行，故安石罢政后，不再谈及，其旨似以保甲为防守的辅助力，至战斗的主力仍任募兵。

（乙）保马法（熙宁五年，元丰七年）　此与汉武帝时之"马复令"（许人民养官马以减免徭役）相近，其法：于畿内及京东、京西、河北、河东、陕西五路许人民领官马自养，或领官钱买马自养，每户不过两匹；养官马之家，公家给以钱帛，并免除其捐税的一部分（后来畿内不给钱帛），同时养户自然得使用所养官马。属三等以上的养户十家为一保，属四等以下的养户十家为一社；一保之内，马有死者，十家共偿其值；一社之内，马有死者，十家共偿其值之半。后来又令京东、京西两路保甲户一律养马，而免除其教阅及此外若干保甲的职责。

（丙）更戍法的废除（熙宁七年至元丰四年）　更戍法本以防止兵为将有，但结果“兵不知将，将不知兵，临事应变，精神散漫，指挥不灵”；禁军之不振，这是其原因之一。神宗和安石有鉴于此，逐渐于各路的军略要地取消更戍法，而设置固定的驻防禁军，由固定的主将，就地训练。这种驻防军的设置，当时称为“置将”。“将”是当时军队新编制中的一种单位，一将约有三千人上下，仿佛现在的一师。

三、教育

（甲）变科举　熙宁四年，罢进士以外的“诸科”（诸科是专考记诵的），令除曾应考“诸科”不第的人外，不得参加此种考试；增加进士的名额；进士试废诗赋，专用经义策论；所试群经，但取《易》《诗》《书》《周礼》《礼记》及《论语》《孟子》，而废弃旧有的《春秋》和《仪礼》（同时太学教授及经筵进讲亦废之）。

（乙）变学制，兴学校　（1）宋初的太学只是品官子弟考“取解”（取解即取得应进士试的资格，平民在本州取解）的机关，有学校之名而无肄学之实。至仁宗皇祐末，在湖州大儒胡瑗的管领下，太学才成为一真正讲学的机关，但其时学生不过二百人，胡瑗去后，又渐复原状。神宗即位，增太学生额为三百人，后又增为九百人。熙宁四年分太学为三舍，外舍生无定员，新生充之（太学生仍限品官子弟）；外舍生经考选入内舍，内舍生额三百人，内舍生经考选入上舍，上舍生额百人；上舍生考取优等的荐于中书，授以官职。元丰二年，增太学生额外舍二千，内舍三百，上舍一百；规定除月考外，每年各舍总考一次，决定外、内舍生的升舍，上舍生的等第。上舍生考上等的等于进士及第，即授官职；中等的免进士的礼部试；下等的免取解。（2）仁宗庆历四年，当范仲淹为参知政事时，曾“令州各县皆立学（校），本路使者选部属官为教授，员不足，取于乡里宿学有道业者”。但当时诸州奉行的不多，其后又限旧时节度使所领州方得立学。熙宁四年，复令各路、州、府立学，每郡给田十顷以赡养学生。其后又派定诸路的州府学教授凡五十三员。（3）仁宗庆历间，胡瑗曾建议兴武学（即中央军官学校），朝议格而不行。熙宁五年始行其议。

（丙）三经新义的纂修和颁行　所谓三经是《周官》《书经》《诗经》，新义始修于熙宁六年，颁行于八年，主纂的人物为王安石、其子王雱和安石最得力的助手吕惠卿。三经新义乃安石对付敌党的思想武器，也是他所谓“一道德、同风俗”的工具。自从新法开始颁行以来，所有元老重臣和清流名士一致反对；在朝的谤议汹起，在外任的百方阻挠，使新党辩护穷于辩护，神宗谪黜穷于谪黜。反对党的最后论据，可用三朝元老文彦博的话代表。熙宁四年三月，他论新法道：“祖宗法制具在，不须更张，以失人心。”神宗问：“更张法制，士大夫诚多不悦，但于百姓何所不便？”彦博道：“为与士大夫治天下，非与百姓治天下也。”神宗和安石的坚毅到底战胜了一般士大夫的口舌，而贯彻了新法的推行。但为巩固国是的心理基础，他们不得不在经典中替新法找寻或制造理论的根据。三经新义便是这种工作的结果。群经中最可为新法掩护的莫如《周官》，故安石也特别推重《周官》。新义三种中唯独《周官》一种是安石亲自属笔的，也唯独此种流传至今。新义自从颁行以后，在五十余年间，除了短期的被掩蚀外，支配了整个的思想界：太学和州县学校用为主要的课本，科举考试用为绝对的准绳；新义以外，三经的一切其他注疏，都无人过问了。

后来宋朝贬斥王安石最力的学者也公认新义富于新颖而确当的解释，不容废弃。我们现在读《周官新义》，很容易注意到的却是安石解经的特殊作风，一种奇怪的拆字法。例如他解“遂”字道：“豕八而辵则遂。”又例如他解“夫”字道：“夫之字与天皆从一从大，夫者妻之天故也；天大而无上，故一在大上；夫虽一而大，然不如天之无上，故一不得在大上。”又例如他解“卿”字道：“卿之字从㔾，㔾奏也；从卩，卩止也；左从㔾，右从卩，知进止之意（卩㔾古节奏字）；从皀，黍稷之气也；黍稷地产，有养人之道，其皀能上达；卿虽有养人之道而上达，然地类也，故其字如此。”在字形的渊源上都是毫无根据的。但安石确信这种拆字法不独可以得到造字的本意，并且可以得到一切关于人事和天道的重要真理。后来他应用这方法，著了一部二十四卷的字典，名曰《字说》。此书也曾经神宗颁行，其后来的作用和影响与三经新义等。此书可惜现在已佚，但从后人所引，还可以看见它的片段。撰此书时安石已罢政，但在书中还念念不忘统一思想；书中解“同”字道：“彼亦一是非也，此亦一是非也，物之所以不同；门一口，则是非同矣。”

以上分类略述神宗的新政见。此外还有一要项为这三类所不能包括的：即元丰三年新官制的颁行。这新官制的内容这里不能细述，大要是恢复唐代台省寺监的实权，而裁减宋朝在这组织外所加的上层机构。新制以尚书左右仆射同中书门下平章事为宰相，以尚书左右丞代替参知政事，枢密院仍保存。

（六）

神宗在熙宁七年以前对边境的经营，从是年三月间韩琦所上的一封奏疏可见大略。在这奏疏里他列举神宗所为足以引起契丹疑心的凡七事：“高丽臣属北方，久绝朝贡，乃因商舶诱之使来，契丹知之，必谓将以图我，一也；强取吐蕃之地，以建熙河，契丹闻之，必谓行将及我，二也；遍植榆柳于西山，冀其成长，以制蕃骑，三也；创团保，四也；河北诸州筑城凿池，五也；又置都作院，颁弓刀新式，大作战车，六也；置河北三十七将，七也。”

第二项所谓熙河，略当今甘肃洮河流域之地。此地东北邻接西夏，为羌族所分布，久属吐蕃。德安（江西）人王韶建议招降诸蕃部，抚有其地，以为图谋西夏的初步。先是王安石子王雱十三岁时，闻陕西边卒说洮河事，以为此可以规取，若西夏得之，则国家之患无穷。至是安石力赞王韶之说。神宗便派王韶主持开熙河事。王韶于熙宁四年到边，三年之间，剿抚兼施，并击败吐蕃军，遂定其地。有一次捷书到，神宗解所佩玉带赐安石，以赏其功。其后韶入朝，以宦者李宪继之，史（《宋史·韶传》）称韶“用兵有机略。临出师，召诸将授以指，不复更问。每战必捷。当夜卧帐中，前部遇敌，矢石已及，呼声振山谷，侍者股栗，而韶鼻息自如，人服其量”。韶因熙河功，擢枢密副使，后以与安石不协去职。

熙河抚定的次年，契丹忽然蠢动，侵入边境，并遣使来求割所据之地。上文所引韩琦的奏疏就是为此事而发的。宋与契丹往复谈判，经二年之久，至八年秋，神宗终用王安石“将欲取之必固与之”之说，割河东边地东西七百里以与契丹。

次年有交址之役。交址本先南汉节度州，南汉亡，名受宋册封，实自主。太宗时曾乘其内乱，遣军进取，无功而还。至是分三路入寇，陷邕、钦、廉等州，屠邕民五万八千。神宗命老将郭逵往讨，逵派别将收复失地，自领主力，攻其后路，进至富良江，交人以精兵乘船迎战，宋军砍树作炮机，发炮石如雨，尽坏敌船，又设伏邀击，杀敌数千并其王太子。交王恐惧乞降。而宋军八万冒暑行瘴地，也死亡过半。

神宗开边的第一个目标，原是西夏。自从庆历四年宋与西夏和议成后，西北的边境平静了二十余年。到英宗末年，西夏又开始寻衅。自此年至熙宁四年间（公元一〇六六至一〇七一年），西夏三次入寇，宋二次反击，互有胜负。但其中熙宁四年西夏最后一次的攻侵是大获胜利的。元丰四年夏，西夏内变，国主为母后所囚。神宗认为这是进攻西夏的最好时机。经三个月多的布置，然后发动。这一役的意义，从他八月底给熙河路军帅李宪和鄜延路军帅种谔的诏书可以看出。前一封诏书里说：“今来举动，不同凡敌，图人百年一国，甚非细事。苟非上下毕力，将士协心，曷以共济？须不惜爵赏，鼓励三军之气。……朝廷唯务灭贼，其他固无爱惜。”后一封诏书里说：“朝廷昨于诸路大发师徒，本候齐集与逐路遣兵并力，择时鼓行，覆贼巢穴。”总之，神宗要一举荡平西夏，要把他十数年来富国强兵的成绩，作一次壮烈的表现。同知枢密院事孙固却不赞成此举，他以为“举兵易，解祸难”。神宗说：“西夏有隙可乘，我不取，便为辽人所有，时机不可失。”其后孙固又对神宗说：“现在五路进兵，却无总帅，即使成功，也怕有内乱。”神宗说：“总帅确是难得合式的人。”知枢密院事吕公著道：“既然没有合式的人，何不罢乎？”九月底，河东路军帅王中正（宦者）领兵六万自麟州出发；鄜延路种谔领兵九万三千自绥德城出发；环庆路高遵裕领兵八万七千自庆州出发；泾原路刘昌祚领兵三万自泾州出发；先是李宪已收复古兰州城，至是领本路及秦凤路军七军（数未详）并吐蕃兵三万自兰州出发：约定五路会师于兴、灵（兴州今宁夏省会，西夏首都；灵州今灵武县）。刘昌祚军首先到达灵州城下，高遵裕军继之，两军沿路皆有大捷。昌祚本受遵裕节制，而遵裕疾恶之，屡加凌侮。两军不协，围灵州城十八日不下，而饷道已断绝。夏人决水灌其营，乘其避水而追击之，宋军溃乱，死已无算，遂退。种谔沿无定河而进，连破银（今陕西米脂一带）、石（今地未详）、夏州（今陕西横山一带）；自夏州继进，粮饷断绝，又遇大雪，士卒死亡十之二三，溃散南奔的亦十之四五，遂退。王中正屠宥州城（今陕西靖边东），继进，粮尽，士卒死二万人，遂退。李宪东进至泾原边境，稍有斩获，时诸路已退，亦于十一月中奉诏撤归熙河。是役，西夏的战略是坚壁清野，纵敌人深入，而聚精兵保兴、灵，以轻骑抄截敌人的饷道。是役，宋军虽不能达到原来的目的，却恢复了沦陷百余年的银、夏、宥等州。这新占领区的设防是一大问题。次年秋，经边将对这问题反复讨论后，神宗决定建筑永乐城（今陕西米脂西北）。这城才建筑成，西夏便派三十万大军来攻夺。这城依山，下临无定河。城中无泉无井，给水全靠城外。既被包围，临渴掘井，得到的水，只够将领之用。兵士绞马粪汁充饮，渴死大半。而援兵和馈饷皆为敌人所阻截。城遂陷。将校死数百人，兵士和伕役死二十余万人；辎重的损失，不可计算。神宗得讯，悲愤不食，临朝痛哭。他想到吕公著和孙固的话，有点后悔了。

（七）

我们若更把神宗和汉武帝作一对比，则永乐之役恰相当于征和三年贰师之役。后者是武帝一生事业的收场，前者是神宗一生事业的收场。贰师之役后三年而武帝死，永乐之役后也恰恰三年而神宗死。神宗死后一年余王安石亦死。

安石自熙宁三年杪进位宰相后，诋诬怨谤，矢集一身，平背亲交，尽成政敌。似乎为减少新法的阻力计，并为劳极少休计，他于七年四月，请求解职，奏六上乃得请，归居金陵。临去，他荐吕惠卿等自代（惠卿旋擢参知政事），并答应他日可以重来。次年二月，神宗召他复位，他即兼程而至。但复位不到两年，便又坚请退休，从此不复问政。他最后告退的原因，是宋史的一个谜。据反对党的记载，那是因为他和吕惠卿起了内哄，惠卿把他的私信中有一封说过“毋使上知”的，缴呈神宗，神宗从此对他失了信任，他不得不去。安石复位后不久，便与惠卿失和，那是事实，但发私书一事，并无确据。安石与惠卿交恶的原因也是宋史的一个谜。这一段历史安石在《熙宁奏对日录》的后四十卷中原有详细的记载，但这四十卷给他的女婿蔡卞抽毁掉，不传于世。据吕惠卿家传（李焘引），二人的冲突是由于安石恶惠卿擅政，改了他所定的三经新义，并听信了左右的谗间。这当然只是一面之辞。至于安石引退的原因，我们在加以推测时，不可忘却此事前三个月他所受的一生最大的打击：他的独子王雱的英年（卅三）摧折。这时他已五十六岁了。他退休后隐居金陵十年而死。

自古英雄亦苦辛！行藏端欲付何人？
当时黯黮犹承误，末学纷纭更乱真。
糟粕所存非粹美，丹青难写是精神。
区区不尽高贤意，独守千秋纸上尘。

从安石这首诗看来，他身后的遭遇，自己是预料到的。

安石死迟神宗一年余是他的大不幸。神宗死后，长子（即哲宗）继位，年才十岁，太皇太后（英宗后高氏）垂帘听政。她一向是司马光的同志，认祖宗家法为神圣不可侵犯的；她一听政，便开始废除新法，旋起用司马光。一个被宫墙圈禁了五十年的老妇人（她是自幼养在宫中的）和一个被成见圈禁了二十年的老绅士，同心合力，挥着政治的锄头，期年之间，硬把神宗和安石辛苦营构的成绩芟除得根株尽绝。

（第一至四小节原载《思想与时代》月刊第 5 期，1941 年 12 月；第五至七小节原载《思想与时代》月刊第 6 期，1942 年 1 月）

北宋四子之生活与思想

像千邱万壑间忽有崛起的高峰，像蓬蒿萧艾间忽有惊眼的异卉；在思想史里每每经长久的沉闷、因袭和琐碎后，继以一生气蓬勃、光彩焕发的短短时期，在其间陶铸出种种新学说，支配此后几百年以至过千年的思想界。宋代自仁宗庆历（一〇四一）以后的四五十年就是这样的一个时代。这是周濂溪（敦颐），张横渠（载），王荆公（安石），程明道（颢）和程伊川（颐）的时代（诸人以年辈为次，周、张、王皆长二程十岁以上）。此以前，宋人的思想大体上继续唐末五代的沉闷、因袭和琐碎；此以后，至宋朝之终，以王荆公为偶像的“新学”和以周、张、二程为典型的“道学”相继支配着思想界。故庆历以后的四五十年，一方面是宋代思想的源头，一方面也是宋代思想史的骨干。我们述这个时期的思想应当以周、张和二程兄弟——可称北宋四子——为一集团，而以王荆公为一支别出的异军。

北宋四子不独在思想上有许多同调之处，在生活上亦有密切的连系。二程兄弟少时曾从学于濂溪，而横渠乃是二程的表叔，与二程为学友。我们叙述四子和以后的“道学”家的思想，不能离开他们的生活，因为他们的中心问题是一个实践的问题：什么是圣人？怎样做到圣人？我们要从他们的生活中体会他们的理想人格的气象。

濂溪（一〇一八——一〇七三）的事迹见于记录的，像他的著作一般简短得可憾。他是湖南道州（营道县）人，年少丧父，以母舅的荫泽出身，历官州县，官至广东转运判官，兼提点广东路刑狱。当他二十来岁任分宁县主簿时，有一久悬不决的疑狱，他经一次审讯，便立即分辨。任南安司理参军时，因平反一冤狱，和上官力争，上官不听，他放下手版，缴还官状，脱身便走，他道："这样官还做得的吗？杀人媚人，我办不到。"上官卒被他感悟。任南昌知县时，曾得大病，一昼夜不省人事，友人为他预备后事，检视他的所有，只一破烂的箱子，里面的钱不满一百。同时大诗人山谷形容他的性格道："胸怀洒落，如光风霁月；廉于取名，而锐于求志；薄于徼福，而厚于得民；菲于奉身，而燕及茕嫠；陋于希世，而尚友千古。"他爱自然，他对生命的世界好像有一种冥契；他窗前的草从不准剪除，问他为什么？他说："这与自家意思一般。"他教学生，每令"寻孔颜乐处"，体认他们"所乐何事"？有一位老者初时跟伊川同学，总不领悟，便扶杖去访濂溪，濂溪说："我老了，说得不可不详细。"便留他对床夜话。过了三天，他忽觉恍有所得，自言如顿见天的广大。他再去洛阳看伊川，伊川惊讶他迥异寻常，问道："你莫不是从濂溪那里来吗？"

横渠（一〇二〇——一〇七七）也像濂溪一般，少年丧父，孑然自立。他学无所不窥，特别好讲究军事。年十八，当西夏用兵时，上书谒范仲淹，仲淹一见，认为大器，却戒责他道："儒者自有名教的乐地，何用谈兵。"并劝他读《中庸》，他读了觉不满足，转而向佛典里探讨，用功多年，深通其说，却又觉得不满足，终于回到儒家的经典。年三十八，登进士第，始出仕。尝知云岩县，以教导人民，改善风俗为务。每月分别召宴县中长老，亲自劝酒，让人民知道养老敬长的道理，同时向他们访问民间疾苦，并告诉他们怎样训戒子弟。通常县官的布告，人民大多数不闻不知，只成一纸具文。横渠常把各处的乡长召来，把告示的意思对他们谆谆解说，命他们回去街坊里传达，每逢在公庭上，或道路上遇到人民，便考察他们是否听到他所要传达的布告；若没有听到便责罚受命传达的人。因此他每有所告诫，全县人民无不知悉。尝任渭川军事判官，于本州的民食和军政都有很精明的规画。神宗初年，因大臣的推荐，入仕朝廷；官至崇文院校书兼同知太常礼院。神宗很赏识他，想加重用，但他不附新法，终于告退，归隐于陕西郿县的故乡，教学终老。

明道（一〇三二至一〇八五）和伊川（一〇三三至一一〇七）虽是大家所认为志同道合的两兄弟，但他们在思想上却有若干重大的差别，而他们的异致在事业上性格上，比在思想上更为显著。在事业上，明道是少年科第（与横渠同榜登进士第）的循吏；而伊川则一次落第，便不再应试，晚岁始以布衣征起（哲宗元祐元年，时年五十四）为崇政殿说书。明道的仕历是三十年受尽讴歌赞叹的，不可胜述的容断和仁政，这里只举几个例。他知晋城县时，有一个富人，丧父不久，忽有老人到门自认为是他的父亲，两人闹到县府。老人说：他行医远出后，其妻生子，贫不能养，抱给张家，他现在归来，才知道此事。明道问他有什么凭据，他拿出一部陈旧的方书，后面空白上记着：某年月日，某人抱儿与“张三翁”。明道便问那姓张的：你今年几岁？答道：卅六。又问：你父亲死时几岁？答道：七十六。明道便对老人说：他方才所说的年岁，有邻舍可问的。他出世的时候，他父亲才四十岁，怎么便叫张三翁，那方书上写的是假无疑。老人给吓了一跳，无话可答，只得认罪。他在晋城任内，用保甲法部勒乡村，令同保的人民力役相助，患难相救。凡孤寡残废的人，责成他们的亲戚乡邻不使失所；旅行经过县境的人，遇着疾病，都有给养；每乡设立小学，时常亲去视察，教师有不良的，便给撤换，儿童句读有错，也给改正。令乡民结为会社，并给各会社立定奖善诫恶的规条。在任三年，县内从没有强盗或斗死的事件。临到他任满时，忽然半夜有人叩门说出了命案，他说：本县那里会有这种事？若有必定是某村某人干的。查问果然。他任镇宁军判官时，有一位声势煊赫的宦官，方督理治河，本军的兵卒八百人，被派去工作。天气严寒，他们受不了虐待，半夜逃归。同僚和长官都惧怕那宦官，主张不放入城。明道说：他们逃死而归，不纳必乱。亲自去给兵士开城门。却与他们约定，休息三日再去工作。兵士欢呼听命。以上是明道无数精彩的政绩中的片断。伊川仕历最精彩的一幕，却是短短年余的，很不愉快的口舌生涯。当他从布衣一跃到“帝王师”时，他要求在皇帝面前坐着讲书，满朝哗然，他只得照例站着讲。那孩童皇帝偶然高兴，在槛外折一柳枝玩玩，他便板着面孔说："方春万物发生，不可无故摧折！"惹得皇帝、太后和满朝大臣都皱眉。司马光死了，适值明堂大礼，行完礼后，同僚齐去吊唁，伊川认为不对，坚执力争，引《论语》"子于是日哭则不歌"为理由。苏东坡道：《论语》"子于是日歌则不哭"呀！伊川却传语丧家，不得受他们吊。有名会开玩笑的苏东坡便给他取个绰号，叫做"尘糟坡里的叔孙通"。再后那孩童皇帝生了病，不能坐朝，伊川忙去见宰相说：皇帝不能坐朝，太后就不该单独坐朝。这一来太后忍无可忍，谏官乘机参了一本，他便以管勾西京国子监名义，被送回老家去。

从上面二程事业的比较，已不难推想他们性格的一斑。关于明道的精神生活，他的一个学生有一段很好的描写，他说："先生……粹和之气盎于面背；乐易多恕，终日怡悦……从先生三十年来未尝见其忿厉之容。接人温然，无贤不肖皆使之款曲自尽。闻人一善，咨嗟奖劳惟恐不笃；人有不及，开道诱掖惟恐不至。故虽桀傲不恭，见先生莫不感悦而化服。风格高迈，不事标饰，而自有畦畛，望其容色，听其言教，则放心邪气，不复萌于胸中。"另一个学生有一次离别了明道之后，人问他从什么地方来，他说："我在春风和气中坐了三个月而来。"明道在熙宁以前，和王荆公本相友好，后来虽因新法和荆公分道，但只平心静气，相与讨论，劝荆公不要太过拂逆人心，从没有意气之争。荆公亦感其诚意，对人说："他虽不闻道，亦忠信人也。"后来他追论新旧之争，亦很公允，他说："新政之改，亦是吾党争之太过，成就今日之事，涂炭天下，亦须两分其罪可也。"又说："以今日之患观之，犹是自家不善从容，至如青苗，放过又且何妨？"论广厚宽和，伊川远不似乃兄，这从记载所存几件对照的琐事可以看出。二程少时尝随父远行，宿一僧寺，明道入门右转，仆从都跟随着他；伊川入门左转，无一人跟随。伊川也自觉道："这是我不及家兄处。"又一次，二程同入一佛寺，明道见僧一揖，伊川却不，门人怀疑，明道说："论年齿他也比我多几岁，一揖何妨？"明道讲书，偶带谐谑，引得大家哄堂；伊川则永远严肃得可怕。门人讨论，遇有不合，明道只说：“更有商量。”伊川只说：“不对。”明道也曾对乃弟说过：“异日能使人尊严师道，那是吾弟之功。至于接引后学，随人才的高下而成就之，则我不让吾弟。”横渠批评二程道：“昔尝谓伯淳（明道）优于正叔（伊川），今见之果然。其（明道）救世之志甚诚切，亦于今日天下之事尽记得熟。”

（原载《思想与时代》月刊第 27 期，1943 年 10 月）